青年学术丛书·哲学

YOUTH ACADEMIC SERIES-PHILOSOPHY

西北民族地区发展中的文化创新保障体系研究

路宪民 著

人民出版社

目　　录

自　序

　　西北民族地区很早就是藏、回、蒙古、维吾尔、哈萨克等数十个民族的聚居区。多民族聚居造就了这里独特的文化景观。这里是世界上少有的文化聚居区之一，集中了包括藏传佛教文化、伊斯兰教文化和儒家文化等在内的多种文化，为中国乃至世界文化的交流发展作出过重要贡献。地处青藏、蒙古和黄土高原交错地带的河湟走廊，历史上是农业文明与游牧文明的过渡地带和中原通往西域的交通要道。

　　随着现代化和全球化的推进，民族文化生成的方式发生了改变，历史上长期存在的以民族和地方为基础、通过纵向历史过程形成文化的机制让位于横向的社会结构，空间代替时间成为结构文化的主导因素。全球化正在将一个个独特的民族文化置于危险之中，越来越多的民族特征被消灭，少数民族文化呈现出日渐式微的态势，一些人口较少的民族文化更是面临着消失的危险。吊诡在于，全球化时代又是一个经济、政治、社会和文化等因素相互渗透和高度融合的时代，任何民族的生存与发展既离不开自身的经济实力，更需要独特的文化优势。民族能否生存和发展，文化至关重要。

　　当今之世，全球化已成不可逆转的趋势，以现代化为诉求的发展也已成为各民族共同的追求。民族要发展就必须加入全球化这一进程之中。在这个意义上，西北民族地区文化创新对民族发展的意义重大。为此，通过文化创新保障体系的建设实现民族文化的创新

1

和适应，便成为民族发展的必然选择。

具体到西北民族地区的文化创新保障体系的建设，笔者以为，要在世界全球化和民族现代化的大背景下，适应当今世界文化经济化、经济文化化和文化经济一体化的趋势，从民族地区的实际出发，以民族社会的发展为目标，在文化与社会、经济和教育相联系的框架下展开。既要发展经济为文化创新提供坚实的物质保障，也要通过广泛的交流扩展文化创新的社会基础，更要通过教育提升民族成员的创新能力。与此同时，要看到文化创新的实施，主要是通过组织及其成员的社会实践实现的，而组织的高效运转和其成员潜能的发挥不是自我生成的，而是特定制度安排和组织体系推动的结果，必须要有相应的组织体系和机制予以支持。

值得注意的是，在一个社会交往日益频繁的时代，民族文化创新除了经济、社会、教育、组织等基础条件之外，还必须有广阔的视野，通过高度的文化自觉，在民族性与世界性之间作出选择、整合，才能保证文化创新的合时代性。最后，特别需要强调的是，任何民族文化作为其处理自身与自然和社会关系的产物，反映的都是某一民族在特定地点、时代的创造成果，这使其必然存在着局限性。不仅特定地域的文化不一定都适合其他地方，随着时代变化文化也会表现出其不适应的一面。因此，必须用文化的内在价值——文明去规范民族文化创新，以保证文化创新的品质和对民族发展的积极意义。

文化博大精神，又难以捉摸。正如人类学家罗维所指出的，它除了不在我们手里之外，无处不在。民族文化创新及其保障体系建设更是一个复杂的系统，完成这样一个课题对我和我的项目团队是一个巨大的挑战，虽尽力而为，然学力有限，难免疏漏。好在课题结束，探索并未停止，我将继续努力，以弥补缺失。

第一章　发展视野中的民族文化

发展是人类的永恒主题，更是各民族的共同追求。民族发展是一个涉及政治、经济、社会和文化的综合系统。其中文化的地位和作用是一个备受关注又颇具争议的话题。在一些人的眼中，文化尤其是其中的核心价值观作为引导因素渗透于发展各领域的整个过程，是决定发展的关键；而在另一些人看来，文化作为社会的次级系统深受经济和社会的影响，是被决定的因素。文化在民族发展中的地位和角色究竟如何？下面就从发展观的溯源和演进开始，围绕历史与现实、理论与实践的关系和互动予以解答。

一、发展观溯源

发展离不开发展观的指导，发展观作为关于发展内涵、模式以及目的、意义等本质问题的总体概括和认识，是制定各种发展战略的理论基础和前提，它不仅回答为什么要发展和怎样发展的问题，而且引领发展模式和路径选择，对发展实践具有重要的指导作用。发展观在发展问题中居于核心地位，有什么样的发展观，就会有什么样的发展道路和结果。历史地看，不同时期、不同国家、民族由于所处内外环境的差异和面临问题的不同，其发展观以及与之相应的发展道路、发展模式各不相同。

对于民族与社会的发展而言，一定的发展观是与之相应的发展理论的内核所在，它作为对发展实践的一种理解与反映，以其时代精神、价值取向和实践理性，引导着一个国家或民族的发展潮流。① 从世界范围来看，发展观的演进是一个不断完善的历史过程。中国的发展观经历了一个由早期朴素的辩证发展观到进化发展观，再到科学发展观的演进过程。从中国和世界发展观演变的逻辑轨迹可以看出，人类对发展的认识是一个逐步拓展、深化的过程。早期的发展主要是经济发展，后来逐渐拓展为经济和社会的协调发展，再后来进一步拓展为经济、社会和文化的共同发展。纵观发展观的演进是一个由经济到社会再到文化的深化过程，就其趋势而言，它是一个从注重物到注重人的转变，是一个人及其文化作为终极目标的确立过程。

历史地看，早期的"发展"特指生物有机体的生长过程和演变阶段。② 将发展的概念引入社会，是18世纪以来学者将历史与个人的生活历程置于社会历史之中考察的结果。将社会历史生活的变化纳入发展研究的视角，于是有了社会发展以及与之相应的发展观。当代对发展问题的集中关注出现在第二次世界大战之后，发展观的演变也肇始于此。第二次世界大战以前的发展研究主要着眼于西方社会自身的问题，而对西方国家以外的研究则由"富有创造性意义的寄生性研究"——人类学和人类学家来完成，从而形成了"经常具有民族中心主义色彩的人类理论"。③ 二战后，一方面，

---

① 参见廖志鹏、周晓兰：《发展观及其历史演变探析》，《宏观经济》2011年第1期。

② 参见岳天明：《社会发展观的演变及其民族意义追问》，《中央民族大学学报（哲学社会科学版）》2006年第3期。

③ ［美］乔治·E.马尔库斯、米开尔·M.J.费彻尔：《作为文化批评的人类学》，王铭铭、蓝达居译，三联书店1998年版，第39页。

政治上获得独立的发展中国家面临着共同的经济和社会发展问题；另一方面，西方各国对自己在先前殖民地影响的丧失深感忧虑，并且苦于解决愈演愈烈的本国社会问题。东、西方各国虽然面临着不同的问题，但同样都对未来有一种担忧和焦虑，这使得发展成为二者共同关注的话题。纵观战后的发展研究，无论是发展中国家的探索性研究，抑或是发达国家的实践性研究，二战以来的发展观总体来说经历了以下四个阶段。

（一）以经济数据为单一指标的发展观

以经济数据为单一指标的发展观是现代社会关于发展的最初也是最普遍的认识，这一发展盛行于二战后到 20 世纪 60 年代中期之间，但它的发展理念在一些发展中国家持续存在到 20 世纪 80 年代，甚至直到今天，以经济数据为单一指标的发展观在各国发展战略中都或多或少地有所体现，而它所标榜的经济增长战略，也是现代国家不能忽略的一个重要方面。

正如一些学者所指出的：发展理论首先产生在经济学领域。[①] 在经济领域的盛行使得发展这一名词一开始便带上了浓厚的货币计量意味。对于发展而言，如果说社会学强调结构功能的"分化"的话，那么，经济学则更强调的是"起飞"，[②] 而"发展"的算术法则含义使它有了"通常只是'更多'"的意义。[③] 这种认识移植到发展学尤其是发展经济学中，发展就被概化为"不外乎是指

---

① 参见岳天明：《社会发展观的演变及其民族意义追问》，《中央民族大学学报（哲学社会科学版）》2006 年第 3 期。

② ［美］塞缪尔·亨廷顿：《现代化：理论与历史经验的再探讨》，罗荣渠译，上海译文出版社 1993 年版，第 129 页。

③ 许宝强、汪晖：《发展的幻象》，中央编译出版社 2001 年版，第 4 页。

工农业生产的增长之类"①的实践手段。

将发展视为经济现象和量化指标的直接表现就是 GDP 崇拜。以经济数据为单一指标的发展观就是以 GDP 崇拜为主要特征的。"GDP 崇拜"的实质，就在于把发展视为一种单纯经济现象，把现代化过程理解为物质财富增长的一维过程，就是独尊经济指数的发展取向，它反映了当时对于发展或现代化进程的一种颇具历史局限性的认识和理解。体现这种发展观的典型例子，可以在联合国第一个发展十年（1960—1970 年）规划中看到。在这一权威机构提供的对世界极具影响的发展规划中，直接提出了发展中国家国民生产总值每年增长率应达到 5% 的目标。②可见，这种发展观所强调的只是经济指数，而没有注意社会指数和其他方面的因素。

到了 20 世纪中叶，大多传统社会都变成了过渡性社会或处于现代化之中的社会。③不得不提的是，现代化的规划主要是以美国为代表的西方国家以自己的经验为新兴国家开的药方，所以"进入"现代化社会其实就是一个以西方经济文化社会为模板的去异过程，其中尤以看齐经济指标为甚。加之战后的许多国家，尤其是发展中国家迫切希望在较短时间内迅速实现经济增长，由此，"经济增长型"发展观应运而生。这种发展观把国民生产总值（GNP）或国内生产总值（GDP）的增长作为衡量发展的标准，形成了以GNP 或 GNP 增长为核心的发展理念，人们试图以人均国民生产总值的水平和增长率来衡量发展，设想国民生产总值的提高就是实际

---

① ［美］塞缪尔·P.亨廷顿：《变化社会中的政治秩序》，王冠华译，三联书店 1989 年版，第 5 页。

② 参见沈洁：《从"GDP"崇拜到幸福指数关怀——发展理论视野中发展观的几次深刻转折》，《江苏行政学院学报》2006 年第 3 期。

③ 参见岳天明：《社会发展观的演变及其民族意义追问》，《中央民族大学学报》2006 年第 3 期。

增长，就可以消除贫困；认为增长等于发展，只有促进经济的增长，落后国家才能实现追赶的目标。其基本观点是：工业化是一个国家或地区经济活动的中心内容，经济增长是一个国家或地区发展的"第一标志"，GDP 的增长是衡量一个国家或地区经济发展的首要标志，发展规划是实现工业化和实施发展战略的重要手段。① 基于这一发展观，人们主要关心的是人均国民生产总值的增长数量，并以此作为衡量一国发展水平高低的唯一标准。以联合国 1951 年发表的"欠发达国家经济开发方略"为标志，② 这一时期关于发展问题的研究和论述，主要集中于探讨欠发达国家之所以欠发达的原因以及摆脱欠发达状态的途径——经济发展。发展经济学的形成便是这方面研究大量涌现和积累的产物。在这一时期，追求国民生产总值和国民人均收入的迅速增长是发展政策的首要的甚至是唯一的目标，人均国民收入或国民生产总值也就成为测度发展的唯一指标。这种倾向一直持续到 20 世纪 80 年代。可以说从二战后到 20 世纪 80 年代，人们都把经济的发展当作发展的全部，以经济增长问题来涵盖发展问题。在这一发展观的指导下，第二次世界大战后，西方发达国家迎来了经济高速增长的黄金阶段，亚、非、拉等第三世界国家继民族独立后，也先后步入了工业化的发展道路，在全球范围形成了一股经济"增长热"。与此同时，作为政府对国家经济运行进行宏观评价与诊断的一项重要指标——国内生产总值（GDP），在经济学大师凯恩斯等人的极力推崇之下，也逐渐演化成为衡量一个国家经济社会是否真正进步的最重要指标，以 GDP

---

① 参见杨忠宝：《论科学发展观的可持续发展思想》，《中国科技信息》2009 年第 16 期。

② 参见李善同、林家彬、马骏：《发展观的演进与发展的测度》，《管理世界》1997 年第 4 期。

增长统率一切的传统发展理念在全球得到广泛的认同。①

不可否认，以经济增长为核心的发展观曾经起过积极的作用。经由这种"增长优先"的发展战略，一些发展中国家实现了经济增长，积累了丰富的物质财富。与此同时，也导致了诸多意想不到的不良后果，甚至有的国家出现了"有增长无发展"甚至"负发展"的情况，② 并由此引发了一系列社会问题。进入 20 世纪 60 年代以后，众多的发展中国家经济迅速增长，社会经济发展却出现了一系列问题：城市经济得到发展，城市失业率上升了；人均收入增加了，居民收入差距和地区发展差距却都拉大了；依靠牺牲农业推进工业化，农业受到了极大损害；工业投资急剧增加，而教育投资却被忽视，知识和技术的发展落后了；并且由于重发展轻治理，生态环境也日益恶化了。③ 与此同时，经济的增长并没有全面改善普通民众的生活状况，许多国家的现实状况正如曾创造经济增长奇迹的巴西总统所说的："巴西经济很好，但巴西人过得很苦。"据沃勒斯坦的估计，农村贫困人口"与世界顶端百分之十或百分之七的人相比，收入的差距大得惊人"。另外，也引发了腐败、失业、动乱等非常严重的社会问题，以至于有学者认为，"西方的发展概念就如西方的效率概念一样狭隘和丑恶"，因为它"不能保证最终结果是良好的"。社会现实逐渐让人们认识到，"从长远的观点看来，经济增长对穷国来说是减少贫困的一个必要条件。但它不是充分条件"。④

① 杨多观、周志田、陈劭锋：《发展观的演进——从经济增长到能力建设》，《上海经济研究》2002 年第 3 期。

② 参见廖志鹏：《发展观及其历史演变探析》，《现代经济信息》2011 年第 1 期。

③ 参见刘景东：《发展中国家经济"有增长无发展"现象探析》，《重庆科技学院学报》2009 年第 9 期。

④ 岳天明：《社会发展观的演变及其民族意义追问》，《中央民族大学学报》2006 年第 3 期。

经济发展观的一个重要缺陷在于将经济成长的数量视为发展的目的，从而导致在发展过程和目标上价值取向被忽略或淡化。实际上，经济增长潜力的发挥程度还取决于其他社会政策的有效配合，否则，"无发展的增长"的出现就是不可避免的。

（二）经济增长加反思变革的发展观

从 20 世纪 60 年代末到 70 年代末，是当代发展理论发生重要变化的历史阶段。尤其是进入 70 年代以来，发展观向着被称之为"发展目标的社会化"的方向前进了一大步。标志着这一时期发展观转变的重要文献是英国发展经济学家达德利·西尔斯（Seers，D）1969 年在新德里举行的国际发展协会第 11 届世界大会上的演讲。在此次大会上西尔斯明确地反对把经济增长作为发展目标。他指出："把发展与经济发展以及经济发展与经济增长相混淆是我们十分轻率的表现。""对于一个国家发展来说，应该提出的问题是，贫困发生了什么变化？失业发生了什么变化？不平等发生了什么变化？如果这三个方面都变得不甚严重，无疑，这个国家就经历了发展。反之，如果这三个中心问题中一个或两个恶化了，特别是三个问题都恶化了，那么，即使人均收入成倍增长，把这种结果称为发展就是不可思议的。"①

由于在单纯的经济增长理论的指导下，许多发展中国家并没有实现预期的目的，有些情况下甚至还会恶化；再加上 20 世纪 60 年代末以后，由于国际经济秩序和政治关系发生了重大变化，联合国倡导的"第一个发展十年"计划（1960—1970）遭到失败，人们普遍认识到，仅有经济发展理论的研究是远远不够的，因为它不能

---

① ［美］达德利·西尔斯：《发展的意义》，《国际发展评论》1969 年第 12 期。

反映和解决发展中国家面临的一系列重大问题。

作为反思的结果，国际劳工组织（ILO）于 70 年代初期在对哥伦比亚、斯里兰卡、肯尼亚等国的调查报告中，提出了以增加就业、匡济贫困阶层为主体的政策建议。在 1975 年 ILO 进一步将"基本需求战略"作为发展中国家的发展战略而向国际社会予以推荐，这一战略从 70 年代后期开始支配了发达国家的发展援助政策。"基本需求战略"致力于优先满足公众的基本需求，注重提高贫困阶层的最低收入、增加就业、兴办有关人民基本生活需要的社会福利事业，并强调要给予社会公众以更多的参与社会活动的机会。与此相对应的，人们不仅对 GNP 指标进行改良，并且开始建立社会指标体系的雏形。①

在这一社会背景和理论基础上，许多发展理论的研究者，包括发展经济学家们，开始对把发展等同于增长的发展观进行反思。这种反思的结果，可以视为是对单纯注重经济增长观点的扬弃，同时在肯定增长是发展的基础上，更多地注意到发展中质的变化，注意到发展是建立在经济增长基础上的社会多维变化的过程。与此相类似，联合国有关组织的研究者也提出了一种新观点：发展就是经济增长和社会变革。这个观点反映了关注发展理论的学者对发展问题认识的深化。正如美国发展经济学家托达罗在《经济与第三世界》中指出的：发展不纯粹是一个经济现象。从最终意义上说，发展不仅仅包括人民生活的物质和经济方面，还包括其他更广泛的方面。② 因此，发展应该是一个包括整个经济和社会体制重组的多维

---

① 作为 GNP 的改良型指标，可以举出净国民福利 NNW（Net National Welfare）、分项目 GNP、经济福利测度 MEW（Measures of Economic Welfare）、绿色 GNP（Green GNP）等。

② 参见［美］托达罗：《经济发展与第三世界》，印金强等译，中国经济出版社1992 年版，第 50 页。

过程。社会发展观没有视经济增长为发展的目标，而是将其作为发展的手段，社会公正、增加就业、改善收入分配状况和消除贫困才是发展的终极目标。社会发展观最突出的特征就是更加重视发展的社会效果。

　　但是，社会发展观在欠发达国家并没有引起积极的响应，其原因有二：一是发达国家的某些观点和政策方案过于偏激，过分否认了经济增长的积极作用，与当时发展中国家极力发展经济、改善贫困的现实诉求不相符合；二是因为欠发达国家增长需求强烈，以至于对经济发展所可能引起的代价问题重视不足或持比较宽容的态度。

（三）可持续发展观

　　20 世纪 70 年代初，由于全球性环境污染、资源短缺、生态破坏、经济发展失衡、社会矛盾加剧等问题越来越突出，罗马俱乐部的《增长的极限》报告和联合国斯德哥尔摩会议通过的《人类环境宣言》，明确提出"持续增长"、"合理的持久均衡发展"等核心概念，强调以未来社会的持续发展来规范现在的发展行为，倡导人与自然和谐相处，在认识上和实践中更加注重发展和自然生态环境的协调，提出并逐步提升了可持续发展观。[①] 它表明人们的发展观在经济、社会的基础上又增加了环境因素，标志着发展观在多元性、全面性的基础上又得到了进一步拓展和深化。

　　"可持续发展"概念的提倡和普及是 20 世纪 80 年代后期以来发展观的最重要进步。这一观点虽然早在 1972 年的世界环境大会上就已出现，但它真正成为国际社会的共识，则是在 1987 年世界

---

　　①　曹应旺：《科学发展观渊源中的中华文化传统》，《党的文献》2006 年第 6 期。

环境与发展委员会在题为"我们的共同未来"的报告中对其作出了定义和阐发之后。[①] "可持续发展"被定义为"既满足当代人需要，又不对后代人满足其需要的能力构成危害的发展"，为了实现可持续发展，人类必须致力于：1. 消除贫困和实现适度的经济增长；2. 控制人口和开发人力资源；3. 合理开发和利用自然资源，尽量延长资源的可供给年限，不断开辟新的能源和其他资源；4. 保护环境和维护生态平衡；5. 满足就业和生活的基本需求，建立公平的分配原则；6. 推动技术进步和对于危险的有效控制。从以上表述中可以看出，可持续发展战略体现了人口、资源、环境、经济、社会必须协调发展的思想，是人类对于人与自然的关系以及自身社会经济行为认识上的飞跃。此后，可持续发展战略已经成为许多世界最高级会议和全球大会的中心议题。1992 年联合国里约热内卢环境与发展大会通过了《里约环境与发展宣言》和作为具体行为计划的《21 世纪议程》。1995 年哥本哈根社会发展世界最高级会议的宣言也再次强调，要通过保证各代人的平等和对环境综合、持久的利用，努力实现对当代和未来各代人类的责任，并要求把人置于发展的中心地位。[②]

在可持续发展的概念得到广泛接受以后，随之而来的问题就是如何测度发展的可持续性，以将可持续发展的概念实际应用到政策制定和政策评价中去。作为这方面探索的成果，世界银行的专家提出了用"人均资本"来衡量发展的可持续性方法。如果我们的活动能够给未来留下与现在相等或更多的人均资本，那么它就是可持续的，反之亦然。值得注意的是，这里的"资本"被赋予了新的

---

① 孙尚青：《发展观的演进与经济社会的协调发展》，《管理世界》1996 年第 3 期。

② 参见张向前：《人力资源与区域经济发展研究简评》，《科技与管理》2003 年第 3 期。

定义而不同于传统经济学中的资本概念。按照这一定义，资本包括人造资本、自然资本、人力资本和社会资本四种。世界银行的专家还利用公开发表的数据对全世界 192 个国家的资本存量进行了粗略的估算。由于如何计算社会资本的方法问题尚未完全解决，这次计算只包括了人力资本、自然资本和人造资本。根据其计算结果得出的结论之一是，全世界上述三种资本的构成比为 64：20：16，人力资本是世界总财富中最大的财富。①

　　由于利用人均资本的概念对发展的可持续性进行测度的方法仍然是用单一的货币尺度来进行衡量，因此它实际上是沿用了 GNP 改良型指标的思路。因而它也就带有 GNP 改良型指标所具有的缺陷：对于难以货币化的项目无法涵盖。上述计算中未能将社会资本包括在内即是出于这一原因。

　　正是基于对以"GDP 崇拜"为特征的发展观的反思与检讨，从 20 世纪 70 年代初期开始，随着工业化进程的加快，人们逐步放弃了以"经济增长"为核心的传统发展观，在肯定经济增长的基础上，更多地注意到发展中社会系统各种质的变化，认为发展不单纯是国内生产总值的增长，而是包括经济、政治、文化和社会的全面发展，从而逐步将发展看作是经济增长和社会进步的统一，即伴随着经济结构、政治体制和文化法律变革的经济增长过程。尤其是 20 世纪 80 年代以来，许多国家的经济发展被不和谐的社会结构所打断，包括联合国在内的许多机构的经济援助计划也遭遇到文化障碍，人们开始反思过去发展中被忽视了的一个概念——文化。作为这一反思的结果，文化从后台走到前台，并成为发展关注的核心。

──────────

　　①　参见李善同、林家彬、马骏：《发展观的演进与发展的测度》，《管理世界》1997 年第 4 期。

人们意识到，不管是经济、技术还是人类本身这一资源的发挥都是以文化为基础，任何关于发展的真正思考如不考虑人们所信奉的文化价值必将毫无意义。由此，发展观进入一个新的阶段——"以人为中心的社会文化综合发展"的新发展观。①

（四）以人为中心的社会文化综合发展观

在经历数十年的发展历程和遭遇诸多问题之后，西方发达国家中的一些学者开始在批判、反思、总结传统的发展观和发展模式的基础上，探索新的发展观念和发展模式。罗马俱乐部的学者们在提出人类面临的一系列全球问题的同时提出了新发展观这一概念。作为对过去发展实践反思的结果，新发展观是当代社会中科学、技术、文化、经济等各社会子系统相互作用和彼此渗透结合的发展观，是使社会自身的系统化、整体化日益提升，以及社会与自然相互关系更加和谐的发展观。它强调以人为中心，并给予文化以特殊的地位。正如相关研究者所指出的，发展是一个"以人为先"的问题，必须适应社会，符合文化。② 不可能弃文化以求发展，因为文化有关键性的作用，发展本身提供不出任何事物来取代文化的作用，如果以蛮横的态度对待文化，文化会作出暴烈的反应，为发展而进行的许多努力可能因此毁于一旦。③ 一言以蔽之，新发展观的题中之义即是对文化的高度重视。如果把文化理解为人区别于动物自然状态的一种尺度的话，新发展观所理解的发展就具有丰富的文

---

① 参见中国社会科学杂志社：《社会转型：多文化多民族社会》，社会科学文献出版社 2000 年版，第 217 页。

② 参见中国社会科学杂志社：《人类学的趋势》，社会科学文献出版社 2000 年版，第 77 页。

③ 参见中国社会科学杂志社：《社会转型：多文化多民族社会》，社会科学文献出版社 2000 年版，第 217 页。

化内涵，在一定意义上可以理解为人的生存和发展的文化战略。人们普遍认为在经历了传统发展观对文化的长期忽视之后必须给文化以认真的思考和研究。我们发现，凡是讨论新发展观的学者几乎都要花费很大的篇幅讨论文化在发展中的重要地位和作用。20 世纪 80 年代，法国著名经济学家弗朗索瓦·佩鲁受联合国教科文组织委托，撰写了著名论著《新发展观》，可以看作是新发展观的奠基之作，它强调发展应该是"整体的"、"综合的"和"内生的"。所谓"整体的"，就是不仅要考虑人类整体的各个方面、各个环节，而且要承认和兼顾各个方面的差异性。所谓"综合的"，就是要把发展的各种方面和各种因素综合在一起，形成相互联系紧密依存的整体结构。所谓"内生的"，就是强调一个国家的内部力量和资源及其合理的开发和利用。为了纠正传统发展观"见物不见人"的偏失，佩鲁强调发展不仅只包含数量上的增长，而且还包括社会收入结构的合理、文化条件的改善、人们生活质量的提升和社会福利待遇的改进；发展体现为经济持续增长、社会全面进步与环境不断改善的同步进行；发展应以尊重人的人格尊严、实现和追求人的价值、理解和满足人的需要、激发和发挥人的潜能为中心，促进人类社会生活质量的提高和社会每位成员全面而自由的发展。按照这种发展观，对经济发展的最终检验，不是普通的物化指标，而是人的发展程度和发展价值，因此就必须实现经济与社会的协调发展。这种关注重心由客体向主体的转移，标志着发展观上的一个质的转变。较之可持续发展观中的"以人为中心"，有所深化和拓展。（1987 年，以挪威前首相布伦特兰夫人为主席的"世界环境发展委员会"，出版了名为《我们共同的未来》的著名报告，在系统地阐述可持续发展观中提出"以人为中心"，但含义不够清晰。）正是在此基础上，人们逐步将发展看作人的基本需求逐步得到满足、人的能力发展和人性自我实现的过程，这一社会发展观念在全球取得共识。作为可持续发展观的进一步深化，20世纪最后10年人们提出了人类发展的概念。联合国开发计划署从1990年开始，每年发表一份不同主题的《人类发展报告》。①

人的生存和发展离不开物质，所以人要从事物质生活资料的生产，要同自然界进行物质、能量和信息的交换，以实现经济的增长和发展。但经济增长只是实现人的生存和发展的手段，其价值取决于对人的意义，取决于对文化的意义。一般地说，人在生存和发展中，不仅有物质生活条件上的追求，还有精神上的追求，人的所有的要求和希望归结起来就是对文化的追求。一旦人们这样认识自己的生存和发展的时候，就会超越单纯经济增长的狭隘视界而认识到文化的价值和意义。任何一个社会的经济制度、政治制度都深深地打着文化的烙印，或者说它们本身就意味着某种文化。所以新发展观在把人的发展和社会进步作为发展目标的同时，必然会将文化的价值提到相应的高度上。以往传统的单纯经济增长的片面发展观，在讨论经济发展时把现实的人及其活动抽象掉了，仅仅依靠表示物的各种经济范畴去建构经济增长或发展理论，因而也就排除了文化的作用。新发展观把现实的人及由现实的人组成的经济单位作为讨论发展理论的出发点，因为现实的人和单位都是历史形成的文化环境的产物，都深受文化环境的影响。人们越来越追求物质产品中的文化价值，希望物质产品凝结更为丰富的文化价值。这一切都说明新发展观把发展理解为具有能动性的人的活动结果，必然会将文化与经济和社会发展紧密地联系在一起。

各种不同的发展观对文化采取各不相同的态度，继而导致不同

---

① 参见廖志鹏：《发展观及其历史演变探析》，《现代经济信息》2011年第1期。

的发展结果。对人的重视和对文化的重申，正是新发展观所强调与努力实践的。发展的内涵一再扩展，由经济增长到反思发展，到合理可持续，再到新发展观的出现，我们可以看出一种发展意识的转变。在新的发展观中，作为社会基本构成要素的人本身，与连接社会与个体的中介因素文化一起成为社会发展关注的核心。对于人及其文化的关注，是发展观的一大进步，它既表明人们的发展观由片面性向全面性、由单一性向多元性的转变，更标志着发展观的深化。

通过以上对于发展观的历史追溯和分析，我们可以看到，现在发展观主要显示出以下几个趋势：

1. 从经济增长到经济发展、社会发展，再到人和文化发展

按照传统发展观，发展即是经济发展，而经济发展又被等同于经济增长。到了 20 世纪 80 年代，人们进一步认识到，仅仅谈经济发展还不够，发展还应该包括社会发展，如果忽视社会改革和进步，就谈不上真正的发展。20 世纪 80 年代至 90 年代提出的综合发展观、可持续发展观和新发展观，则进一步拓展了发展的内涵。其中最重要的一点，就是认识到了人在发展中的核心地位与文化在社会发展中的重要作用。发展的最终目的是人，社会经由文化教化个人，个人也将借由文化重构社会发展，人是发展的主体，文化是发展的助力，人及其文化将是发展的最终动力。

2. 从物到人，把人的发展最终确定为发展的根本目标

早期发展观的出发点是物、产品。人们只看到人必须消耗一定的产品方可维持生存，从而把 GDP 以及人均 GDP 作为评判发展首要的甚至是唯一的指标，而很少考虑到人本身的发展和人在发展中的核心作用。

随着实践过程中传统发展观缺陷的显现，新的发展观转而从社

会、经济与人的协调发展，从为一切人的发展和人的全面发展的角度，对发展概念的外延和内涵重新进行了界定。在这种新的发展观当中，人的全面发展成为发展的核心。新的发展观还强调人的自我实现的重要性，侧重于人的能力、个性的发展。发展除了满足人的基本需要这个低层次需求外，还有更高的自我实现、自我提高的需求。总之，发展应该"以人为中心"。

3. 从欧美中心主义到发展道路的多样化

早期发展观认为，不同民族和国家由于大致相同的起源，尽管所处的条件和环境不一样，但都要经过大致相同的发展道路，从而达到相同的结果。根据这种假设，发达国家的发展经验是不发达国家应该仿效的榜样。所谓的发展，就是西方化，甚至是美国化。

20世纪70年代后，这种欧美中心主义受到了国际社会，尤其是发展中国家的激烈批评，国外发展研究的学者开始注意从不发达国家的具体国情出发来探讨发展问题，开辟了探索不发达国家发展的新途径，改变了一系列传统的陈旧观念。例如比较现代化理论突出了传统与现代二分法的片面性，依附论和世界体系论则要求发展中国家摆脱西方国家的控制，走自己的发展道路。

4. 从发展速度到发展代价，逐步关注发展的负面效应

在传统发展观看来，发展是一个没有问题与危机的过程，发展只会带来进步，无所谓消极的后果。但到了20世纪70年代初，"增长极限论"首次全面揭示了发展带来的一系列全球问题，引起了人们的极大关注。人们认识到，发展所带来的问题与其所提供的机会和希望一样大。因此，发展不再被认为是直接等同于社会进步的命题，而是包括进步、代价和问题的统一体。可持续发展观把当代人和后代人的发展放到一起来考虑，并把环境与发展的关系提到了很高的高度。西方马克思主义者则对发展过程中的人本身的代价

进行了思考。例如马尔库塞就认为，现代资本主义发展使人失去了人性，人成为物、工具，成了单向度的人。从发展观的角度来说，这既是对西方发达国家发展历史的批评，也是对发展中国家发展目标的提醒。

二、社会发展与文化的关系

（一）关于发展的几种决定论

所谓决定论，通常意义上是指一种承认或坚持因果必然性的思想。在决定论者看来，世界上一切事物、现象的发生、变化和发展均处于某个必然的因果链条之中，没有原因的结果和没有结果的现象都是不存在的。因此，要说明世上一切事物、现象的发生、发展和变化，就必须承认和坚持因果必然性的客观存在。因果论在包括民族在内的社会发展中多有表现，突出的有二：一是经济决定论，二是文化决定论。

1. 经济决定论

关于经济决定论的概念由罗伯特·戴瑞斯兰（Robert Drislane）博士和戴瑞·帕金森（Dary Parkinson）博士编纂的社会科学词典中给出的释义为：经济决定论是决定论的一种表现形式，是指社会结构和文化都只是作为经济生活的社会的和技术的组织的产物。[①]马克思19世纪中期首先发展了该理论，这个理论也成为马克思政治哲学中的一条基本原则。

1859年马克思在《政治经济学批判导言》中对自己的理论研

---

① 参见马蓉：《经济决定论的哲学思考》，上海财经大学博士学位论文，2007年，第39—40页。

究历程作一个清楚的回顾和总结："为了解决使我苦恼的疑问，我写的第一部著作是对黑格尔法哲学的批判性分析，我的研究得出这样一个结果：法的关系正像国家的形式一样，既不能从它们本身来理解，也不能从所谓人类精神的一般发展来理解，相反，它们根源于物质的生活关系，这种物质的生活关系的总和，黑格尔按照18世纪的英国人和法国人的先例，概括为'市民社会'，而对市民社会的解剖应该到政治经济学中去寻求。我所得到的、并且一经得到就用于指导我的研究工作的总的结果，可以简要地表述如下：人们在自己生活的社会生产中发生一定的、必然的、不以他们的意志为转移的关系，即同他们的物质生产力的一定发展阶段相适合的生产关系。这些生产关系的总和构成社会的经济结构，即有法律的和政治的上层建筑竖立其上并有一定的社会意识形式与之相适应的现实基础。即有法律的和政治的上层建筑竖立其上并有一定的社会意识与之相适应的现实基础。物质生活的生产方式制约着整个社会生活、政治生活和精神生活的过程。不是人们的意识决定人们的存在，相反，是人们的社会存在决定人们的意识。社会的物质生产力发展到一定阶段，便同它们一直在其中运动的现存生产关系或财产关系（这只是生产关系的法律用语）发生矛盾。于是这些关系便由生产力的发展形式变成生产力的桎梏。那时社会革命的时代就到来了。随着经济基础的变更，全部庞大的上层建筑也或慢或快地发生变革。"① 在以上引文中，可以看出在马克思的思想理论体系中经济结构的基础性地位。事实上，在对马克思的理解中，无论是在把马克思的理论作为指导原则的现实社会运动，还是在将马克思理论作为学术研究对象的理论本身，都难以逃脱以经济结构作为历史

① 《马克思恩格斯选集》第 2 卷，人民出版社 1995 年版，第 32—33 页。

的现实和基础的思想。第二国际的一部分理论家更是将马克思的经济观直接表达为经济决定论：在拉克劳、墨菲看来，经济可以被理解成为一种社会机制，这种机制能够独立于人类行为之外，作用于客观现象，由此，他们试图表明经济的空间和政治的空间一样，都是自我建构的。他们强调生产力是中性的，强调经济的独立性和自我规定性。①

此外，波普尔在《开放社会及其敌人》一书中也用了一章的篇目试图对马克思的"经济的历史主义"之经济进行了自己的阐释。波普尔指出，马克思认为，历史的线索，甚至观念的线索，应该在人与他的自然环境、物质世界的关系的发展中去寻找，也即是说，在他的经济生活中，而不是在他的精神生活中去找；因此，他把"马克思的历史主义的印记描述为与黑格尔的唯心主义或与穆勒的心理主义相对立的经济主义"。波普尔给予马克思的"经济主义"以高于穆勒的心理主义更多的优越性，并认为这样的"经济主义"在"独创的、原创的马克思理论"中不能等同于那种意味着对人的精神生活采取蔑视态度的唯物主义，即他所批判的"庸俗马克思主义"，并认为这种庸俗的马克思主义"是一种可悲的理智上的堕落"。他认为马克思的"经济""包含了人的新陈代谢、人与自然的物质交换"，而马克思的"生产"这个术语，在广义上使用时"涵盖了包括分配消费在内的整个经济过程"，只是马克思的"主要兴趣仍是在该词的狭义上的生产"，并认为马克思通常用"生产条件"来指认"社会的经济条件"。②

①　参见［加］艾伦·伍德：《新社会主义》，尚庆飞译，江苏人民出版社2002年版，第57页。

②　［英］卡尔·波普尔：《开放社会及其敌人》第2卷，陆衡译，社会科学出版社1999年版，第167—169、172、174页。

经济决定论本是由第二国际的理论家们制造出对马克思经济基础说的理解，但是由于"经济决定论"的用词及其造成的传统思维方式的惯性影响，从而在很大程度上造成了人们在误读基础上对其的偏爱，以至于后来人们对经济决定论的反驳也主要是针对于"经济基础学说"的误读而展开的。机械的经济决定论者强调单一的决定关系与不可逆的解释关系，在他们看来，社会因素最终可以区分为经济因素和非经济因素，非经济因素最终都可以归结、还原为经济因素；经济因素可以用以解释非经济因素，而非经济因素则只能是用经济来说明的结果。当用这种思维来考察具体社会问题时，就必然要从所涉及的问题经济方面入手，寻求对问题的解释。这一观点不仅在理论上是错误的，更存在着事实基础上的误读。

2. 文化决定论

文化决定论是一种认为个体的人和人类社会都是由其所属文化来决定的观点。它将文化视为一个民族的生活方式，认为文化由思想和行为的习惯模式所组成，包括价值、信仰、行为规范、政治组织等，在所有这些因素中，尤其强调文化的核心——价值观念的作用。持文化决定论观点的学者认为：广义的文化即人化，它反映的是社会历史进程中人类为解决生存和生活需要而对外部自然、社会和自身改造所达到的程度，表现为社会的物质和精神财富，而依据其作用的领域不同，可具体划分为物质层面的器物文化、社会的制度文化和人的价值系统三个方面。每一种文化模式不管有什么样的不同，都是由这三个层次构成的同心圆；由内而外依次为器物层、制度层和价值层。这其中居于中心的价值层是整个文化结构的灵魂，它作为认知系统和导向系统指导人们的行为方式及其选择，并渗透于整个社会行动的过程。文化的这种结构和对价值观的强调意味着，任何一种文化模式，除了具有自身的生产方式、政治制度等硬件结构外，都必然包含着内化为民族心理的价值认同系统，并且这个认同系统一经形成，就像人的神经系统一样牢牢地统摄着社会机体的各个领域。具体而言，社会文化价值作为文化系统的核心，一方面以普适性形式统一着社会成员的具体目标，另一方面又超越于既定的社会现实，指示着社会成员期许未来。不仅如此，文化观念作为内在于个人的价值系统，始终寓于某一文化之中，并存在于各个不同的历史时代；只要不发生某种基因突变，它就能沿着既定的方向作持续的惯性运动。这种"文化决定论"的例证在历史上屡见不鲜。比如，有研究者就认为，西方在中世纪期间，生产力与生产关系也曾有过巨大变化，但由于人们共同的基督教价值认同系统以及社会文化价值目标一成不变，所以社会的性质循环绵延而雷同。只是到了近代，当基督教的价值认同系统让位于启蒙的社会文化价值目标时，西方的历史才步入了新质的工业文明。①

纵观 20 世纪以来的历史，文化决定论有着持久的生命力。在 20 世纪初，国家的穷富问题引起了众多学者与政治家的关心，而对其认识和解释，最初主要停留在基于自然基础上的人种学与地理环境因素，后来随着种族主义的不合时宜和被批判，以及现代化理论的兴起，20 世纪五六十年代，植根于马克斯·韦伯理性主义学说上的"文化决定论"逐渐占了上风。虽然期间发源于拉丁美洲的"依附论"学说的兴起，文化因素的解释曾一度有所沉寂。但紧接着的东亚经济兴起与苏联的解体，给予以马克斯·韦伯为代表的理性主义学说与"文化决定论"以复兴的机会。加之 20 世纪 80 年代以来的全球化运动，以及由此带来的密集化的文化互动和对民族文化的冲击，使文化再一次成为人们关注的焦点。在此背景下，

---

① 参见胡建：《"生产决定论"与"文化决定论"》，《东南学术》1999 年第 5 期。

1999 年 4 月 23 至 25 日，在美国马萨诸塞州坎布里奇市美国艺术科学学会召开"文化价值观与人类进步"研讨会，此次会议有两个主要议题：一是文化的重要（决定）作用，二是如何改变文化对发展的阻碍，并最终成书——《文化的重要作用——价值观如何影响人类进步》。

不管有多少关于文化的论点，也不管有多少种文化决定论，就发展而言，马克斯·韦伯的观点是最具代表性，也是最流行的，从来没有哪一种关于文化决定论的观点超越其影响力。韦伯一生致力于对人类社会的理性研究，就对社会发展的影响来说，他最具代表性的著作有两部，一是广为人知的《新教伦理与资本主义精神》，一是《经济与社会》。其探讨的话题均未脱离他一贯重视的文化范畴——观念和制度。在观念领域，韦伯强调思想和精神因素对人的行动具有决定作用；而在制度领域，韦伯又强调，人的行动背后，还受更具有决定作用的制度约束，由此，人们往往把韦伯既看作文化决定论者，又视为制度决定论者。① 实际上，不论是观念还是制度，都不外在于文化，而是文化的不同部分。

马克斯·韦伯之外另一对文化作用的极力主张者当属 E. 哈奇。在哈奇看来，文化在三个方面决定了人类的行为：（1）人类通过学习获得了那些指导和确定思想与行为的模式。哈奇论证道：对于一个中产阶级的英国男子，所谓"举止自然一点"就是按一种独特的文化风格来行动，而模仿这种风格的美国人或澳大利亚人则会被人们认为是怪诞可笑的。在他看来，人们所有的思想和行为都仿效着他们已经习得的文化模型。（2）虽然许多文化成分处于意识

---

① 参见冯钢：《马克斯·韦伯：文明与精神》，杭州大学出版社 1999 年版，第 174 页。

知觉的水平以下，但它们仍然决定着个体的思想和行为，语言就是一个例子。作为一种文化的分支系统，语言决定着听说双方的理解和表达，反映了特定的文化背景。所有的语言都有复杂的语音学规则和语法规则，但是听的人和说的人一般都说不出这些规则的内容，只是模糊地知道并使用着这些规则。（3）文化模式既构造了思想，也构造了感知。例如，颜色的光谱是一种有连续层次的色彩，但是文化习惯却把它分割成相互区别的片段。哈奇论证道：英国人在蓝和绿之间作出了区分，也就是说，在光谱的某一点上，习惯造成了一种范畴的区别。又比如，虹是颜色的逐渐变化，但它被想象成一系列不同的光带。同时，价值也影响了思想和感知。例如，人们不可能以纯粹中立的态度来感知一个景观，因为在其上反映了价值观。正如哈奇所指出的："西方人对于一片原始森林的映像与对于一个由于工业开发而损蚀了的山坡的看法是很不相同的，这种不同部分地出现是由于审美价值的不同。"

在文化决定论的认知中，文化的作用远远超出人们通常所说的文化功能。在文化决定论者看来，文化构筑了社会的基础，是包括政治制度、经济制度在内的一切社会制度的内在依据，文化不仅在制度设立时承担前所未有的重任，更决定着制度的实施及其效果，文化左右着人和社会的发展。人通常无法改变文化的既有模式，他们只是依据文化教授和传递给他们的行事，并由此进一步巩固文化的规定和规范。

虽然经济决定论和文化决定论各执一词，互不相让，但事实上二者和所有的决定论一样，都犯了简单化的单向思维的错误。对于社会这样一个极其复杂的系统是难以彻底解释的。就经济决定论而言，单单用经济因素的决定作用来分析论证和揭示人类社会发展的规律，无论如何是不够的，因为在社会历史过程中，除了经济因素外，还有大量的非经济因素。要科学地说明人类社会及其历史发展，就必须在一个多元的视角下综合分析。诚然，马克思、恩格斯都十分强调经济在社会历史进程中的作用，也曾明确表述过生产力决定生产关系、经济基础决定上层建筑、社会存在决定社会意识等，但这不是机械的决定论，经济决定论者机械地理解和使用了马克思的学说，他们只运用了马克思的结论而舍弃了其本质。把处于复杂社会系统中相互作用的多个因素简化为经济，并把经济因素对其他因素的作用做了简单化、绝对化的理解。按照机械决定论的惯常思维，经济因素对于非经济因素永远都是起决定作用的，而所有其他因素，只要是非经济的，则永远处于被决定的地位。由此在对纷繁复杂的许多具体现象进行考察之后，每次都会得出经济因素决定的结论，推而广之，经济因素便会成为社会历史进程中唯一起决定作用的因素。至于非经济因素的作用，永远只能处在附属的地位。

对文化决定论者而言，文化作为人与动物区别的标志和人类社会的本质属性，确实有着重要的作用，但作为社会的产物和人的创造性的体现，文化及其观念都是从现实的社会结构及其过程中产生出来的，是第二性的、派生的，它与现实社会的关系是源与流的关系，失去了社会这一根基，文化及其观念便无从产生，更谈不上什么决定作用。事实上，复杂的社会运动是以诸多因素交互作用的方式进行的，经济因素和文化因素只是复杂社会系统中参与交互作用的两个重要因素，任何一方都既不是唯一起决定作用的因素，也不是自始至终起决定作用的因素，更不是单项的决定关系。就如罗荣渠先生在论及社会历史时所指出的，"历史发展表明，愈是远离现代的时代，社会的结构与功能愈单一化，即各种社会功能分化的程度愈低。在原始社会里的生产与家庭是密切结合的，宗教与政治是合为一体的，政治权力（特别是神权政治）是凌驾于经济权利之上的。在那个时代，亲缘关系、宗教观念、首领人物对人类共同体的作用远远超过后来的时代，从而非经济因素对社会发展的影响实际上是超过经济因素的，尽管物质生产方式提供了发展的最后界限"。① 这就是在说，在社会功能分化程度低下的社会里，一些今天人们意想不到的非经济因素也能发挥同经济因素一样的决定作用，对社会的存在和发展给予重大影响。而"经济因素在社会发展中的决定作用，是随着经济权力脱离社会权力和政治权力并逐渐凌驾于其上而日益显露出来的。愈是进步与发展的社会，经济因素的作用愈大"。② 经济的作用是如此，文化的作用同样如此。历史地看，在人类社会发展的不同阶段，各种内外因素从地理环境、社会结构、政治制度乃至人口都曾起过不同程度的重要作用。所以，不论经济还是文化都不是社会发展的单一决定因素，经济因素与非经济因素关系也不是简单的决定与被决定关系就能解释清楚的，因为在社会这一复杂系统中，各因素之间构成一种错综复杂的网状关系，其中任何一个因素都被其他与之相关的因素所影响，同时也对其他因素发生着影响和作用。

（二）我国的民族发展与文化

我国对于民族发展的理论探索，按照王春华《民族发展理论回顾》一文的观点，1988 年开始是一个转折点。在 1988 年以前，关于民族发展的研究大多是围绕民族类型的演变去分析，基本上是以社会发展代替民族发展。1988 年以后，民族发展作为民族理论

---

① 罗荣渠：《论一元多线历史发展观》，《历史研究》1989 年第 1 期。
② 罗荣渠：《论一元多线历史发展观》，《历史研究》1989 年第 1 期。

研究的一个独立性课题逐渐增多。① 由于我国的民族发展理论作为独立性的研究出现较晚，而且是在中国改革开放、现代化和世界全球化的背景下展开的，所以得以避免早期关于发展的片面观点，以及单一的决定论观点。纵观我国改革开放以来的民族发展理论，基本是在一个多元的视角下展开的，涉及包括整体的经济、社会、文化和个体的心理、素质等方面，既有对民族个体和整体结构的思考，也有对与之相关的外部环境因素的分析，有着极强的整体视野。下面按照时间线索对于关于民族发展的一些代表性观点予以梳理。

在都永浩看来，民族发展就是民族素质的提高过程，也就是民族生存与竞争能力的提高。民族发展的内容主要包括：民族成员从事政治、经济、文化活动的能力的增长，民族整体竞争能力的增长，以及民族体自身的发展。他强调民族作为个体和群体的能力增长是民族发展的关键问题。② 不同于都永浩对民族作为个体和群体能力增长的强调，谭明华则强调民族发展是民族自身的整个内部结构和诸种外在特征以及民族之间社会关系的不断调整更新、相互适应推进的过程；他把民族发展由群体内部拓展到外部的关系上，并将民族发展概括为民族类型发展、民族特征发展及民族关系发展三个组成部分。其中民族类型发展反映在民族纵向上质的演进，即民族作为一种社会现象，随社会发展而更替的过程。③ 不同于前两者，王平则提出：民族发展是"以人为核心而组成的一个目标系

---

① 参见吴琼：《二十年来我国民族发展理论研究综述》，《贵州民族研究》2009 年第 3 期。

② 参见都永浩：《关于民族发展研究的几个问题》，《民族理论研究》1991 年第 3 期。

③ 参见谭明华：《试论民族的发展及其度量》，《民族研究》1992 年第 5 期。

统的实现过程，它包括人自身的发展以及民族系统内为人的发展而提供的各种条件（即手段）的发展"。① 这一对民族发展的认识着眼于民族成员自身的发展，亦即认为民族素质的提高是民族发展的实质和核心，民族内部的政治、经济、文化等发展则是民族素质提高的外部环境，其发展是为人的发展而提供的条件。熊锡元则将民族群体置于世界民族之林，认为发展就是"一个民族，致力于自身生命的延续；在不断改善和优化其生存环境与条件中达到良好水平；以及增强自立于世界发展之林的活力——这就是民族发展的基本含义"。② 长期致力于民族研究的金炳镐在总结自己研究的基础上提出："民族发展，是在民族自身因素、民族所处的自然因素、社会因素的综合协调作用下，民族自身的整个内部结构、素质和诸种外在特征以及民族之间社会关系不断调整更新、协调适应，推进民族纵向质的演进和横向量的扩展，综合实现民族的民族性发展、社会性发展、人的发展的过程，本质上是民族生存和演进的质和量的提高。"③ 这一对于民族发展的定义是对他以往民族发展、社会发展和人的发展的综合和深化，这是一个极其宽泛的发展概念，涉及了民族的自然属性、社会属性及生物属性，包括了民族群体的横向结构、纵向过程和内外关系。不同于以上所有关于民族发展的认识，龙先琼主要从社会变迁和现代化转型的角度定位民族发展，认为民族发展"是民族社会演进的历史过程及其存在状态，表现为民族社会形态的整体和系统的转变，特别是从传统社会向现代社会的转变"。④ 并以此为基础进一步对民族发展的特征作了概括，认

---

① 王平：《试论民族发展含义》，《民族理论研究》1992 年第 1 期。
② 熊锡元：《试论制约民族发展的几个重要因素》，《民族研究》1993 年第 3 期。
③ 金炳镐：《民族理论通论》，中央民族大学出版社 1994 年版，第 148 页。
④ 龙先琼：《关于民族发展问题的几点理论思考》，《吉首大学学报》2006 年第 4 期。

为民族发展的特征包括了主体性、历史性、文化规定性和一般同质性。与此同时，随着中国社会整体发展中和谐社会概念的提出，金炳镐、张银花提出了一个新的概念，即民族和谐发展。并指出"民族和谐发展是指民族共同体内部各要素及民族共同体与外部各要素之间的全方位发展。民族和谐发展着眼于更加全面协调、长远持续、整体共同的发展"。①

与以上对民族发展的定义不同，一些学者直接探讨了影响民族发展的因素。孙青认为，影响民族发展的因素很多，但基本因素是民族生产力。在他看来，"民族生产力水平是衡量民族发达程度的主要标志，生产力发展了，民族的生产方式、生活方式、政治思想、文化习俗等等，都会相应前进。"② 而关于生产力的发展，他认为自然条件、劳动的社会力量、社会形式以及民族人口素质四个方面是关键性因素。除此之外，还强调了改革开放作为外部动力的作用与影响，并认为社会开放的深度、广度和速度与加速民族生产力的发展成正比。金炳镐在论及影响民族发展的因素时，列举了有重要影响的五大条件和环境，认为属于民族自身条件的有：民族结构和民族素质；属于社会外部环境的有：民族关系、自然环境、社会环境。③ 石亚周将对民族发展的关注点集中于外部环境，并专门对民族发展的环境因素进行了分析，认为民族发展中要有系统观念，协调各种关系。他指出："民族发展环境是指在民族发展中必然遇到的对民族发展有一定作用的外部因素和条件的总和。它是一个变动着的综合体系。"④ 都永浩在《论民族关系与民族发展》中

---

① 金炳镐、张银花：《论民族和谐发展》，《黑龙江民族丛刊》2007 年第 6 期。
② 孙青：《加速民族发展的基本因素》，《内蒙古社会科学》1989 年第 1 期。
③ 参见金炳镐：《论民族发展的诸条件、环境》，《黑龙江民族丛刊》1989 年第 4 期。
④ 参见石亚周：《论民族发展环境》，《中央民族学院学报》1991 年第 6 期。

则将民族关系纳入对民族发展的影响条件中。① 在另一篇文章《关于民族发展研究的几个问题》（1991）中则指出，影响民族发展的条件有主属之分——主条件，指民族素质；属条件，包括自然环境、社会环境、民族关系状况等。② 与前述对影响民族发展的因素分析不同，熊锡元转向对民族发展起制约的消极因素分析，认为民族发展中起制约作用的因素很多，其中民族意识、政治经济、文化素质、心理状态为较为重要的因素。民族的政治经济是民族发展的基础，文化素质则是民族发展的核心内容，而民族的意识与心理状态则对民族发展起着推动作用，这四个重要因素构成一个制约民族发展的有机体。③ 彭学云认为：科学技术是民族发展的动力。④ 王希恩则提出："民族地区发展滞后的根本原因在于自我发展能力不足，其中第一位的因素又在于自然条件的制约。"⑤ 龙先琼认为：民族发展的主体是少数民族，应充分依靠少数民族的自身力量，走"内生型"发展道路，而文化重构是民族发展的基本内容，应该"对民族传统文化模式进行结构改造和功能更新，使之对民族社会现实中的社会现象因素能够进行新的有效的整合，从而推动民族社会的新发展"。⑥

纵观以上关于民族发展及其影响和制约因素的理论分析可以看

---

① 参见都永浩：《论民族关系与民族发展》，《民族理论研究》1990 年第 4 期。

② 参见都永浩：《关于民族发展研究的几个问题》，《民族理论研究》1991 年第3 期。

③ 参见熊锡元：《试论制约民族发展的几个重要因素》，《民族研究》1993 年第3 期。

④ 参见彭学云：《构建和谐社会中的民族发展问题》，《中国民族》2007 年第 4 期。

⑤ 王希恩：《科学发展是解决中国民族发展问题的必由之路》，《民族研究》2007 年第 6 期。

⑥ 龙先琼：《关于民族发展问题的几点理论思考》，《吉首大学学报》2006 年第4 期。

出，民族发展不仅是经济的发展，也不仅限于文化的发展，而是多因素、多条件共同作用的结果。民族发展涉及包括经济、社会结构、文化诸多社会事实，既有内在的结构因素，也有外部的民族关系，更涉及民族成员的自身素质。虽然不同学者的切入点和侧重点不同，但都将民族发展视为多种因素共同作用的结果。与此同时，虽然因为学术旨趣的不同，研究者的关注点有所区别，但大都将民族自身的社会结构、文化和成员心理、意识等作为民族发展的一个重要因素。从孙青对政治思想、文化习俗等对生产力影响的分析，到都永浩对民族素质和文化活动能力增长的强调，再到王平以人为核心的目标系统的实现过程；从龙先琼将文化重构视为民族发展的基本内容和对发展的文化规定性的概括，到熊锡元将文化素质看作民族发展的核心内容和对民族意识与心理状态对民族发展推动作用的强调，再到彭学云将科学技术看作是民族发展的动力等，均表明文化对于民族发展是不可忽视的重要因素。

三、西北民族地区发展及其对文化创新的需求

（一）西北民族地区的发展现状

西北民族地区作为中国的主要民族区之一，其发展历来受到党和国家的高度重视，也得到了全国人民的大力支持，从政治、经济、文化方面的民族优惠政策，到地区之间的经济支援，再到西部大开发战略的实施都说明了这一点。在以上措施的支持和各民族群众的共同努力下，民族地区的经济、社会和文化等方面都取得了很大的发展，纵向比较成绩尤其显著，但横向比较来看，西北民族地区仍然是全国最贫穷的地区之一，贫困落后的面貌仍未从根本上得到改善，与中东部地区相比还有相当大的差距。尤其是市场经济的

实施，使这一差距还有进一步拉大的趋势。直至今天人们提起西部，常常有一句形象的比喻——"捧着金饭碗讨饭吃"。之所以有此说，是因为西北民族地区的发展有其自身独特的条件，虽然这里自然环境比较差，但并非全无优势，某些方面的条件还可以说是得天独厚。

从自然资源条件来看，这里地域广大，资源丰富。西北民族地区的宁夏、新疆、青海3个民族省区和甘肃省的临夏回族自治州、甘南藏族自治州，以及张家川、肃南、肃北、阿克塞、天祝5个少数民族自治县，总面积达264万平方公里，占全国总面积的28%。这里广袤的高原山地和河谷盆地，不仅为发展农业、畜牧业提供了条件，而且在其地下地上蕴藏着极其丰富的矿产资源，已经探明储量矿产130种；居全国第一的有30种，储量占全国1/2的有12种；在45种主要矿产资源中，钾盐、天然气等13种矿产资源保有储量占全国的50%以上，处于绝对优势；铅矿、铜矿等9种矿产资源具有比较优势，储量占到全国的30%到50%；煤炭资源20 000亿吨，占全国的34%，仅新疆维吾尔自治区的石油储量就达200亿至400亿吨；天然气储量达30 000亿立方米；水力资源达8 517.7万千瓦。其中矿业产值占其工业产值的比例，有一半省（区）超过25%，煤、油等能源矿产丰富，是我国重要的战略性能源基地。[①]

从社会条件来看，这里是我国藏、回、蒙古、维吾尔、哈萨克等二十多个少数民族的主要聚居区，是一个民族多元的社会。这里的文化资源尤其丰富，这一地区集中了包括藏传佛教文化、伊斯兰

---

① 参见徐永宁、武征：《西北地区矿产资源开发的环境地质问题及其类型》，《西北地质》2001年第2期。

教文化、草原民族的萨满文化和儒家文化在内的多种文化。

与自然和文化资源富集形成对比的是，这里的经济和文化比较落后。在一些学者看来，西北民族地区突出的地域特征就是——"边"（边远地区和边疆地区）、"穷"（欠发达地区）、"富"（资源富集区）、"绿"（绿色生体态屏障）。① 自然和文化的资源优势并未转化成社会经济和文化的发展优势。滕堂伟更是将此称为"富饶的贫困"，在他看来，相对于西北其他地区而言，民族地区既得到国家适度的政策倾斜，又占有相当程度的自然资源，几乎具备了一系列市场经济起步与腾飞的条件，但经过数年的努力，西北民族地区经济发展与发达地区的差距仍然在持续扩大，不仅地区生产总值提高有限，也没有使发展资源优势最大化，从而使资源优势难以转化为经济优势。究其原因，他认为西北民族地区落后的根源在于发展模式难以适应 20 世纪以来的知识经济："西北民族地区虽然拥有丰富的资源，但在改革开放以来相当长的黄金发展时期内，因国家区域经济改革和发展战略以及政策的限制，二元体制以计划体制特别是中央企业为主，成为向东部地区制造业发展提供原料与初级产品的基地与东部地区制成品的销售市场，由此不能有效而充分地利用既有的大规模的市场需求。导致了其产业结构的初级化状态长久化，并从根本上削弱了其日后利用大规模市场以求快速发展的能力。……20 世纪 90 年代中后期市场经济框架逐步建立、全面开放格局初步形成，当西北民族地区可以去利用市场的时候，市场条件却发生了巨大的变化。也就是说，在信息化的引领下，知识经济成为全球经济发展的方向，社会需求层次快速升级，市场需求日益个

---

① 参见邓艾、李辉：《民族经济学研究思路的转变》，《民族问题研究》2005 年第 5 期。

性化、多元化、市场呈现出显著的分化特征，产品的技术密集、资本密集型特征日益显著，市场竞争非常激烈。在这样的市场条件下，西北民族地区由于产业发展层次低，人力资本特别是商业性人力资本非常稀缺等原因，其利用市场的能力比原先更为低下，在市场利用、市场竞争中处于非常不利的地位。由此，所谓的'资源优势' 就很难顺利转换为市场优势、经济优势。"①

就以经济而言，这里从产值到产业结构都处于比较落后的状态。从地区的生产总值来看，青海省地区生产总值自 2006 年至 2010 年连续五年全国倒数第二；宁夏回族自治区连续五年全国倒数第三；甘肃省五年全国倒数第五；新疆维吾尔自治区除 2006 年地区生产总值全国排名第八外，2007 年至 2010 年四年连续全国倒数第七。比较而言，西北民族四省区在这一数据上落后于全国大多数省份，而甘肃省 2010 年地区生产总值就与全国排名第一的江苏省相差 19 倍之多，西北民族省区经济基础薄弱，经济发展能力不足由此可见一斑。

表1　西北民族三省区与甘肃省 2006—2010 年地区生产总值

时　间 地　区	2006 年	2007 年	2008 年	2009 年	2010 年
甘　肃	2276.70	2702.40	3166.82	3387.56	4120.75
青　海	648.50	797.35	1018.62	1081.27	1350.43
宁　夏	725.90	919.11	1203.92	1353.31	1689.65
新　疆	3045.26	3523.16	4183.21	4277.05	5437.47

资料来源：根据《中国统计年鉴》（2012）整理。

---

① 滕堂伟：《双重视角下的西北民族地区经济发展问题研究》，兰州大学经济系博士学位论文，2005 年，第 116—117 页。

从产业结构来看，以第一产业占全省生产总值比重来看，甘肃位列全国第 5 位，青海第 17 位，宁夏第 19 位，新疆第 2 位；以第二产业占全省生产总值比重来看，甘肃位列全国第 22 位，青海位列第 3 位，宁夏第 20 位，新疆第 23 位；就第三产业而言，甘肃第 15 位，青海第 26 位，宁夏第 9 位，新疆第 30 位。从以上数据来看，西北的民族四省区第一、二产业比重较大，第三产业总体占比较小，发展比较落后。如果再从产业内部加以细分的话，西北民族四省区第一产业中畜牧业占有很大比重，许多地方甚至主要以畜牧业为主，如 2003 年，新疆、青海畜牧业产值占第一产业比重分别为 24.5%、48.4%，甘肃民族自治地方达到 42.2%；第二产业中民族用品生产加工业占有较大比重；第三产业中传统的民族饮食服务业、商贸流通业占有较大比重。①

就文化而言，这里同样落后。虽然随着我国改革开放的深入和现代化进程的加快，西部的交通、通讯设施和教育文化事业有了很大的改善，各种现代传媒也在逐渐普及，西部少数民族之间、少数民族与外界之间的交流也空前频繁。但总体来看，西部地处内陆，其民族文化封闭性强、变化缓慢，各民族在其独特的自然、人文环境中形成的传统文化有所改变，但与时代的要求和社会经济发展的需求还有一定差距。在某些方面，一些落后的传统观念还在制约着本已迟滞的经济、社会和文化发展。

（二）西北民族地区发展对文化创新的需求

1. 民族地区经济发展需要文化创新

就一般意义而言，文化与经济之间的关系主要表现为：经济作

---

① 滕堂伟：《双重视角下的西北民族地区经济发展问题研究》，兰州大学经济系博士学位论文，2005 年，第 95 页。

为人类活动的成果总是体现着主体的目的、价值和意义，以及经济结构作为既成事实对文化观念的形塑作用。但这并不是全部，如果仅仅从这个层面理解文化与经济的关系，那就有简单化的嫌疑，既对其中复杂的关系作了简单化的处理，也忽略了其在漫长历史过程中可能发生的变化。事实上，文化与经济之间的关系是极其复杂的，并且随着历史的演进始终在变化。先是随着社会物质产品的丰裕及与之相关的消费社会的到来，人们对经济产品的消费在关注实用价值的同时，越来越将注意力转向其所包含的文化意蕴；接着是新技术、新载体的出现和普及催生了文化经济；再后来是经济文化的高度融合和一体化。

物质产品的丰富和消费社会的到来，使人们逐渐摆脱以生存为目的经济，所有的经济活动及其过程，除满足市场的物质需求之外，愈来愈重视其所包含的文化意义和价值。在一个消费社会里，消费不仅上升为经济生活的中心，而且成为社会经济和文化再生产的关键。消费社会的存续是通过培养人们持续增长的消费能力维持的，这孕育了其主导文化——消费主义。消费主义关注人们的消费欲望，并不断向人们暗示，拥有了某种商品，就拥有了某种文化意义和人生价值，因为这种商品就是意义和价值的化身；而如果错失，你就将面对生活的遗憾。[①] 它使消费成为人类经济的核心并扩展了其领域，消费一方面是植根于经济领域的物质行为，另一方面更折射着包括文化在内的其他社会生活方面。对于消费社会的人们而言，所有的消费活动都同时既是物质的，也是象征的，符号价值甚至比它本身所具有的使用价值还要重要。人们消费的任何一件物品，不仅具有与物质相关的有用性，更显示着我们的偏好与价值，

---

① 参见王宁：《消费社会学》，社会科学文献出版社 2001 年版，第 155 页。

以及我们所赋予它们的意义和价值。由于这一原因，文化在经济中的地位和作用越来越重要，文化含量的高低直接决定着产品的价格高低和被接受程度。任何一种经济活动中注入的文化内涵越多，其产品的档次和附加值就越高，竞争力也就越强，反之，如果经济的文化含量不高，便意味着价值的降低和竞争力的消失。由此，经济活动越来越具有文化的意义，从产品的设计、制造到服务流程的安排、市场营销都集中于文化价值的创造和推广。

经济活动中对文化内涵的强调和提升并不是文化与经济关系变化的全部。随着科学技术的发展，尤其是现代信息技术革命的兴起，更催生了直接的文化经济——文化产业。文化产业作为一种新兴产业，是新技术、新载体和新的传播手段运用于文化生产的产物，是文化与经济高度融合的结果。作为建立在现代科学技术基础上并附加了大量人文精神和知识的新型经济，它是人类经济发展史上继农业经济、工业经济和知识经济之后的又一种新的经济形式。文化产业的出现，大大提升了包括科学、技术等智力因素与道德思想、价值观念等精神因素对经济活动的作用，使文化与经济日益交融、渗透并相互促进。

作为新的经济形态，文化产业被视为 21 世纪的"朝阳产业"和世界各国经济新的增长点。世界各国均大力发展文化产业，并将其视为在世界经济和文化竞争中制胜的法宝。当今的经济强国，文化产业在其经济中所占的比重越来越高，欧美各国不仅将其作为拉动本国经济增长的重要引擎，更用以提升国家在世界经济舞台上的经济竞争力和文化影响力。随着现代化的深入和全球化的推进，我国也将文化产业作为经济和文化发展的一个重要组成部分予以高度重视。目前我国已有文化产业机构 33.87 万个，文化产业"核心层"有从业人员 278 万人，仅 2004 年主营业务收入就达 16 878 亿元，2002 年中国共出版期刊 9 029 种，报纸 2 137 种，1998 年文化产业产值为世界第三。据 2009 年中科院报告显示，中国的文化影响力指数在全世界已排名第七，居于美国、德国、英国、法国、意大利、西班牙之后。2011 年我国文化产业法人单位增加值达 13 479 亿元，占 GDP 比重达 2.85%；文化产业法人单位增加值占 GDP 比重从 2004 年的 1.94% 增至 2011 年的 2.85%，年平均增长 23.35%。2011 年，我国新闻出版业实现营业收入已经达到 14 569 亿元，增加值达 4 022 亿元，图书出版品种和日报总发行量已居世界第一位，电子出版物总量居世界第二位。2012 年 1 月至 10 月底，国产故事片已经生产了 638 部，电影的票房收入达到了 132.72 亿元，已经超过了去年全年的票房收入。票房收入与去年相比增长了 40%。

可见，当今时代，文化与经济的渗透和交融所催生的文化经济化和经济文化化已成为趋势。一方面，文化通过向经济活动过程的渗透增加了经济的价值和竞争力，经济发展中吸收的文化成分越多，产品和服务包含的文化意义越多、科技含量越高，影响力就越大，竞争力也就越强。在微观层面，从企业产品的销售到品牌的流行，文化起着越来越大的作用；在宏观层面，国家和民族经济的兴衰在很大程度上取决于其经济所蕴涵的文化意义及其影响力。由此，文化不仅成为企业生产和服务要考虑的重要因素，也成为国家和民族经济竞争力关注的重点。另一方面，伴随着文化的经济化，文化日益进入市场，并成为产业。文化产业的出现和发展，增加了文化的造血功能，使文化成为社会生产力中的一个重要组成部分，并改变了传统的产业结构，同时预示了人类社会未来经济发展的新趋势和新动向。

以上种种表明，随着科学技术的发展，工农业产品的生产需要投入愈来愈多的精神产品，经济和文化已高度融合。这标志着文化的影响不仅反映在其本身，而且反映在物质产品和经济的文化内涵上，并渗透到社会各领域，成为国家和民族竞争力和影响力的关键。

值得一提的是，在经济和民族文化资源丰富的西北少数民族地区，从文化价值在经济活动领域的渗透，到文化产业数量、规模都很有限。目前，西北在文化经济化方面主要仍局限于旅游。而旅游对文化资源的开发和利用极其有限，且容易导致文化资源的不恰当使用和意义的误读。尤其是西北民族地区目前面临着产业结构落后和不合理的严峻现实，仅有的工业不仅总量规模小，发展水平低，且科技和文化含量也不高。所有这一切都迫切需要通过文化创新去实现。西北少数民族地区文化经济的发展，要适应世界经济和文化一体化的趋势，尤其要看到，"随着知识经济的兴起和信息技术的发展，物质生产和精神生产的联系更加密切，文化和经济出现加快融合乃至一体化的趋势。经济活动注入的文化内涵越多，物质生产中产品的档次和附加值就越高，竞争力就越强，效益就越好；文化发展中吸收的经济成分越多，科技含量越高，文化的覆盖面就越广，影响力就越大，渗透力就越强"。[①] 因此，西北民族地区文化经济的发展，一方面要增加经济发展中科技和信息等文化要素，为经济产品和服务注入更多的文化内涵；另一方面，要打造文化经济，大力发展文化产业，提升产业层次和结构，以增加西北民族地区的竞争力。

2. 全球化对民族文化的冲击迫使民族文化必须创新

作为现代化的延续和结果的全球化是一个涉及经济、政治、社

---

① 张德江：《深化文化体制改革，加快文化发展，进一步推进文化大省建设》，《深圳特区报》2002 年第 5 期。

会和文化等方面的多维现象，它在带来经济、信息一体化的同时也重塑着文化。就民族文化而言，它改变了其形成方式，空间代替时间成为结构文化的主导因素，民族文化之间的相互影响被单向的渗透所取代，从而使人口较少的少数民族文化呈现出日渐式微的态势。

在相对封闭的传统社会，人们定义文化的方式是地方和民族。就如文化研究者指出的："文化的含义一直都是与一个固定的地方性概念结合在一起，'一种文化'的概念含蓄地把意义建构与特殊性及地点连接起来。"① 不仅如此，社会还"利用讲家史、神话、传说、唱歌等形式传播其相对稳定的价值观"。② 而现代化，以及随之而来的全球化通过对社会体系的扩展和互动过程的加剧改变了这一切。一方面，由于全球化是在一个经济、社会存在着巨大差异的背景下进行的，使得一些民族的文化获得了某种普世性的价值，世界文化变得趋同，"各民族间共同的东西越来越多，表现为共同的语言，共同感兴趣的问题，共同爱好的事物，共同的生活习惯等等"。③ 就拿对文化有着重要影响的语言来说，英语国家由于在经济、政治、文化方面的强势地位，使英语开始取代其他语言，成为全球化的语言，"世界上超过三分之二的科学家使用英语写作，全球四分之三的邮件是用英语写的，（而）全球电子恢复制度中的信息，80%是用英语存储的"。④ 在商业、传媒、科学这些主导现代

---

① ［英］约翰·汤姆林森：《全球化与文化》，郭英剑译，南京大学出版社2002年版，第114页。

② 陈力丹：《舆论学》，中国广播电视出版社1999年版，第186页。

③ 段继业：《河湟多元文化的起源、价值与现实》，载甘肃社会科学院社会学研究所、西北师大社会学系《中国社会学会2002年年会论文集》（下册），第508—509页。

④ ［英］约翰·汤姆林森：《全球化与文化》，郭英剑译，南京大学出版社2002年版，第238页。

社会的领域中英语的影响无处不在。不独语言如此，在全球化潮流之下，漫长的历史过程中各民族地方发展起来的文化，从生活方式、风俗习惯到文化审美等诸多领域都愈来愈同质化。全球化正在将独特的地方文化置于危险之中，使越来越多的地方、民族特征被弱化。从另一方面，全球性也凸显了民族性和地方性的意义，并使民族性面临着前所未有的危机。对于少数民族文化而言，在同质的全球文化面前，民族文化以其迥异的风格彰显着多元的价值，并被冠以原生态受到媒体和舆论的热捧。与此同时，在现实中，民族文化面临着大量流失的危险。仍以语言为例，在一些社会群体的语言文字使用表现出日益增长态势的同时，一些少数民族语言逐渐退出生活领域，就如《联合国教科文组织》提交的《语言活力与语言濒危》报告指出的，"在世界各地，少数民族语言族群的成员正在加快丢弃本民族语言的步伐，转而使用另一种语言"。① 全球化带来的文化变化，就如旅游业给文化带来的影响一样，是极为复杂的。一方面，旅游业的发展给不同民族的交往、交流提供了一个空间，在这一空间中，各种文化通过交流发现新的价值，这有助于文化自觉和文化再造；与此同时，不对等的交流、影响可能使一些群体的文化面临危机。无论全球化对文化带来何种影响，它都是文化变迁的重要力量。正由于全球化引发的巨大文化变化，有论者指出："文化实践处于全球化的中心地位。"②

对于中国的少数民族而言，具有形态多样性的少数民族文化在变迁过程中出现了文化融合、文化区域化、文化流失和文化退

---

① 姚霖：《全球化背景下民族教育的现实境遇与价值选择》，《当代教育与文化》2011年第6期。

② ［英］约翰·汤姆林森：《全球化与文化》，郭英剑译，南京大学出版社2002年版，第1页。

化的现象。① 就西北少数民族而言，相关研究表明，西北少数民族文化认同形成了一种微妙的文化景观，不仅由于生产方式的转变导致民族身份认同淡化，同时生活习惯和交往结构的改变也导致了文化表面化。② 在西北少数民族地区，包括语言、服饰在内的许多民族文化元素日渐淡出社会生活，变成了特定场合的仪式化行为。现代科技的大量应用使得人们对传统文化的重要组成部分——传统技术日渐冷落，不仅一些精湛的民族工艺日渐失去了市场，一些灵验有效的民族医药也开始退出历史舞台。

全球化对民族文化的以上影响，意味着自然地理、民族历史——这些过去对民族文化的形成起着重要作用的因素影响减弱了，过去强调界限、由地方性和民族性主导的文化概念变得过时，文化的民族性、地方性被打破，空间代替时间，历史让位于社会。这同时意味着依赖自身的民族传统和历史积淀实现文化的发展不再可能。在一个全球化的时代，任何民族文化只有在向世界的开放过程中才能保存自己，也只有在向世界开放过程中通过博采众长、反思变革才能求得发展。

西北少数民族正在经历现代化，随着现代化的推进必然会越来越深地卷入全球化的进程之中。在一个社会变化加剧，文化互相激荡的全球化时代，任何民族，唯有在高度的文化自觉基础上，通过广泛吸纳各民族的优秀文化，并实现自身文化的更新和改造，才可以自立于世界民族之林。任何封闭保守、故步自封都将失去参与的机会，更谈不上民族的发展和文化的繁荣。

---

① 参见张桥贵：《少数民族文化的特征与变迁》，《云南民族大学学报》2005 年第5 期。

② 参见王君玲、刘益梅：《社会转型中的文化身份认同——以阿克塞、肃北、肃南少数民族调查为个案》，《民族》2009 年第 1 期。

3. 民族发展需要文化创新

民族之为群体的本质在于文化，正是文化的独特性构成民族作为群体赖以存在的基础。不仅如此，民族作为群体的兴衰存亡也是和文化的流变过程密切相关的。而文化作为人类独有的生存和生活方式是以创新为本质特征的，文化始于人的创造，文化是创新的事业，是经由创新存在和发展的。文化创新更是民族发展的应有之义。

民族发展之所以离不开文化创新，既因为民族群体深刻的文化内涵，更因为文化变迁与民族社会变迁之间的时间落差。众所周知，文化是存在并依赖于社会的，什么样的社会就会孕育什么样的文化，在这个意义上文化和社会是协调的。但由于文化和社会之间的关系并不是直接决定与被决定的关系，这使得文化和社会并不必然地总是表现为协调的关系。尤其从历时态的角度看，文化作为社会结构的构成部分与其他部分的变迁是不一致的。按照威廉·奥格本在 1923 年出版的《社会变迁》一书中提出的文化堕距（culture lag）概念（亦称文化滞后或文化落后，指文化集丛中的一部分落后于其他部分而呈现呆滞的现象），① 在社会变迁过程中，通常物质文化和非物质的适应性文化在变迁速度上存在着时差。一般而言，物质技术的变化发生在非物质的适应性文化之前。之所以如此，是因为思维习惯、思想观念作为长期社会过程的积淀，一旦内化就具有稳定性，短期内很难改变。从社会与文化的关系来看，社会是文化之源，文化作为社会派生物是适应性的，在物质文化发生变化的时候，这种变化信息传达到适应性文化中并产生结果有一个

---

① 参见［美］威廉·奥格本：《社会变迁：关于文化和先天的本质》，王晓毅译，浙江人民出版社 1989 年版，第 106—107 页。

过程。与此同时，一些既得利益者从保护自己的利益出发也有可能阻碍文化的变迁。以上各种原因会导致文化堕距经常发生。

历时态是如此，从共时性角度来看，所有民族文化的生成、发展都依赖于它所处的自然与社会环境，正是自然、社会环境的差异使同样作为民族生存和生活手段的文化表现出迥然有别的形态。在那些自然、社会环境有利于社会文化交流的地方，文化变迁就比较快，反之就比较慢。因为文化的"变化"经常源于中心，然后经过地理上的"迁移"，才逐渐扩展为大规模、整体的变迁，这就使得不同地域、社会环境下的文化变迁存在着时间上的差异。就如文化学家怀特所指出的，文化变迁在文化区域的中心比在边缘地区快，在都市地区又比在乡村地区快。在孤立隔绝的地区，文化变迁的速度相对迟缓。①

文化变迁上的不同步，使得文化与社会的适应程度各不相同，通常当一种文化适应其社会时，其本身便会焕发出勃勃生机，并有助于社会发展，而当与社会不适应时，其本身便呈现衰败景象，并会阻碍民族的发展进步。

具体到当代中国社会，由于中国的现代化进程一开始是在外力作用下开始的，许多现代性因素不是在社会内部生成并逐步扩大的，而是从外部引入的，这使得社会与文化的不协调性更加突出。虽然现代化早已不是什么新课题，现代化的历程在中国也已有一个世纪之久，但现代社会的价值观念、思维方式及行为方式对广大民众的触及很少，大多数人的生活并没有发生实质性的改变，民间现代性因素十分缺乏。② 具体到西北民族地区，更由于其地处内陆、

①　参见［美］莱斯利·怀特：《文化的科学》，沈原等译，山东人民出版社1988年版，第214页。

②　参见李庆霞：《中国社会转型中的文化选择》，《北方论丛》2006年第2期。

社会封闭、交通通讯落后，使其文化相对保守，并且变化缓慢。直至今天，西北民族地区的文化仍然保留着浓厚的传统性。浓厚的传统性和文化的保守性造成了作为社会变迁中介入的人的"价值困境"，从而使民族文化结构严重缺乏现代理性因素的冲撞，对任何在实质上不同于传统的新思想、新行为和新事物缺乏主动接受的意志，造成变迁内在动力的不足。① 与此同时，改革开放以来，随着现代化的推进和全球化的深入，民族文化的流失日甚一日，有的民族文化甚至面临消失的困境。在这个意义上，西北民族地区的文化创新不仅任务艰巨，而且对民族发展的意义重大。

四、文化创新对西北民族地区发展的意义

在文化与政治、经济高度融合的全球化时代，文化已经超越了传统意义上单纯的知识、技术或者文学艺术的范畴，文化也不仅是一种软实力，同时也是硬实力，是国家和民族综合实力和竞争力的体现，要实现文化的这一功能，文化创新是其关键。具体到文化创新对于民族发展的意义而言，两个方面尤其重要：一是科学文化，二是人文文化。

（一）科学文化创新是民族发展的加速器

科学是一项求真的事业，是人类认识自然、探索物理和社会世界的成果，作为人类探索自然和社会形成的严密而系统的知识体系，它对社会经济、文化各领域有着重要的作用。对科学知识的实

---

① 参见岳天明：《论我国民族地区社会变迁的制约因素》，《中央民族大学学报》2002 年第 6 期。

际应用产生技术，技术则是人类改造自然和社会世界的手段。科学与技术犹如鸟之两翼，共同推动着人类社会的进步。尤其在现代社会，生产力的进步和技术在社会各领域的渗透，更是强化了技术在社会各领域的影响。历史地看，科学技术作为人类器官的延长，不但提高人类认识和改造自然的能力，也推动人类对资源的加工不断向纵深方向发展，以小投入换取高产出，实现人类的经济原则。①经济上，按照著名的经济学家西蒙·库兹涅茨的观点："标志着现代经济的时代创新特征，是科学广泛地应用于解决经济生产的难题。"② 社会方面，它扩展促进社会交流和人们的联系。政治上，它提供新的表达空间，促进民主。文化上，技术更为信息和知识的传播提供了极大的便利。就人的发展而言，科学使人摆脱愚昧，远离无知，获得自由。正是科学知识的积累和技术的进步，丰富和改善着人类的生存和生活世界，也正是科学知识和技术的创新推动着民族社会的发展和进步。对于现代人而言，是否具有科学知识，并具备科学技术的使用能力对生产、生活至关重要，对于现代民族而言，大多数生产生活依赖于科学知识及其技术，民族成员是否具备科学知识的发现和技术的发明创造能力，对于民族的发展和进步至关重要。

（二）人文文化创新是提升民族凝聚力和创造力的关键

人文文化是包括思想信念、道德规范、价值观念、行为规范和文学艺术等在内的复杂系统。作为民族个体和社会的精神和道德资

---

① 参见［美］莱斯利·怀特：《文化的科学》，沈原等译，山东人民出版社 1988 年版，第 352 页。

② 宋彦蓉：《各地区科技经济发展现状的综合分析及政策建议》，《中国集体经济》2012 年第 12 期。

源，它对于民族的经济、政治和社会生活有着全面的影响。从个体层面来看，人文文化提升民族成员的思想道德、身心健康和审美能力，有助于个体行为的美和善，并通过个体修养的提升进一步实现社会的美和善，由此为社会发展提供良好的社会心理氛围。从社会层面来看，它有助于民族社会的团结和合作，以及民族凝聚力的提升。人文文化中的价值观作为文化的内核意义尤其重大，它以其独特的观念引导行为，并为行为提供意义体系。之所以特别强调价值观念的作用，是因为人作为独特的文化动物不仅生活在一个物理和社会世界里，更生活在自己编织的意义之网中。人一旦确定了行为的价值和意义，行为就确定了。价值观之外，民族的思想道德是另一个重要因素，它是人类本身这一资源发挥的基础。良好的道德氛围可以激发个体以及群体的创造性，有助于人力资本能量的发挥和社会资本的提升，使民族的创造力不致因为恶劣的社会和心理氛围而损耗。世界许多国家和民族的发展经验表明，导致一个国家和民族发展与不发展、贫穷与落后的一个重要原因往往不是通常人们认为的优越或不利的自然环境，或者与物质有关的有形资本之类，而是人及其文化造就的社会道德和心理氛围。就如一些经济学家所指出的，在市场经济条件下，有一只无形的手在自动地调节着社会再生产过程，从而达到资源的最优化配置，实现效率的最大化。但在同样的商品经济条件下，甚至同样的经济体制、政策环境下，不同的国家、地区之间的经济发展水平差异很大，这说明除价值规律对商品经济的主要影响之外，还有另外一只无形的手在起作用，这就是一个国家、地区或者民族的社会文化。① 在民族传统文化赖以生

---

① 参见王棣华、程九刚：《传统文化影响下的财务管理》，《内蒙古煤炭经济》2003 年第 4 期。

长的社会结构、经济基础发生巨大变化的今天，文化观念的创新、思想的解放、移风易俗对于民族地区人文文化的创新尤其关键，它是一切创新的基础，是民族社会发展进步的引领者。

随着现代化程度的加深，民族地区必将更深地卷入到全球化的进程中。在全球化的时代，任何民族既立足于自己的经济实力，更立足于自己独有的文化中。[①] 民族能不能生存，民族文化很重要。民族文化要延续和发展，创新是关键。对于文化相对保守和落后的少数民族地区而言，以文化创新的方式寻求自我生存与发展乃当务之急。

---

① 参见冯骥才：《紧急呼救》，文汇出版社 2003 年版，第 32 页。

第二章　民族文化创新及其保障体系

近现代以来，关于民族文化的言说占据了日常生活和学术思想的重要一席。民族文化成为人们日常谈论的话题和学术关注的焦点，这主要源于社会的变化。近代以来，尤其是随着现代化、全球化的到来，越来越多的人离开自己的地方，走向世界舞台与自己不同的群体相遇，这一相遇的过程凸显了民族性以及与之相关的文化差异。现代社会民族与文化的联系是如此的紧密，以致人们谈起文化首先想到的就是民族文化。在许多人来看，文化是民族共同体中最显著、最持久、最稳定的联系，文化即民族文化。① 反而言之，民族之为群体本质即在于文化，之所以将民族视为群体，一个重要原因就在于群体文化相对于其他群体的独特性。② 文化不仅是民族成为群体的根本，而且不同民族的兴衰发展，都与文化的发展变化密切相关。

耐人寻味的是，虽然文化成为社会关注的对象，但关于文化是什么却众说纷纭，莫衷一是。自从 1871 年英国人类学家爱德华·泰勒在《原始文化》一书中第一次给文化下定义，关于文化的概

---

① 参见陈庆德：《发展人类学引论》，云南大学出版社 2001 年版，第 178 页。
② 参见马戎、周星：《中华民族凝聚力形成与发展》，北京大学出版社 1999 年版，第 225 页。

念多达数百种。人类学家、文化学家、社会学家和历史学家等都从各自的角度给出了文化的定义，不仅不同学科对文化的认识不同，在不同的民族、地域和时代，人们对文化的理解也各不相同。从英国人类学家爱德华·泰勒在《原始文化》中所定义的大杂烩式的复杂整体到美国人克利福德·格尔茨《文化的解释》中简明的意义体系，从人类学家眼中的整体生活方式到现代化理论中的价值观不一而足。真可谓"仁者见仁，智者见智"。根据美国文化学家克拉克洪和克鲁伯在 1952 年出版的《文化：关于概念和定义的探讨》中的统计，从泰勒到他那个时代（1871 — 1951 年），短短 80 年里，世界各地学者在 1871 年至 1951 年，短短 80 年里，关于文化的定义就达 164 种之多。①

　　不同学科、地域、时代对文化理解的不同，是否就意味着对文化难以有一个统一的界定呢？答案是否定的。如果不是这样，那么又该如何认识文化呢？笔者以为，对于文化这样一个人言人殊、众说纷纭的复杂现象的认识，最好的方法是回到历史，正本清源。之所以如此是因为，首先，"起源就是目标"（卡尔·克劳斯语），一切文明的真正起源实际规约了其后所有的繁衍孳乳。② 在这个意义上，对文化的历史分析是认识其本来面目的重要一步。其次，历史并不存在于现实之外，任何当下的存在都包含着它的过去及其所留下的痕迹。故而伽达默尔告诉我们："一个人需学会超出迫在咫尺的东西去视看——不是为了离开它去视看。而是为了在更大的整体中按照更真实的比例更清楚地看它……因此，始终必须力戒轻率地把过去看成是我们自己对意义的期待，只有这样，我们才能以这样

---

　　① 　参见宋蜀华：《论文化》，转引自赵嘉文、马戎《民族发展与社会变迁》，民族出版社 2001 年版，第 150 页。

　　② 　季桂保：《起源与目标》，《读书》1991 年第 12 期。

的方式来倾听过去，使过去的意义成为我们所能听得见的。"① 所以，回溯历史，追寻文化发展的过程必然有助于我们回归本质，更好地认识文化及其相关的民族文化创新。

一、文化的含义及其演变

文化是人类的本质，是人与动物区别的标志，文化之于人就如本能之于动物一样，是本质性的。自从有了人，便有了文化，文化的历史和人类一样悠久。纵观人类各文明，很早就有关于文化论述，用以指涉从自然宇宙到人文社会等极为广泛的社会现象。

（一）文化的本义

在中国的语文系统中很早就有关于文化的词汇。在早期的中国，"文"与"化"是分开的。"文"最初是指事物交错所形成的纹理，有文饰之意，如《易·系辞下》就有："物相杂，故曰文。"早期的"文"除了指涉自然事物的相杂交错的纹理之外，还包含有秩序和规律之意，如《礼记·乐记》就有："五色成文而不乱。"自然现象之外，"文"也用来指人为的修养，在《论语·雍也》中就有"质胜文则野，文胜质则史，文质彬彬，然后君子"之说，这里"文"与"质"对应，主要指人的修养。与"文"有指涉对象上的差异不同，"化"本义为变易、生成，不论是指涉自然物理还是人文社会，都包含着事物的状态或者性质变化的过程与结果，并引申为教育迁善之义。不论是《庄子·逍遥游》中的"化而为鸟，其名曰鹏"，还是《易·系辞下》中的"男女构精，万物化

---

① 李泽厚：《中国现代思想史》，安徽文艺出版社 1994 年版，第 265 页。

生"，抑或是《礼记·中庸》中的"赞天地之化育"等都表达了大体相同的意思。战国末年"文"与"化"开始一起使用，在《易·贲卦·象传》就载有："刚柔交错，天文也。文明以止，人文也。观乎天文，以察时变；观乎人文，以化成天下。"这段文字中，天文和人文，文与化开始整合在了一起，表达了古人对自然和社会规律的探究与利用，尤其将"人文"与"化成天下"相联系，开始凸显了"以文教化"的思想。西汉以降，"文"与"化"作为一个合成词开始频繁出现于各种典籍，如刘向《说苑·指武》就称"圣人之治天下也，先文德而后武力。凡武之兴，为不服也。文化不改，然后加诛"，同样晋束皙《补亡诗·由仪》有："文化内辑，武功外悠。"这里的"文化"，都与"武力"、"武功"相对应，表达的是一种治理社会的方法和主张，所谓"文治武功"、"先礼后兵"，体现了古人礼法并用的治国方略，有着较强的政治色彩和社会伦理意义。以上归纳分析可见，中国的"文化"一词表达了极为丰富的含义，它既与天造地设的自然相联系，反映了人类对自然规律的认识和利用，又与社会相关，表达了对社会秩序、良风美俗的向往，更反映了政治家治理社会的策略，而究其本质来看，"文化"表达的是对人性情的陶冶和品德的培养，亦即所谓的"以文教化"，反映了人们对美、善、德行等的追求。

与中国相同，西方的文化一词也有十分丰富的内涵。从词源上看，西方的文化一词从拉丁语 colere（种植、培养）而来，从一开始就直指与人类生存、生活相关的自然，指的是人通过劳作、技艺改变自然，以增加和丰富自然界贡献的过程。具体指土地耕作、农作物种植和动物的饲养。同时，西文的"崇拜"（cultus）一词，也从 colere 而来，这就使其在表示对自然的改造利用之外，还表示对诸神的敬仰与膜拜。土地耕作、培植和神灵的"崇拜"之外，西方文化一词涉及人的培养。如西塞罗在《图斯库鲁姆谈话录》中就提到了"性灵培养"（cultura animi），赋予 culture 一词人文层面的含义。但总体来看，早期主要从物质和技艺的意义上理解这一词，只保留"农事"的意义或在崇拜的解释中保留了膜拜的意义。① 与中国的"文化"强调变易、生成一样，西方的"文化"含义也一直随着时代的变迁而变化。在古希腊、古罗马时期，随着社会的发展和对政治生活的参与，文化被理解为培养公民参加社会和政治生活的能力。到了中世纪，文化被"颂主"、"祭祀"一类术语所取代，并被用以说明人的形成和发展过程。18 世纪，欧洲的文化由于人的教养联系起来，文化的历史被归结为理性的发展过程。②

以上分析可见，不论中西文化都有着丰富的内涵，并且都是随着社会的发展变化而变化。中西文化都表达了人与自然、社会和自身的关系，表达了人类利用改造自然、完善社会，提升自身的努力。在中国，"文"既包括天文，也包含人文，"文"可以与"质"对应，"文治"也可以与"武功"并举，同样也可以"以文化人"。同样，西方的"文化"一词，不论是英文中的 culture，还是德文的 kultur，从词源上都由拉丁语 colere、cultura 演化而来，共同表达栽培、养育的意思，兼有神明祭拜、土地耕作、动植物培养以及心灵的修养等方面的含义。③ 略有不同的是，在科学本位的西方，早期的文化主要指涉人类与自然尤其是土地的关系。直到安托万·费雷蒂埃 1690 年编撰的《通用词典》中仍将文化定义为"人

---

① ［法］路易·多洛：《个体文化与大众文化》，黄建华译，上海人民出版社 1987
年版，第 18—19 页。
② 林耀华：《民族学通论》，中央民族大学出版社 1997 年版，第 381 页。
③ 欧阳军喜：《"文明"与"文化"的冲突》，《读书》1998 年第 6 期。

类为使土地肥沃、种植树木和栽培植物所采取的耕耘和改良措施".① 这也从英语中的农业（agriculture）一词——对土地的耕作培植可以得到证明。而在以伦理为本位的中国，早期的文化主要涉及人及其社会，即人文教化，社会伦理和政治色彩浓厚。

（二）文化含义的汇通——民族的整体生活方式

要了解民族对于文化的新颖之处，必须从文化含义的现代变化开始。按照文化研究的领军人物之一——伯明翰学派的雷蒙德·威廉斯的看法，18 世纪后期到 19 世纪前半叶，一些今日极为重要的词首次成为英语的常用词，或者一些原来已经普遍使用的词，又获得新的重要意义。② 威廉斯列出的这些重要的词汇包括了工业、民主、阶级、艺术和文化。其中文化是被威廉斯特别关注的一个词。在他看来，文化的发展是所提到的词汇中最引人注目的，文化概念具有多方面的含义，最能表达这一时代所特有的知识和社会变化的复杂性。③ 无独有偶，另一个英国文化学者戴维·钱尼也指出："文化以及一系列相关概念，不但是位于核心的话题，同时也是最有效的学术资源，可以促使我们重新理解当代社会生活。"④

18 世纪至 19 世纪，随着产业革命和资产阶级革命的完成，西方各国内部既无法提供工业化大生产所需要的原料，仅有的国内市场也无法满足他们对利润的需求。于是那些完成工业革命的国家纷

---

① ［法］维克多·埃尔：《文化概念》，康新文、晓文译，上海人民出版社 1988 年版，第 3 页。

② 参见［英］雷蒙德·威廉斯：《文化与社会》，吴松江译，北京大学出版社 1991 年版，第 15 页。

③ 参见［法］维克多·埃尔：《文化概念》，康新文、晓文译，上海人民出版社 1988 年版，第 18 页。

④ 参见唐晓峰：《文化转向与地理学》，《读书》2005 年第 6 期。

纷走向世界，对所谓未开化的非白人社会进行殖民。这一过程第一次将各不相同的群体及其文化展现在了人们的面前。人们发现不同的民族群体，从衣食器具、行为语言到宗教信仰都极为不同。由此引发了长期以来存在的在一个群体和国家内部思考文化习惯的变化，人们愈来愈意识到，文化不仅是一个群体、民族处理自身与自然、社会关系的规则、习惯，更表明不同群体和民族的差异。这一差异也不限于个体的、单一的某些方面，而是社会群体的整体性的。适应社会的这一变化，人类学、民族学的文化概念开始出现，并越来越占据了关于文化论说的核心。人类学中所谓的"文化"，意味着一个民族生活方式的总体，以及个人从其集团得来的社会性遗产。① 英国文化人类学家爱德华·泰勒1871年在《原始文化》中第一次对"文化"定义时所取的立场就是整体性的。泰勒认为："文化或文明，就其广泛的民族学意义来说乃是包括知识、信仰、艺术、法律、道德、风俗以及作为一个社会成员所获得的能力与习惯的复杂整体。"② 泰勒之后，人类意义上的复数文化开始代替群体内部的单数文化，文化的研究向着独立的学科发展，并成为社会科学的一个核心概念。文化作为核心概念的确立，使其成为众多学者和学科探究、阐发的对象，并形成了许多流派。代表性的有进化论、传播论、历史论以及功能学派等。

　　盛行于19世纪的进化论从生物进化出发，将社会等同于生物有机体，以人类的共同性为基点寻求文化发展的序列和共同规律，以证明其对文化的基本观点——绝对主义。传播论从对进化论的批

----

　　① 参见［日］石川荣吉：《现代文化人类学》，周星译，中国国际广播出版社1989年版，第5页。

　　② ［英］爱德华·泰勒：《原始文化》，连树声译，上海文艺出版社1992年版，第1页。

判开始，认为文化是空间传播的结果，它用传播来解释各民族文化之间的相似性，认为文化现象是在一个地点产生，向各处传播，并形成文化圈。以博厄斯为代表的文化历史学派，以实证主义为方法论，从具体民族的文化分析开始，通过探求各民族独特的历史与文化，确立了其关于文化的核心立场——历史特殊论和相对主义。形成于 20 世纪 20 年代的功能论，抛开进化论对文化时间序列和意义的探寻和传播论对空间联系的追寻，将文化视为有机整体，赋予功能的合理性以至上地位，用功能的合理性解释存在的合理性。认为文化各部分是互相联系的，且都对整体作出了贡献。

以上各派，虽然方法不同，关心重点有异，但有一点是共通的，它们都是在一个广阔的背景下探讨文化问题。通过本章开始的分析我们知道，前现代时期文化分析展开的框架是一个相对狭小、有限的整体社会，其核心命题是社会内部的秩序和关系整合，以及人的培养。所有文化的概念（教养、美德、性灵）与关注重点都放在某一社会内部，围绕个体与自身、社会和自然的关系展开。现代以来，民族学、人类学意义上的文化主要指向一个民族整体的生活方式，包括了人类社会生活的方方面面。文化分析的背景开始超越某一社会转向整个人类；文化研究的核心也不再仅限于内部的整合与秩序，各民族、群体之间的差异逐渐成为关心的重点。文化和社会、民族、国家等有了密切的关系，成为不同社会群体尤其是民族的代名词。一方面，文化和民族被当作不言而喻的同一术语被使用，另一方面，文化被看作是不同民族集团共有的生活方式。摩尔根指出：人类社会发展的"每一阶段都包括一种不同的文化，并代表一种特定的生活方式"。① 如露丝·本尼迪克特就直接将文化

---

① ［美］摩尔根：《古代社会》上册，杨东莼译，商务印书馆 1983 年版，第 9 页。

定义为"是通过某个民族的活动而表现出来的一种思维和行动方式，一种使这个民族不同于其他任何民族的方式"。① 正由于此，克莱德·克拉克洪和克鲁伯1952年出版的《文化，关于概念和定义的探讨》一书中，花了很长的篇幅通过对160余种文化定义的统计，在归纳总结形形色色文化概念的基础上，将文化定义为："一群人与众不同的生活方式，他们生存的完整样式。"② 也正是在这个意义上，克鲁伯指出，19世纪的人类学家"发现了文化"，并认识到了其在现代社会中的独特性。③

近现代以来，随着中西交流的增加，西方关于文化的观念也影响了中国对文化的态度。除已有的关于文化哲学的探讨之外，许多学者也开始在人类学、民族学的意义上认识文化，将文化视为一个民族整体的生活样式。如梁漱溟在其《东西文化及其哲学》一书中，把文化定义为"人类生活的样法"，并将其划分为精神生活、物质生活和社会生活三大内容。④ 这几乎包括了人类生活的所有方面。同样，胡适1926年在《我们对于西洋近代文明的态度》一文中就有类似的见解，也认为文化是"一种文明所形成的生活方式"。⑤ 至此，两种不同的文明，在人类学和民族学的意义上实现了文化的汇通。

---

① ［法］维克多·埃尔：《文化概念》，康新文、晓文译，上海人民出版社1988年版，第5页。

② ［美］克莱德·克拉克洪：《文化与个人》，高佳等译，浙江人民出版社1986年版，第41页。

③ 参见［美］莱斯利·怀特：《文化的科学》，沈原等译，山东人民出版社1988年版，第131页。

④ 林耀华：《民族学通论》，中央民族大学出版社1997年版，第383页。

⑤ 杨善民、韩锋：《文化哲学》，山东大学出版社2002年版，第9页。

（三） 现代化语境中的民族文化——价值观

与人类学和民族学主要将文化视为整体的社会生活方式不同，以探究现代社会秩序为核心的社会学通常将文化看作社会结构的一个部分。虽然社会学家关于社会有着唯名论、唯实论之争，但都将社会区分为政治、经济、文化等不同的领域或部分。就以早期一些经典的社会学家为例，社会学的创始人孔德在论及社会整合时强调，"当职业分工井然有序地遍及全社会，社会状态便趋于一致与稳定"，但它本身不会自发地起作用，从终极意义上来看不论是经济的纽带还是政治的强力，都不是社会一致与和谐的充分基础，"心灵和精神的合作对于这种统一性来说是不可缺少的"。[①] 这里孔德涉及了经济、政治和精神三个方面。与孔德的三分法类似，马克思认为社会由经济、政治和文化三大部分构成。同样，新进化论者莱斯利·怀特认为社会存在着三个分支系统——技术系统、社会关系系统和意识形态系统。[②] 与以上的三分法不同，结构功能主义大师帕森斯的社会系统则由经济系统、政治系统、社会共同体系统和文化意义上的模式托管系统四个部分构成。

以社会结构的区分为基础，在探讨变迁、发展等动态的社会过程时，各部分之间的关系往往成为人们关注的焦点。在马克思看来，一个社会的文化观念、思维、精神等反映了其赖以存在的社会结构，尤其是与生产相关的经济结构，是从社会及其经济结构的联系中产生，具有社会和经济的起源。他指出："人们在自己生活的社会生产中发生一定的、必然的、不以他们的意志为转移的关系，即同他们的物质生产力的一定发展阶段相适合生产关系。这些生产

---

① 杨善民、韩锋：《文化哲学》，山东大学出版社 2002 年版，第 194 页。

② ［美］莱斯利·怀特：《文化的科学》，沈原等译，山东人民出版社 1988 年版，第 352—353 页。

关系的总和构成社会的经济结构，即有法律的和政治的上层建筑竖立其上并有一定的社会意识形式与之相适应的现实基础。物质生活的生产方式制约着整个社会生活、政治生活和精神生活的过程。不是人们的意识决定人们的存在，相反，是人们的社会存在决定人们的意识。"① 与马克思的唯物论相似，莱斯利·怀特认为："技术系统具有原始的和基本的重要性，全部人类生活和人类文化皆依赖于它"；"社会系统具有次级重要性，它依附于技术系统"；"而哲学则表达技术力量、反映社会制度"。② 不同于马克思、怀特等人鲜明的唯物论色彩，德国的另外一个社会学家马克斯·韦伯则认为，事实并非马克思主义学派所认为的一个社会的经济发展决定其政治和文化特征，而是相反，文化决定着经济和政治生活。③ 格尔茨更是将人类看作是为自身编织的文化之网所悬挂的动物。④ 尽管关于社会各部分之间的关系社会学家之间的争议仍悬而未决，但在一个关键点上是一致的，这就是他们都认为社会是由各不相同的部分构成的，都同意社会经济、政治、文化之间存在着前后一贯的模式化关系，并且都将文化理解为不同于经济、政治等的与思维、观念有关的精神活动。这在发展社会学特别是有关现代化的议题中尤其明显。

从以文化模式转变为切入点阐述传统社会向现代社会转型的韦伯，到对文化极端重视的结构功能主义大师帕森斯，毫无例外地都

---

① 《马克思恩格斯文集》第2卷，人民出版社2009年版，第591页。

② [美] 莱斯利·怀特：《文化的科学》，沈原等译，山东人民出版社1988年版，第352—353页。

③ 参见中国社会科学杂志社：《社会转型：多文化多民族社会》，社会科学文献出版社2000年版，第46页。

④ 参见 [美] 克利福德·吉尔茨：《地方性知识——阐释人类学论文集》，王海龙、张家煊译，中央编译出版社2000年版，第240页。

将文化看成是由规范、信仰构成的观念和价值系统，并强调其在社会变迁和现代化进程中的作用。在一些学者看来，变迁指的就是一个族群在与其他族群的接触过程中，新的观念及行为方式的介入所造成的传统价值观念和行为方式的改变。① 奥格本更是直接以文化变迁来取代社会变迁，认为文化的"启蒙"和经济的推动是任何社会变迁的根本力量。②

　　在发展社会学看来，发展是一个整体性的概念，和发展观念形影相随的就是人类价值观念等方面的变革。③ 理论家们坚信："传统社会唯有改变其传统的典章制度、信念和价值观，顺应发展的需要，才能实现现代化。"④ 并批评发展战略中经济中心论和技术中心论的概念性偏差具有"深刻的毁灭性"。⑤ 从现实的社会发展过程来看，各个国家都似乎存在着某种序列，通常发展的焦点始则经济，继则社会，终而为文化。⑥ 这既是西方自产业革命以来处理公共事务的顺序，也是包括中国在内的许多发展中国家处理社会事务的顺序。发达国家与发展中国家的共同经验是，经济、社会发展到一定阶段便会凸显文化的问题。在西方，既成的经济追求与社会问题之间的对抗关系被文化变化所打破。在第三世界，经济发展政策

---

　　① 参见王铭铭：《想象的异邦——社会与文化人类学散论》，上海人民出版社 1997 年版，第 198 页。

　　② 参见刘敏：《山村社会——西北黄土高原山村社会发展动力研究》，甘肃人民出版社 2000 年版，第 80 页。

　　③ ［法］弗朗索瓦·佩鲁：《新发展观》，张宁、丰子义译，华夏出版社 1987 年版，第 2 页。

　　④ 中国社会科学杂志社：《社会转型：多文化多民族社会》，社会科学文献出版社 2000 年版，第 215 页。

　　⑤ 中国社会科学杂志社：《人类学的趋势》，社会科学文献出版社 2000 年版，第 76 页。

　　⑥ 参见中国社会科学杂志社：《社会转型：多文化多民族社会》，社会科学文献出版社 2000 年版，第 196 页。

会遭遇社会障碍，社会障碍继而扩大为文化障碍。① 经验的观察是如此，相关的理论研究也证明了这一点。英格尔斯等人的研究就表明，人的现代化是国家现代化必不可少的因素，它并不是现代化过程结束后的副产品，而是现代化制度与经济赖以长期发展并取得成功的先决条件。因为如果一个国家的国民没有从心理、思想和行为方式上经由传统人向现代人的转变，具备现代人格和品质，那么这个国家就不可能成功地从一个落后的国家跨入现代化国家的行列，因为"再完美的现代制度和管理方式，再先进的技术工艺，也会在一群传统人的手中变成废纸一堆"。②

发展是全人类共同面临的问题和追求的目标，现代化是发展中国家共同的努力方向。这确立了发展和现代化作为现代社会中心议题的牢固地位。发展和现代化的理论和实践则引发了文化观念的变化，文化的含义由19世纪人类学的民族整体生活方式转变为价值系统，进而简化为思想观念。文化含义的变化影响深远，解放思想、转变观念成为普通民众的日常生活用语，观念的落后被视为落后的原因和发展的障碍，观念的变革成为社会变革的先声。

二、文化的本质在于创新

以上关于文化含义的流变分析表明，文化正如其字面所表征的那样是一个不断变化、更易、生生不息的过程，变化、创新是文化内在特质和秉性，文化就是一项创新的事业，创新是文化的本质。

---

① 参见中国社会科学杂志社：《社会转型：多文化多民族社会》，社会科学文献出版社2000年版，第196页。
② ［美］英格尔斯：《人的现代化》，殷陆君译，四川人民出版社1985年版，第4—5页。

作为人类处理自身与自然和社会关系的产物，文化是因地、因时、因人而异的。文化不仅随着地域、民族的变化而变异，更随着时代的变迁而变化。放眼世界，不仅古埃及的文化不同于古希腊，印度不同于印加，就是同一个民族不同的时代都存在着很大的差异。就如文化学者所指出的，文化是一个富于生长力的动态系统，一种文化传统，就是一个工具、信念和习俗等文化要素相互作用的流程。在这一互动过程中，每个要素都冲击着其他要素，其他要素反过来也作用于这个要素本身。这个过程是竞争的过程，工具、习俗、信仰都可能变得陈旧不堪，被从这个流程中剔除出去。石斧让位于金属斧头，科学取代了巫术与神话。[1]

纵观各民族，文化的每一个方面都在变化、发展和创新。文化变化、创新的根源在社会。文化并非空穴来风，文化有其母体——社会。不管社会学家们对社会持什么观念，不论文化学者如何理解文化，但有一点是有着高度共识的，那就是文化来自于包括民族在内的各个群体和社会。正如格罗伏斯指出的："文化是人类交往的产物。"[2] 而社会是一个永不停歇的交往和生成过程，社会的交往互动使植根于社会的文化在不断地发生交互作用，交互作用的过程使文化的各个方面——从哲学、艺术、宗教到习俗、思维、信念都在发生着变化。交互不仅引发变化，也产生综合，创造新的组合、用品和技术，交互更生成新的习俗和观念。历史地看，各民族、各群体交往互动的过程，都会为各自的文化添入新的要素，在新要素的刺激作用之下，往往产生新的文化特质，同时原有文化的一些过

---

[1] 参见［美］莱斯利·怀特：《文化的科学》，沈原等译，山东人民出版社1988年版，第161页。

[2] 参见［美］莱斯利·怀特：《文化的科学》，沈原等译，山东人民出版社1988年版，第82页。

时的特质则被剔除出去。在这个意义上，文化本身就是通过社会过程吸收并转换相异因素不断实现创造、革新的过程。

文化创新的源头活水不仅在于社会及其文化交互综合，还在于社会的本体——人的创造性。人不同于动物，人与动物的最大不同在于人有文化，人类行为与其他动物行为之间的区别就在于低等动物可以接受新的价值和领会新的含义，但却不能创造含义和对某个事物赋予价值。① 这是因为动物只生活在一个相对有限的物理和社会世界里面，而人则不仅生活在物理和社会世界里面，还生活在由符号构成的意义世界里面。尤其，人所拥有的由符号建构的这个内在的理念世界，对他来说似乎比感性的外部世界更为真实。② 符号使人不必像其他动物那样主要生活在一个由实在事物构成的物理世界里，或局限于自己狭小的社会空间里。符号使人具备想象外部世界的能力，并创造意义。想象能力使人能够超越当前的物理和社会世界的限制，进入广阔而自由的思想世界，在头脑中进行创造。对于人而言，一念之间，可以一沙一世界，一花一天堂。正是使用符号和意义的创造能力使人类社会的文化成为可能，使文化创新有了不竭的源头活水。

可见，文化创新的基础在于社会，在于社会的交互作用所产生的文化综合，以及由此激发的个体创造性。在社会交往和文化传播交流的过程中，各民族通过学习、吸纳其他民族文化的积极因子，并在自身文化的基础上予以改造利用，创造出具有自身特色的符合民族社会发展的新文化。可以说文化因交流、借鉴而融合创造，因

① 参见［美］莱斯利·怀特：《文化的科学》，沈原等译，山东人民出版社1988年版，第29页。

② 参见［美］莱斯利·怀特：《文化的科学》，沈原等译，山东人民出版社1988年版，第47页。

继承、发展而推陈出新，它是各民族横向的社会交往过程和纵向的历史传承过程共同作用的结果。文化创新的实质在于不墨守成规，求异思维，在求异的前提下，思前人之未思，想他人之未想，发明、创造前所未有的事物。而要求异，就需要有所对比、参照，这就需要借鉴他人、学习历史。通过不同民族文化之间的相互交流、学习和借鉴，融合形成各种具有新特质的文化，通过对自身历史的继承和发展，创造出具有时代气息的新文化。即使被人们普遍看作过去遗存的"传统"也不是静止的，而是流动于过去、现在和未来整个时间性中的一种"过程"，它永远处在制作、创造之中，永远向"未来"敞开着无穷的可能性，并创造出"过去从未存在过的东西"。① 纵观历史，一部人类文化的发展史，就是不断地从创造中汲取力量并不断创新的过程。

对于任何一个民族社会而言，发展的实质就在于文化创新。正是创新为民族的发展提供着源源不竭的动力。历史上一些民族之所以未能发展，甚至走衰落、消亡，一个重要的原因就在于不能移风易俗，实现文化的创新。一些民族即使在时移世易、民族社会内外发生巨大变化的时候，仍然固守着那些不合时宜的传统，最终导致了民族的覆亡。新几内亚的弗尔族人口因为一种脑病流行而大量死亡，而这种疾病的蔓延就是因为弗尔族有吃死去亲属脑子这一习俗所致。但弗尔族的文化并没有在面临死亡威胁的情况下放弃这一传统习俗。②

文化的本质在于创新，创新是民族发展的动力，这在一个文化成为"软实力"、变化成为常态的现代社会尤其如此。今天的世

---

① 甘阳：《传统时间性与未来》，《读书》1986 年第 2 期。
② 参见中国社会科学杂志社：《人类学的趋势》，社会科学文献出版社 2000 年版，第 299—300 页。

界，任何一个民族的发展、兴旺都离不开知识、教育、科学技术等领域的进步和观念、思想等精神领域的变革，更离不开创造力的提升。

三、民族文化创新的保障体系

民族文化创新保障体系是一个复杂的系统工程，之所以如此说，既是基于文化结构本身的复杂性，也是因为文化与经济、政治、社会各领域之间错综复杂的关系。尤其是随着知识经济和信息时代的到来，各民族经济和社会的发展日益呈现出与文化一体化态势，在各民族的发展中，文化与经济、政治的相互促进成为新的发展趋势。这使得社会继现代化带来高度分化之后，又呈现出新的融合和一体化趋势，文化、政治、经济一体化趋势使得任何文化创新保障体系的建设，都必须具备复杂的思维，既要考虑现代社会由于分工精细化所导致的社会结构的复杂性，及其对文化的多维影响，又要关注经济、政治、文化等领域融合带来的文化边界的模糊化。亦即必须在经济、社会、政治和文化的结构与关系中全方位地考虑文化创新保障体系建设。

（一）扩展民族文化创新的社会基础

文化及其创新不是无源之水、无本之木，而是以一定的社会为基础的，文化植根于社会，社会是文化的母体。而对于任何社会议题，必然涉及结构和内外关系，民族社会也不例外。具体到民族文化及其创新，一是与民族社会的内在结构有关，二是与其外部关系密切相连。就内部结构而言，可分为纵横两个方面：一方面，一个民族纵向的历史进程和文化积淀决定着这个民族的文化积累及创造的可能性；另一方面，一个民族的人口规模、社会的异质化程度、交往互动频率、关系结构等横向关系影响其文化和创新程度。就外部关系而言，民族社会越开放，就越能够与外部群体展开交往，从而也就越有可能学习、借鉴其他民族的经验，丰富自己的文化基因库，并进而实现创新。可见，民族文化创新的基础有两种：一种是民族社会自身孕育的，与这个民族的过去联系在一起的历史积淀；一种是通过与外部群体的交往互动引进和学习的经验。前者构成了民族文化的历史基础，是各民族在自己的历史进程中积淀、沿袭而成的传统，它经由民族成员的代际传承而来，表征着民族的地域特色和社会、历史特性。后者构成民族文化的时代特征，是民族社会交往过程中接受外来文化影响，对自身文化的丰富和发展。民族文化的创新正是在历史性和时代性结合的基础上实现的。一方面，任何民族文化的存在和发展都依赖于自身传统在历史进程中的演进；另一方面，这一历史进程总是不同程度地受制于外部社会环境的影响。从各民族文化发展的历史来看，每一个民族的文化都有自身的特质，同时也都或多或少地受到了其他民族文化的影响，并吸收融合了其他民族文化的成分。换言之，文化是人作为社会成员创造的，不但要依靠前人已有的文化基础，而且要跟别人合作，才能继承和创造文化。① 从人类社会来看，凡是那些人口规模小、处于边缘且相互孤立隔绝的民族和地区，文化发展变迁的速度就相对迟缓，发明创造也少。这主要是由于社会迟滞，所能提供的文化资源比较有限，因为没有人能够在与世隔绝的状态中从事文化创造和创新，所有可称之为创新的事项都既汲取了前人的经验，也吸纳了同代人的思想成果。正如怀特在《文化的科学》一书所指出的：在

---

① 参见费孝通：《论人类学与文化自觉》，华夏出版社 2004 年版，第 20 页。

遥远的古代，绝少有重大发明或发现。这主要不是由于缺乏具有高智能的人员所造成的，而是由缺乏文化素材与文化资源所造成的。当文化流程通过汇聚、同化和综合而成长起来时，文化进展的速度便会增快。这也正是为什么今天发明与发现比过去任何一个时期都更加频繁的原因。①

值得注意的是，虽然各民族文化的创新都是在历史性和时代性融合的基础上实现的，但这并不意味着各个时代有着同样的文化创新基础。事实上，民族文化的创新基础是有着时代差异的。总体来看，传统社会由于经济、社会的自足性和交往手段的限制，通常比较封闭，其文化发展、创新多以民族群体为基础，由于其赖以产生的社会规模有限，所以文化发展缓慢，创新不足。正如亨利·亚当斯指出的："几千年来——这在世界上某些地区仍然如此，但正在缩小——孩子们踏着他们父母亲的足迹，走上不变的道路，开始仪式化例行公事，他们学到的是同一本书上的知识和道德，保持着一种基本相似的住处和家庭。"② 在这些社会中，人们生活在一种依赖传统引导的社会环境中，社会"利用讲家史、神话、传说、唱歌等形式传播其相对稳定的价值观"。③ 过去历史上那些既成的东西对人们社会生活起着重要的作用，人们将其当作学习、效法的楷模。谈到这种文化时，"人们想到的是有长久渊源联系的一套信仰、传统、仪式和禁忌"。④ 而现代社会，由于经济的依赖性，交

---

① 参见［美］莱斯利·怀特：《文化的科学》，沈原等译，山东人民出版社1988年版，第212页。

② ［美］丹尼尔·贝尔：《后工业社的来临》，高铦等译，商务印书馆1984年版，第190—191页。

③ 陈力丹：《舆论学》，中国广播电视出版社1999年版，第186页。

④ ［美］丹尼尔·贝尔：《后工业社的来临》，高铦等译，商务印书馆1984年版，第211页。

通、通讯的发达和社会结构的开放，"它所包含的不同社会首次有
了不容忽视的、迅速的、显而易见的相互作用"。① 这一过程扩大
了民族交往的范围，使各民族、各地区之间近如邻人，从而"我
们重新获得了我们的整体，我们不是在一个国家或一种文化的层面
上，而是在宇宙的层面上获得了我们的整体性"。② 社会的这一变
化，改变了形成文化的方式和文化发展、创新的模式。在过去人们
定义文化的方式是地方和民族，"文化的含义一直都是与一个固定
的地方性的概念结合在一起，'一种文化'的概念含蓄地把意义建
构与特殊性及地点连接起来"。③ 文化的发展创造主要也是以历史
的连续性为基础，各民族正是通过长期的历史积淀实现文化的缓慢
发展和创新的。而现代，社会开放过程加快，过去以地方社会和民
族群体为单位定义文化的方式日益面临着外部群体的影响，文化的
发展和创新越来越依赖于民族社会的开放和与外部群体交往的广度
和深度。社会的这一变化，使现代文化创新以前所未有的速度发
展。奥格本对文化变迁的相关研究表明，某一地区文化生长对于本
地区内发明的依赖程度，远不及对其他文化的传播的依赖程度。④
换言之，如果一个民族与世隔绝，那么它的文化发展将非常缓慢，
创新必然很有限。现代文明的进步和社会的高速发展，就是建立在
社会扩展基础之上的。

　　文化创新和发展趋势的这一变化，意味着文化所赖以存在的社

---

　　① ［美］C.赖特·米尔斯：《社会学的想象力》，陈强、张永强译，三联书店 1988
年版，第 162 页。
　　② ［美］丹尼尔·杰·切特罗姆：《传播媒介与美国人的思想》，曹静生译，中国
广播电视出版社 1991 年版，第 187 页。
　　③ ［英］约翰·汤姆林森：《全球化与文化》，郭英剑译，南京大学出版社 2002 年
版，第 238 页。
　　④ ［美］威廉·费尔丁·奥格本：《文化变迁——关于文化和先天的本质》，王晓
毅、陈育国译，浙江人民出版社 1989 年版，第 177 页。

会基础的扩大是创新的重要原因，任何一个要实现文化发展和创新的民族都必须在一个开放的社会环境里加强与其他民族的交往、学习。对于西北这样一个多民族聚居的地区，民族文化的交流创新有着丰厚的社会资源，同时，现代发达的交通通讯也为民族交往提供了便利的条件，不仅邻近民族之间的交往极为便利，相距遥远的民族之间的交流也不再是什么难事。当今，重要的是要认识到文化创新的基础及其现代转向，在一个多元的民族社会结构中形成良好的文化自觉，并能学习、借鉴别人的长处，联手发展。若能做到这一点，则民族文化创新便有了不竭的动力和源泉。

（二）夯实民族文化创新的经济基础

经济作为满足人类基本需求的手段，对于人类是首要的、基础性的，不论对个体还是群体都是如此。从个体角度来看，人首先得生存，只有活着才能行动，也才会有作为人之行动结果的社会及其相关的一切。从群体角度来看，所有人类社会的存在发展都是建立在一定的物质基础之上的，用马克思和恩格斯在《德意志意识形态》中的话来说就是："我们首先应当确定一切人类生存的第一个前提，这个前提是：人们为了能够'创造历史'，必须能够生活。但是为了生活，首先就需要吃、住、穿以及其他一些东西。因此第一个历史活动就是生产满足这些需要的资料，即生产物质生活本身。"①

经济不仅是包括民族在内的一切群体存在的基础、前提，也是结构社会的主要手段。以唯物主义的立场来看，社会关系可以看作是人作为社会性存在满足其各种需要，尤其是满足物质需要的手

---

① 《马克思恩格斯文集》第 1 卷，人民出版社 2009 年版，第 531 页。

段。在马克思看来，社会关系可以看作是人作为社会性存在满足其各种需要，尤其是物质需要的手段。在马克思看来，与生存相关的经济活动在社会的形成与发展中有着至关重要的作用，正是与生存相关的经济活动形成所有社会关系的基础——生产关系，这是一种在特定的历史条件下形成的不以人的意志为转移的关系，"事情是这样的：以一定的方式进行生产活动的一定的个人，发生一定的社会关系和政治关系"。① "在社会生产中，人们不可避免地进入到独立于自身意愿之外的特定社会关系中"。② 在这里，马克思一再强调满足生存的物质活动在社会关系形成中的主导作用。纵观人类历史，从人际交往到民族、国家关系，都有着深刻的经济原因。民族作为社会共同体的形成和发展，一个很重要的原因就是共同的经济生活。同样，中国历史上持续不断的民族交往，就与农业经济和游牧经济的互补密切相关。

经济不仅决定社会关系，也影响和决定包括文化在内的社会各种事务。在马克思主义看来，人们满足生存需要的经济活动创造了社会及其可能的关系形式，并创造了文化。"发展着自己的物质生产和物质交往的人们，在改变自己的这个现实的同时也改变着自己的思维和思维的产物。"③ "思想、观念、意识的生产最初是直接与人们的物质活动，与人们的物质交往，与现实生活的语言交织在一起的。人们的想象、思维、精神交往在这里还是人们物质行动的直接产物。表现在某一民族的政治、法律、道德、宗教、形而上学等的语言中的精神生产也是这样。他们受自己的生产力和与之相适应

---

① 《马克思恩格斯文集》第1卷，人民出版社2009年版，第523页。

② ［英］罗伯特·莱顿：《他者的眼光》，蒙养山人译，华夏出版社2005年版，第8页。

③ 《马克思恩格斯文集》第1卷，人民出版社2009年版，第525页。

的交往的一定发展——直到交往的最遥远形态所制约"。① 在《政治经济学批判》序言中马克思指出："物质生活的生产方式制约着整个社会生活、政治生活和精神生活的过程。不是人们的意识决定人们的存在，相反，是人们的社会存在决定人们的意识。"② 换言之，一个社会的文化反映了其赖以存在的社会结构，尤其是与生产相关的经济结构，是从社会及其经济结构的联系中产生的，具有社会和经济的起源。

正是由于经济在决定社会和文化方面的这一基础作用，从马克思到进化论者摩尔根，再到新进化论者怀特，都格外重视技术与经济在社会文化发展中的作用。在《古代社会》中，摩尔根将社会进化的开始定位于获取生存资料方式的变化，强调技术与经济发展是社会进化的基本力量，并探讨了其社会和文化后果。同样，怀特和马克思、摩尔根一样强调人类获取生活资源方式的重要性，指出推动社会发展的决定性力量在于能量的控制。以此为基础，他将人类社会划分为三大分支系统：技术、社会关系和意识形态，并认为"技术系统具有原始的和基本的重要性，全部人类生活和人类文化皆依赖于它"。③ 虽然社会学中也存在着相反的论点，将文化看成是比经济更为根本的社会力量，但经济在社会和文化领域的基础作用是谁都无法否认的。

具体到民族发展和文化创新，一个无可争辩的事实是，经济是社会文化发展的重要决定力量，那些致力于社会和文化发展的国家与民族，无不对经济发展予以高度重视，要求得文化发展，就必须

---

① 《马克思恩格斯文集》第1卷，人民出版社2009年版，第524页。
② 《马克思恩格斯文集》第2卷，人民出版社2009年版，第13页。
③ ［美］莱斯利·怀特：《文化的科学》，沈原等译，山东人民出版社1988年版，第352—353页。

有一定的经济作为基础，因为"在现实中，还没有经济不发展而社会发展的先例"。① 更没有人在破败不堪的经济基础上看到繁荣的文化。在现实中，到处都可以见到由于经济的贫困对本民族和本国文化发展产生的制约。因为在本质上是经济而不是别的什么构成了社会的基础结构，经济不仅在结构社会、塑造文化，而且对其发展变化和创新有着重要作用。这也就是为什么从发达国家到发展中国家都将经济、社会和文化看成是处理公共事务的基本顺序的原因。

（三）发展教育以提升民族的创新能力

一切所谓社会的存在都与构成社会的个体密切相关，是从个体及其行为中生发出来的。在这个意义上，民族社会的一切——从民族交往到民族文化，其最终的承载者都是民族成员。作为民族社会的主体，民族内外交往、文化的传承和发展都是通过民族成员来实现的。由此，民族成员便成为民族文化创新的主体。而主体的创新能力，又是通过后天的培养和教育获得的。因此，发展教育、开发民族人力资本能量便成为提升民族文化创新能力的不二法门。

纵观那些文化创新能力强、发展迅速的国家和民族，有一点是共同的，那就是对教育的重视。爱尔兰 1922 年刚独立时还是一个落后的农牧业国家，大力发展教育使其在 20 世纪末就成为世界上经济发展最快、竞争力最强的国家之一。以色列、芬兰、日本都是自然资源匮乏、生存环境恶劣国家，而以色列却凭借先进的教育体制和高素质的人力资本成为世界经济和科技强国。芬兰则通过对教育的投入和民族人力资本的提升，一度成为世界上技术创新程度最

---

① 陆学艺：《社会学》，知识出版社 1996 年版，第 380—381 页。

高的国家，并在世界经济论坛的国际竞争力排行榜上，屡次成为世界最具竞争力的国家。日本更是通过教育创造了世界经济史上的奇迹。这正如奈斯比特在《90 年代世界发展 10 大趋势》一书中所说："一个贫困的国家即使没有丰富的自然资源，只要在人力资源上肯下大的投资，也是可以发展起来的。"[1] 所以，发展创新主要不是由于自然资源或环境优势，而是由于教育及其产品——高素质的人力资本。国家如此，民族亦复如此。

在现代社会，教育扮演着诸多功能，其影响遍及经济、政治、文化等社会生活的各个领域，教育不仅传播知识技能，改变人们的思想观念，而且促进人的社会化和全面发展。就民族文化创新而言，教育的功能是多方面的，从民族价值观的重塑、知识和技能的传授到民族成员的社会化，都与教育密切相关。教育可以通过思想观念的传递；重塑民族及其成员的价值观，而价值观又是构成民族文化的核心，作为一个民族对其所处自然、社会世界的总体评价和看法，价值观是决定民族成员行为的心理基础和内部动力，它支配和调节一切社会行为，提供行为准则。由于其影响的全面性，在文化创新中，价值观念被赋予了重要的意义，通常被看成是社会变革的关键和文化创新最难突破的部分。现代化理论的韦伯学派，认为文化价值观决定着政治经济生活，其代表人物韦伯就将新教观念的崛起看成是欧洲实现现代化的关键。[2] 英格尔斯更是把心理态度、价值观的变化看成是社会现代化最主要的内容。因为任何文化的创新如果没有观念领域的变革，则既难实现，也不能持久。具体到我

---

[1] 转引自王义祥：《发展社会学》，华东师范大学出版社 2004 年版，第 358—360 页。

[2] 参见中国社会科学杂志社：《社会转型：多文化多民族社会》，社会科学文献出版社 2000 年版，第 51 页。

国的民族地区，文化观念的落后及其保守性造成作为社会变迁主体和动力的人常常成为变革的障碍，尤其人的观念落后严重制约了其对新事物的采纳和接受能力，以及对真正意义上创新的包容。在这个意义上，通过发展教育输入各民族的先进思想和价值观念，改变、重塑民族成员价值观念，革新民族成员的心智模式，无疑是民族文化创新的关键。

教育除了通过价值观的重塑为民族文化创新提供内在动力外，还可以通过知识和技能的传授，提升民族及其成员的知识和技术创新能力。对民族成员的教育，一方面使本民族在漫长历史过程中改造自然、社会的经验得以传承；另一方面可以广泛地吸收世界各民族的优秀文化成果。这两者共同增加了民族的知识积累，为民族文化创新奠定了基础，因为任何知识和技术创新的第一步都是知识的积累。在知识积累的基础上可以实现创造，并形成被称为科学的系统化知识体系，将科学知识运用于改造世界，便可以实现技术创新。在一个知识成为资本和首要财富的现代社会中，知识和技术创新不仅成为推动社会各领域变迁的最主要力量，而且由知识和技术创新形成的文化产业本身就是提升民族形象和竞争力的重要因素。

较之于对民族及其成员价值观、知识和技术创新方面的影响，教育的社会功能对于民族文化创新的作用没有那么直接，但其影响却更为深刻、久远。它通过对社会准则的传递和内化，促进人的社会化，进而建构一个良好的社会环境，为人力资本的发挥、民族成员的创新提供社会资本。强调社会资本对于民族文化创新的重要性，是因为人生活于社会之中，社会网络及其环境氛围对于人的影响是全面的。正因为如此，20世纪以来，社会资本日益受到人们的关注。而所谓社会资本，在其首创者汉尼方来看，就是"人们日常生活中应用广泛的无形物质，如良好的愿望、朋友情谊、同情心、个人和家庭之间的社交关系"。① 在罗伯特·D.帕特南看来，社会资本不仅包含了社会所必需的信任、规范和网络，更重要的是它可以通过促进合作行动而提高社会效率。② 虽然社会资本的概念非常复杂，学者意见各不相同。但都认为其对于行为主体的行动力和人力资本的提升具有十分重要的意义。社会资本薄弱、缺乏社会准则和信任的地方，社会个体的能量必然会由于劣质的社会关系和心理状态而被压抑、消耗，使得社会得不到发展，更遑论什么文化创新。

（四）以组织机制推动民族文化创新

民族文化创新是一项涉及面广且极为复杂的创造事项，它需要国家、社会和市场各方面的通力合作。尤其是，现代社会的发展一向被看作是市场机制、国家机制和社会机制共同作用的结果。③ 这意味着，任何社会事物都不能简单地看成是某一个体或群体单独行动的结果，需要在关系的框架下思考结构和制度的力量。具体到民族文化创新，不论是民族在历史、社会过程中积聚的文化资源，还是民族成员的文化创新能力，都不是自我生成的，而是需要相应的社会结构和组织体制的支持，是包括了国家、社会、市场在内的各要素构成的系统联手推动的结果。这是因为，个体的行为及其选择是受制于构成其行为主要背景的微观组织和宏观制度的影响的。在不同的组织机制和制度背景之下，个体会作出不同的行为选择。

以此来考察民族文化创新，首先，要建立健全社会组织体系。

① 西闪：《在镀金时代呼唤大觉醒》，《学习博览》2011年第4期。

② 参见［美］罗伯特·D.帕特南：《使民主运转起来》，王列、赖海榕译，江西人民出版社2001年版，第195页。

③ 蒋小捷、张瑞才：《西南边疆多民族地区的利益协调机制建构》，《学术探索》2008年第2期。

这是因为，现代社会的进步，各领域的长足发展，在本质上源于组织的出现和创新，以及由此发展而来的一套高效运行体系。现代以来，社会领域的最大变化就是家庭失去了其全能化机构的地位，社会政治、经济和教育各领域体制化的专业组织出现，开始承担了过去主要由家庭行使的职能。作为一种体制化的机构，组织通过提供资源和制度安排，从产生以来一直扮演着社会政治、经济、文化进步的火车头。从工具的制造到发明创造，再到新知识的出现和科学技术的发展均依赖于组织。在这个意义上，探讨现代民族文化创新最终必然要落实到组织建设及其相应的制度安排上来。具体而言，民族文化创新必须加大文化组织建设，重视文化组织在文化创新中的地位和作用，并建立健全与组织运作有关的激励机制，为民族文化创新提供良好的组织氛围。加大文化组织建设的同时，也要注意组织的出现对民族文化创新的不利影响。任何一个民族的文化，主要是通过其基础的社会结构和组织体系形成的，理性化与科层制组织的出现和普遍化，既可能提高文化组织的运作效率，也有可能漠视文化价值、弱化文化的地位，这有可能对文化创新产生不利的影响。

其次，要重视制度的力量。组织作为一种体制化结构，其功能的发挥主要靠的是制度。在制度主义者康芒斯看来，制度就是有关个体行动控制、自由和扩展方面的集体行动。① 在诺斯看来，制度则是一系列被制定出来的游戏规则，它旨在约束追求主体福利或效用最大化的个人行为。② 不论如何定义，制度作为人为设计的规

---

① 参见［美］康芒斯：《制度经济学》上，于树生译，商务印书馆1962年版，第3页。

② 参见［美］道格拉斯·C.诺斯：《经济史中的结构与变迁》，陈郁等译，三联书店1994年版，第225页。

则，通过激励和约束的机制将个体的行为与奖惩机制结合，以最大限度地调动个体的积极性。现代社会的发展，创新的大量出现，主要被看作是制度环境演进的结果。在制度学派看来，制度环境的改善会鼓励创新，奖励为具体的发明带来了刺激，专利法的发展则提供了对知识产权的保护。反之，一个缺乏有效的正式制度的社会，必将使创新行为得不到应有的回报，进而影响创造者的积极性，毕竟善良的愿望不能弥补制度的粗疏。对于有着深厚历史积淀，惯于以情感和礼俗行事的民族，建立健全相关制度，以制度促进文化创新显得尤为关键。一定意义上可以说，一个民族对待理性化制度的态度决定着民族文化创新的状况。

再次，要通过文化自觉审视包括民族规约在内的风俗习惯对文化创新的影响。每个民族都处在特定的地理空间，并有其独特的历史和社会过程，民族地域、社会和历史过程的独特性孕育了本地的传统。这些由群体经验演化而来、经过长期社会生活逐步形成的传统，以风俗习惯、伦理规范、价值观念等方式构成了一个民族行动的非正式约束，对行为有着十分重要的影响。每个民族都习惯于以自己的习俗去阐释世界，并且通常是以此为基础展开行动的。作为对于民族社会有重要约束力的规范，这些风俗习惯、伦理观念在积极的意义上可以是民族经验和文化财富的一部分，在消极的意义上也能以其惯性的力量影响制约一个民族的创新能力。这是因为，一个民族的风俗习惯大都是在过去的社会和历史进程中形成的，反映的是过去的社会现实和需要，而创新主要是一项面向未来的事业，它需要挣脱过去那些消极因素的羁绊，以变化的眼光看待世界，并能够开拓思维、锐意进取。尤其，中国西北各民族有着悠久的历史，长期的历史过程使各民族都形成了自己的传统习俗和习惯，这些长期积淀的深厚传统如果不能够与时俱进，必将严重地制约民族文化的创新和发展。

综上所述，民族文化创新是一项复杂的社会工程，既需要发掘民族文化的历史资源，又要站在时代的高度吸收一切民族的优秀成果，同时也要看到，民族的历史宝库和他人的成果只提供了文化创新的可能性，要将可能性变为现实性，离不开民族成员创新能力的培养，而在终极意义上，民族文化资源的积累、民族成员的创新能力都不是自我生成的，而是特定制度安排和组织体系推动的结果。

四、用文化的内在价值——文明规范民族文化创新

谈民族文化创新，有一个与文化和文化创新密切相关的概念——文明。之所以如此，是因为它涉及文化创新的方向和品质。历史地看，文化与文明如影随形，在文化成为社会科学关注焦点的同时，文明也成为社会关心的议题。许多有关文化的话语中都会提及文明。早在19世纪初，面对工业文明的到来和对社会各领域的侵袭，英国诗人兼评论家柯勒律治就在《教会与国家政体》一书中将文明（市场）看成文化（教养、心灵状态）的对立面，以谴责他那个时代用现金交易来解释一切关系的社会。在他看来，文明只是一种平凡的社会进步，文化（教养）作为人类在社会中达成的特有品质和能力才是进步的最高状态。柯勒律治指出："国家的长久存在……国家的进步性和个人自由……依赖于一个持续发展、不断进步的文明。但是这个文明如果不以教养为基础，不与人类特有的品质和能力同步发展，那么文明本身如果不是一种具有很大腐化作用的影响力，就是一种混合低劣的善，是疾病的发热，而不是健康的焕发，而一个以这种文明著称的国家，与其说是一个完美的

民族，不如称之为虚饰的民族。"① 与柯勒律治不同，第一次给文化确立定义的泰勒在 1871 年出版的《原始文化》一书则把文化与文明连在一起，作为同义语使用，他说："文化或文明，就其广泛的民族学意义来说乃是包括知识、信仰、艺术、法律、道德、风俗以及作为一个社会成员所获得的能力与习惯的复杂整体。"② 和泰勒一样，英法两国经常把"文化"与"文明"视为同义词，而在德国的文化传统中，文化被看成是包括人的价值、信仰和道德等因素在内的精神现象，文明被认为是包括技术、技巧和物质的因素。从德国的文化社会学家艾尔夫雷德·韦伯（1868—1958）到著有《西方的没落》一书的文化哲学家斯宾格勒都是如此。可见文明与文化密切相关，其关系也不是很容易就能说得清楚的。直至当代，美国著名的政治思想家塞缪尔·亨廷顿仍将文明与文化相提并论，而且在逻辑上将这两个概念相互界定：文明和文化都涉及一个民族全面的生活方式，文明是放大了的文化。③ 之所以在"文化"与"文明"界定和关系上众说纷纭，主要是因为文明作为一个抽象的词语，其所指就像文化一样多样而且模糊。不论关于文化和文明有着什么样的分歧，但有一点大体上是获得人们的共识的，那就是文化作为人与社会的本质属性经常被看作是与自然相对应的，而文明的对立面则是野蛮。以此来看，文化更多表现为人类的一种创造成果，是中性的，并无高低、优劣的判断，而文明则包含着较强的价值判断。以此为基础，在论及民族文化创新时就必须保持一种批判

---

① ［英］雷蒙德·威廉斯：《文化与社会》，吴松江、张文定译，北京大学出版社 1991 年版，第 95—96 页。

② ［英］爱德华·泰勒：《原始文化》，连树声译，上海文艺出版社 1992 年版，第 1 页。

③ ［美］塞缪尔·亨廷顿：《文明的冲突与世界秩序的重建》，周琪等译，新华出版社 1998 年版，第 24—25 页。

的眼光，要明白并非所有的民族文化都是积极进步并有利于社会发展的。也只有这样，才能保证文化创新在方向和作用上是积极向上的，唯其如此，文化创新才不会失去意义。

具体到民族文化及其创新，需要特别指出的是，文化作为某一民族处理自身与自然、社会等关系的产物，相对于整个人类文化是个性化的，反映的是民族在特定时代与自然、社会打交道的知识、经验和成果，打上了鲜明的时代和社会的烙印，也有极强的地域特色，在本质上属于一种地方知识，具有特殊性。正如有研究者在论述文明与文化关系时所指出的："所谓'文化'，是指人在改造客观世界、在协调群体关系、在调节自身情感的过程中所表现出来的时代特征、地域风格和民族样式。"[①] 由于文化反映的是特定群体在特定地点、时代的创造成果，这决定了其局限性，不仅特定地域的文化不一定都适合其他地方，一个时代的文化随着时间的推移也会表现出不适应的一面。美国人类学家拉尔夫·林顿有关文化的定义中对此曾经有过很好的阐释。林顿指出："文化指的是任何社会的全部生活方式，而不仅仅是被社会公认为更高雅、更令人心旷神怡的那部分生活方式。这样，当把文化一词用到我们的生活方式上时，它与弹钢琴和谈勃朗宁的诗没有任何关系。对社会科学家来说，这些行为只是我们整个文化中的若干组成部分而已。在社会科学家看来，没有无文化的社会，甚至没有无文化的个人。每个社会，无论它的文化多么简陋，总有一种文化。从个人跻身于一种或几种文化的意义上来看，每个人都是有文化的人。"[②] 文化的这一特点，有可能使文化创新并不符合社会进步的趋势和人类追求的良

---

① 陈炎：《文明与文化》，《学术月刊》2002年第2期。

② ［美］C.恩伯、M.恩伯：《文化的变异——现代文化人类学通论》，杜杉杉译，辽宁人民出版社1988年版，第29页。

善目标。这就需要以某种标准对文化创新的方向予以规范，以保证文化创新的品质。这一标准就是与文化相关的文明。

与文化的民族性、地域性和时代性不同，作为人类"借助科学、技术等手段来改造客观世界；通过法律、道德等制度来协调群体关系；借助宗教、艺术等形式来调节自身情感"成果的文明是一元的，"是以人类基本需求和全面发展的满足程度为共同尺度的"。这是因为，"人作为一种'类存在'，至少具有使用和制造工具（包括一切科技手段）、依赖和凭借社会关系（包括一切社会制度）、渴望和追求情感慰藉（包括一切精神享受）这三个基本特征。唯其如此，人类才可能有对真的探索、对善的追求、对美的创造。反过来说，只有在对真、善、美的探索、追求、创造之中，人类才能最大限度地满足自身的基本需要、实现自身的全面发展"。[①]虽然文明所包含的价值——真、善、美也有一定的时代性，但至少它反映了特定时代的最新成果，是那个时代人类关于是非、伦理和审美所能达到的认知和判断的高峰。以此为基础，才能保证文化创新是符合人类进步趋势的，文化创新才具有积极的意义。

---

① 陈炎：《文明与文化》，《学术月刊》2002年第2期。

第三章　西北民族地区的文化
及其创新现状

西北地区地处亚欧大陆东南山区、高原向平原的过渡地带，在地理上涵盖了新疆和黄河上游两个地区，是一个拥有高原、平原、山区和河谷绿洲等地理单元且生态环境多样的自然地理空间。自然地理的多样性孕育了多元的民族社会和文化，加之这里很早就是沟通东西、连接南北的民族走廊，使得这里不仅民族众多，且文化丰富多样。

一、西北民族地区的民族和文化

由于民族的聚居格局在一定程度上是由地理生态格局决定的，民族格局在相当大的程度上也表征着地理生态格局，因此以自然生态为切入点研究民族及其文化具有合理性。西北地区位于中国地理的第一阶梯——青藏高原向黄土高原的过渡地带，地形主要以高原和盆地为主，气候干旱少雨，河湖稀少，植被以草原和荒漠居多。地理地貌的特殊性和过渡性特点，塑造了这里民族和文化的多元性。

（一）多元的民族

西北地区和西南地区、东北地区一样是我国三大主要民族区之一，就行政设置来看，这里涵盖了我国五大民族自治区中的两个，分别为新疆维吾尔自治区和宁夏回族自治区。两大民族自治区之外，这里的青海是我国的八大民族省份之一，境内辖 6 个民族自治州，自西向东依次为海西蒙古族藏族自治州、玉树藏族自治州、海北藏族自治州、海南藏族自治州、果洛藏族自治州和黄南藏族自治州。甘肃的民族地区虽没有青海多，但也有甘南和临夏两个民族自治州，肃南、肃北、阿克塞、天祝、东乡、积石山和张家川 7 个民族自治县。就民族构成来看，西北地区尤为复杂。新疆虽为维吾尔自治区，但仍包括了民族成分相异的 5 个自治州（伊犁哈萨克自治州、博尔塔拉蒙古自治州、昌吉回族自治州和巴音郭楞蒙古自治州和克孜勒苏柯尔克孜自治州）6 个民族自治县（察布查尔锡伯自治县、和布克赛尔蒙古自治县、木垒哈萨克自治县、巴里坤哈萨克自治县、焉耆回族自治县和塔什库尔干塔吉克自治县），民族更多达 47 个，其中仅世居民族就有 13 个。历来是维吾尔族、哈萨克族、回族、柯尔克孜族、塔吉克族、乌孜别克族、俄罗斯族、塔塔尔族的主要居住地。青海则共有 55 个民族，世居的少数民族有藏族、回族、土族、撒拉族、蒙古族等。其中土族、撒拉族则是该地区特有的少数民族。甘肃仅世居少数民族就有回、藏、东乡、土、裕固、保安、蒙古、撒拉、哈萨克和满族等 16 个，其中，东乡族、裕固族和保安族为甘肃的独有民族。全省 86 个县、市、区中，除 21 个县、市为少数民族聚居外，其余 65 个县、市、区中均有少数民族散居。整个西北地区几乎涵盖了中国所有的民族，并且是包括维吾尔族，回族、藏族、蒙古族、柯尔克孜、乌孜别克族、塔塔尔族、塔吉克族、俄罗斯族、裕固族、保安族、撒拉族、东乡族、土族的世居之地和主要聚居区。

（二）丰富多彩的文化

西北地区独特的自然地理生态，不仅造就了多元的民族社会，也使这里的文化多姿多彩。就人类生活最基础的部分经济来看，西北民族地区的最大特点是经济文化类型多样。由于经济类型作为人类适应、改造自然的结果，主要反映的是人地关系，并受制于特定时代生产力发展水平的影响，所以它首先受自然地理状况的影响，其次被人们改造自然的能力和水平所形塑。西北民族地区由于地理地貌复杂、气候多样形成了极为不同的经济类型，加之生产力发展水平的不同，使这里的经济类型异常丰富。从草原游牧、山地耕牧到绿洲农耕，从农业畜牧到工业生产应有尽有。呈现出与地理生态多样性相对应的经济文化多样性，堪称经济文化多样性的典范。在西北的新疆，天山以南的塔里木盆地，当地居民利用得天独厚的水利发展起了绿洲灌溉农业，兼事畜牧；天山以北的山地河谷，牧民们则过着逐水草而居的迁徙生活。在青藏高原和黄土高原结合部的河湟地带，甘青交界的民族则利用当地独特的自然地理条件发展起了高原农耕，并兼营畜牧。西北地区的回族，受制于历史和自然的影响，其经济类型尤其多样，呈现多结构的特征。回族主要从事农业，有的兼营牧业、手工业。居住在农村的回族多以农业为主，兼事牲畜，并且多从事一些手工业和小商业；回族还擅经商，城镇的回族，多居水陆交通线上，主要从事手工业和商业，尤以经营饮食业为突出。

经济生产类型——劳动生活方式作为社会的基础结构深刻地影响着包括物质、社会和文化在内的所有生活方式。以经济类型的多样性为基础，西北各民族构建了独特的民族物质文化，使得各民族在吃、穿、住、行、消费等方面呈现出极为鲜明的民族特色。表现在物质生活方式上，各民族都有丰富多彩且各具特色的饮食文化、服饰文化和建筑文化。

饮食方面，西北各民族都有自己喜欢的食品和偏好的口味。如维吾尔族日食三餐，以面食为主，喜食牛、羊肉。常吃的有馕、抓饭、包子、面条等。馕尤其是维吾尔族餐桌上的必备食品，其种类多达50余种。[①] 回族由于分布较广，各地自然条件、经济发展差异较大，饮食习俗、食品结构及烹饪技艺也不尽相同。总体而言，回族的饮食喜好具有以下特点：第一，回族偏爱面食。第二，回族喜欢吃牛羊肉。对于藏族而言，以青藏高原高海拔地区特有的麦类作物——青稞加工而成的糌粑是其主食。糌粑之外，牛羊肉是藏族日常生活的重要食品，更是广大牧区牧民的主要食品。饮品方面，以酥油茶和青稞酒最为著名。

西北地区民族服饰多姿多彩，各具特色。藏族服饰的基本特点是长袖、宽腰、大襟。但由于藏民族劳动生息在雪域高原上，各地自然条件差异较大，加之宗教信仰的影响，所以并非服饰清一色的宽袍大袖，而是丰富多彩的。[②] 新疆维吾尔族的服饰，种类多而且优美。传统的男子外衣称为"袷袢"，多过膝、宽袖、无领、无扣，女子普遍穿连衣裙，外罩坎肩或短上衣。[③]

由于受独特的自然地理环境、历史文化和社会人文环境等诸多因素的影响，西北地区建筑也彰显着鲜明的民族个性，表现出民族独特的传统和风格。西北少数民族民居建筑形状各异，各具风格，

---

① 任一飞、雅森·吾守尔：《维吾尔族》，民族出版社1997年版，第163—166页。

② 参见曾国庆：《藏族历史·文化》，民族出版社2004年版，第222页。

③ 参见任一飞、雅森·吾守尔：《维吾尔族》，民族出版社1997年版，第168页。

呈现出不同的民族特色，各民族民居都以独特的方式传达着各自民族的宗教信仰、性格、习惯和历史文化传统。在西北民族地区，不仅藏传佛教的寺院不同于伊斯兰教的清真寺，各民族民居在建筑风格式样、形制和色彩上也都体现出明显的民族特色。藏族典型民居多用石块砌筑外墙，内部为木结构，平顶狭窗。[①] 信仰伊斯兰教的各民族则习惯在住地修建"礼拜寺"，多围寺而居。新疆维吾尔族民居一般由"外间"或客厅、餐室及里屋组成。各地在具体布局上又有较大差别。住宅一般包括庭院和住房两部分，面向庭院的居室前多设外廊，底层外廊多设炕台，供户外起坐。在一些地方，常利用屋顶平台作休息之用，屋顶平台周围设木栏杆。[②]

地域和社会因素不但在文化形式上构建了特殊的民族物质文化，使民族的经济生产到生活方式表现出鲜明的民族性，而且更深层次地塑造了民族的精神文化，使民族的习俗、宗教信仰和价值观念呈现鲜明的民族性。尤其西北地区既有着悠久的历史，又是中国的民族走廊，因此这一地区的文化尤为丰富多彩。历史地看，早在远古时代，在这里就形成了许多的族群和相应的文化区。从新疆到宁夏的河套平原，再到甘青交界的河湟地区，都广泛地存在历史遗存。西北的长城沿线和甘青接壤地带曾是新石器时代以中原地区为中心的仰韶文化的一部分，这里的戎狄部落对华夏民族的形成起了重要作用。西北的河西走廊和新疆的古丝绸之路，很早就是连接东西方各民族的通道，青藏高原与内蒙古高原、黄土高原交错地带的河湟走廊尤其是一个民族聚散、交融和流动的大动脉。这里地理位置特殊，处于东西草原民族走廊和南北藏彝民族走廊的十字路

①　参见曾国庆：《藏族历史·文化》，民族出版社 2004 年版，第 222 页。

②　参见任一飞、雅森·吾守尔：《维吾尔族》，民族出版社 1997 年版，第 166—167 页。

口，是农业文明与游牧文明的过渡地带；还是中原通西域、东方与西方联系的必由之路。历史上这里先后发生过羌戎族群的四方扩散，汉民族的影响和来自北方以及西域的多民族移入等具有重大意义的民族历史进程。① 就如童恩正教授所指出的，这里数千年以来始终存在着一个半月形文化传播带，这个文化传播带从载体的角度实际上也可以看成是一个民族走廊，它由长城沿线以北东西向的草原民族走廊和沿青藏高原东部边沿南北向的藏彝民族走廊构成，其转折点正是连通东西南北两条走廊的河湟民族走廊。② "在历史上，有来自北方蒙古高原的吐谷浑民族、蒙古民族等，有来自黄土高原的汉民族等，有来自青藏高原的吐蕃民族等。同时河湟地区又处于三大高原接壤处，古之以河流、沟谷为交通要道，促使了河湟地区成为东西、南北交通要道，通过这些故道来到河湟地区的民族有小月氏、鲜卑人、波斯人以及撒拉族、回族等。"③ 由于这一特殊的地理位置，古代东进西上的一些民族或起步于此，或停歇于此；许多南来北往的民族也经过这里，以此为中间站。不仅如此，这里还是中原文化和少数民族文化以及中国文化与西方文化交融荟萃之地。④ 多元的民族结构、悠久的历史再加上民族走廊的特殊地位，使得这里成为多元文化的典范。

多元的民族社会结构和悠久的历史文化，使这里的社会习俗多姿多彩，充满了浓郁的民族特色。西北各民族有着多种多样的风俗习惯，贯穿于社会、文化的各个领域，从社交礼仪、婚丧嫁娶、节

---

① 参见马戎、周星：《中华民族凝聚力形成与发展》，北京大学出版社 1999 年版，第 143 页。

② 参见马戎、周星：《中华民族凝聚力形成与发展》，北京大学出版社 1999 年版，第 145 页。

③ 陈新海：《河湟文化的历史地理特征》，《青海民族学院学报》2002 年第 2 期。

④ 杨建新：《甘肃古代的少数民族》，《甘肃少数民族》1988 年第 16 期。

庆礼仪到人生礼仪和岁时节令无所不包。就以社交礼仪来看，西北各少数民族非常热情好客，并注重礼节。比如藏族就是一个十分讲究礼仪且热情好客的民族，礼让谦恭、尊老爱幼是其自古传下来的礼俗。民众之间若系平交，则彼此礼让，对长辈则谦恭敬重，对来客则尽其所能热情款待挽留。逢年过节，到藏族家里做客，主人会敬茶酒。敬献哈达是藏族同胞最普遍的一种礼节，他们特别喜爱哈达，把它看作是最珍贵的礼物，每逢喜庆之事，或远客来临，或拜会尊长，都要献哈达，以向对方表示纯洁、友好、虔诚、尊敬、祝福等意思。① 维吾尔族同样崇尚礼节，待人接物非常讲究礼貌。如对长者要尊敬，走路让长者先行，谈话让长者先说，坐下时让长者坐在上座；亲友见面必须握手问候，互相致礼和问好，然后右臂抚胸，躬身后退一步，再问对方家属平安。② 在社会交往中，回族同样注重礼节，并用其独特的方式互致问候和祝福。

　　社会习俗之外，西北民族地区宗教氛围尤其浓厚。这里不仅宗教信仰复杂多样，且信众多、虔诚度高。西北民族地区宗教多样，伊斯兰教、佛教两大世界性的宗教和中国本土的道教在西北民族社会都有所表现。西北的新疆和河湟一带，回、维吾尔、哈萨克、乌兹别克等 13 个少数民族则信仰伊斯兰教；西北的藏、蒙古、土、裕固等民族，主要信仰藏传佛教；西北突厥语族的维吾尔、哈萨克，蒙古语族的蒙古、土族等历史上都普遍信奉过萨满教，作为一种原始的宗教信仰，如今萨满教在其社会生活中仍有不同程度的影响。长期的社会历史过程和民族的交融聚居，使得中国土生土长的道教和汉民族的民间信仰对各民族社会生活也有一定影响。西北民

---

① 曾国庆：《藏族历史·文化》，民族出版社 2004 年版，第 295—296 页。

② 参见任一飞、雅森·吾守尔：《维吾尔族》，民族出版社 1997 年版，第 166—167 页。

族地区不仅宗教多种多样，而且宗教内部也存在着各种流派，比如佛教，在藏传佛教内部先后形成的教派主要有宁玛派、噶当派、萨迦派、噶举派和格鲁派等。① 同样，中国伊斯兰教也有三大派别，分别为格底目、西道堂和伊赫瓦尼。②

二、西北民族地区的文化变迁与创新现状

近百余年，尤其是改革开放以来的 30 年，是中国社会文化发生巨变的 30 年。伴随着中国社会总体的变化，西北少数民族地区也在发生着变化，并在文化各领域呈现出一些新的趋势。

（一）西北民族地区的文化变迁

改革开放以来，受国内的现代化和世界全球化趋势的影响，西北民族地区社会文化的各个领域都在发展变化，突出地表现在以下几个方面：一是西北民族地区的社会日益开放，民族文化生成的范式发生了变化，二是外显的物质文化快速向外部世界看齐，三是内在的价值观念越来越趋向理性化。

1. 民族文化生成范式的变化

改革开放之前，西北民族地区由于传统农牧经济的自足性和交通、通讯的落后，使得社会流动性差，与外界的交往极其有限，各民族多是在自己封闭的环境下通过缓慢的历史积累形成具有自身特色的民族文化的。由于与外界接触少，社会封闭，民族文化总是表征着民族的自然地域特色和社会、历史的独特性，它与民族的过去

---

① 参见曾国庆：《藏族历史·文化》，民族出版社 2004 年版，第 142—146 页。
② 赵嘉文、马戎：《民族发展与社会变迁》，民族出版社 2001 年版，第 193 页。

联系在一起，是各民族在自己的历史进程中沿袭而成的传统。论及民族文化，多与民族的宗教信仰、传统习俗和仪式有关。所有这些文化内容——从信仰到习俗多与民族所处的自然、社会和历史有关，有着鲜明的地域和民族特色。改革开放以及随之而来现代化、全球化，通过对社会体系的扩展和互动过程的加剧，改变了过去相对封闭状态下以民族社会自身为基础生成文化的传统模式。在现代化和全球化的冲击之下，文化的形成发展越来越多地面临着外部社会的影响和挑战，过去长期以来在单一的社会环境中依赖自身传统的积淀形成文化的机制面临新的挑战。文化的民族性和历史性逐渐让位于世界性和社会性。文化生成机制的这一改变，使得社会结构及其过程愈来愈占据中心地位，成为结构各民族文化的重要因素。

现实来看，改革开放以来，随着社会结构的开放、经济的一体化，以及交通、通讯的发展和社会过程的加剧，西北地区的民族文化愈来愈呈现出"'多重文化时空层叠整合'的特点，即从时间上说，它是一种将自身历史上的种种特质整合到当下状态中，成为其文化现状中一个不可分割的构成部分；从空间上说，它又是一种将异于自身周围地区的物质文化整合到自身中来，成为其文化现状中一个不可分割的构成部分"。[①]虽然，民族文化之间交流在历史上一直都在进行，文化的历史可以说就是一部各民族不断交往融合的历史，很难说哪一种文化因素就是纯粹民族的，各民族文化总是不同程度地包含着其他民族文化的因子，但从没有一个时代外来文化的影响像今天这样深刻广泛。

2. 显性文化——民族服饰的趋同化和语言使用的多样化

文化作为渗透性的因素，总是存在于各种外显和内隐的行为模

---

① 李志农、丁柏峰：《土族——青海互助县大庄村调查》，云南大学出版社2004年版，第1—2页。

式中，并以物质消费、社会交往和精神娱乐等社会生活方式予以呈现。具体到民族文化，它涉及民族服饰、饮食、日用器具、语言使用和娱乐方式等方面。改革开放以来的社会变迁使可见的民族文化到处都呈现出变化的趋势。就文化的变化而言，物质和外显行为层面尤其显著。按照奥格本的文化变迁理论，社会的物质文化往往领风气之先，是最先变化的，速度也比制度和价值观念快。这在西北少数民族地区同样如此。具体到西北民族地区，最能说明趋同化这一变化趋势的莫过于民族服饰。就以多民族交错聚居的河湟地区为例，这里人们服饰的民族特色已不再像过去那样浓郁。就拿这里的土族来说，据少数民族村寨调查组对全国唯一的土族自治县互助大庄村的调查，这里 20 世纪 70 年代以前人们穿手工做的鞋袜，80 年代以后，自制的鞋已无人穿，甚至连实物都见不到了。20 世纪 90 年代以前，村民平时着装基本上还是土族传统服饰，只有在外工作的人和上学回来的人穿新式衣服，进入 90 年代中期以后，穿土族服饰的村民大大减少，除一些老人、妇女和儿童穿得时间多一些，青年、中年男性只有过节和特殊的场合才穿。① 大体来看，除偏远地区和那些人口较多的民族外，西北少数民族服饰逐渐演变成仪式性的，多在民族节日或婚丧嫁娶等隆重的场合才穿戴，这在那些人口较少的民族尤其突出。就如郝苏民在论及当代裕固族服饰的发展变化时所指出的，当代裕固族服饰已基本与当地或临近汉族趋于一致，本民族的传统服饰则趋于礼仪化，仅在少数特定的场所穿着以表示庄重、正式并能满足民族心理的要求。②

---

① 参见李志农、丁柏峰：《土族青海互助县大庄村调查》，云南大学出版社 2004 年版，第 2、115 页。

② 参见郝苏民：《甘青特有民族文化形态研究》，民族出版社 1999 年版，第 327 页。

服饰之外，语言是又一彰显民族性的元素，作为人类特有的符号系统，语言集文化表达的载体与社会交往的工具于一身，它不仅是民族文化的信息载体，而且在民族的交往互动中扮演着重要的角色，被认为是最能反映和代表民族特色的文化因子。西北各少数民族中，除回族使用汉语外，其他民族都有自己的语言。不仅如此，西北相当一部分少数民族如藏、蒙古、维吾尔等民族还有自己的文字。改革开放以来，由于社会的开放和民族交往的增加，民族语言的使用情况也呈现出多样化的趋势，这主要表现在以下三个方面：一是汉语的集中化趋势明显，二是双语、多语群体增加，三是民族语言的使用存在明显的分化。根据 20 世纪 90 年代中叶的调查，在我国的少数民族中，有 43 个民族专用汉语或大多兼通汉语，占少数民族的大多数。① 另一项关于语言使用状况的研究表明，现阶段民族地区语言的使用情况是主要使用使用人口多的语言——汉语。就以西北少数民族地区的土族为例，国家 1979 年为土族创制了一套以拉丁字母为字母形式的土族文字，并曾推广使用，但因适用范围过窄，人们学习积极性并不高。目前的现状是，成年男女几乎都会说汉语，老年人基本能听懂汉语。② 相对开放的地方如此，一些位置偏僻、社会开放程度低的地方，也有一定量的人口使用汉语，比如在西北新疆木磊的阿克喀巴克乌兹别克村，人口的汉语普及率也达到了 5%。③ 除少数民族大多通晓汉语外，双语和多语群体的增加也是一个重要的现象。这是由于一些人口较少的民族，在日常

---

　　① 参见李志农、丁柏峰：《土族青海互助县大庄村调查》，云南大学出版社 2004年版，第 277 页。

　　② 参见李志农、丁柏峰：《土族青海互助县大庄村调查》，云南大学出版社 2004年版，第 259 页。

　　③ 参见余泳：《中国少数民族村寨人口流动特征及其影响因素分析》，《民族问题研究》2006 年第 8 期。

生活中需要与其他民族打交道，为了便于生活和交往，便学习掌握了当地其他民族的语言。如新疆的塔吉克族、塔塔尔族和乌孜别克族大多通晓维吾尔语言，塔吉克族在中小学还使用维吾尔语言文字进行教学。与此同时即使是聚居的少数民族，在汉文化较普及的地方，成年人大多掌握汉语文，形成民—汉双语类型。① 调查显示，在新疆的塔城市，汉语和哈萨克语是各民族的通用语言。达斡尔族普遍使用汉语，同时绝大部分达斡尔族懂哈萨克语，部分人还通晓哈萨克文；俄罗斯族在家大都使用俄语，与外界交往则基本使用汉语，不少人还精通哈萨克语；锡伯族大都通晓汉语、哈萨克语；柯尔克孜族大都通晓哈萨克语，少部分人通晓汉语；塔塔尔族通常使用哈萨克语、维吾尔语和汉语等民族语言；蒙古族兼通哈萨克语、维吾尔语和汉语。② 与此同时，当前民族语言的使用存在着基于群体特性的分化。根据民族村寨调查组对西北土族聚居的互助县大庄村的调查，土语的使用存在着因年龄、性别、职业和场合不同而产生的差异。从年龄来看，民族语言的使用主要集中在 8 岁以下 50岁以上的人群中；从职业来看，除小学生经常性使用民族语言，在家务农者几乎完全使用民族语言外，中学生、村干部一般性使用，中学生、外出打工者很少使用；从使用场合来看，多在家庭内部交流和邻里之间交往时使用。③ 这表明一些人口较少的民族语言日益蜕变为一种族内和家庭内的交往工具，在社会领域和公共事务中的作用趋于弱化。这一变化也被少数民族语言活力排序研究所证明。按照联合国教科文组织的指标，孙宏开对中国少数民族语言的活力

---

　　① 参见李锦芳：《西南地区双语类型及其历史转换》，《广西民族学院学报》2006年第 1 期。

　　② 参见李晓霞：《新疆塔城市族际婚姻调查》，《民族问题研究》2006 年第 10 期。

　　③ 参见李志农、丁柏峰：《土族青海互助县大庄村调查》，云南大学出版社 2004年版，第 259 页。

进行了排序研究，研究结果显示，西北仅有维吾尔、藏、蒙古、哈萨克等几种语言使用人数较多；西北塔吉克、东乡、保安、撒拉等属于使用母语的绝对人数正在减少，大多数人使用双语或多语的显露濒危特征的语言，和其他地区一样，一些语言已经没有掌握母语的单语人，民族成员都使用双语或多语的濒危语言，还有一些语言属于已经没有掌握母语的单语人，只保留在记忆和文献里。①

3. 价值观念越来越趋向理性化

理性化是现代社会的一个基本趋势。随着民族地区的进一步开放和社会现代化进程的加快，价值观念也在理性化。理性代替情感逐渐成为行动的主要逻辑，经济目的成为从生产到社会交往的重要动机，物质领域如此，即便那些过去一向被认为是神圣的精神领域，也表现出同样的趋势。这一变化不仅发生在西北民族地区那些比较现代化的都市，也发生在那些曾经长期被传统束缚的乡村社会。在传统的西北民族社会，由于农牧经济的自足性和社会的闭塞，长期存在重本轻末、重义轻利的思想，这在农村和牧区尤甚。在一些民族地区，人们甚至耻于言利，对明确的利益计算比较排斥。但随着与外部的接触和商品经济的出现，理性化的趋势也在逐渐显现。如在西北的土族，过去村民之间以帮工换工形式进行交换，很少计算物质报酬，随着商品经济的繁荣和交通条件的改善，在外来文化的冲击下，这一模式已发生了变化。② 不仅乡邻的互助模式呈理性化的趋势，就是人们日常社会交往，关系的情感模式也有被利益模式取代的趋势，交往过程中经济因素越来越成为考虑的

① 参见孙宏开：《中国少数民族语言活力排序研究》，《广西民族大学学报》2006年第5期。
② 参见李志农、丁柏峰：《土族青海互助县大庄村调查》，云南大学出版社2004年版，第124页。

因素，这不仅贯穿于交往的过程，也影响交往对象的选择。

价值观念的理性化不限于世俗生活。伴随着现代以来的社会理性化过程，宗教氛围浓厚的西北民族地区，过去一向被看作神圣领域的宗教也表现出不同程度世俗化的倾向。西北是我国重要的少数民族区域之一，少数民族与汉族的一个重要不同，就是其文化精神偏向于以神为本，宗教信仰虔诚，且信众占人口比重大。① "宗教侵入民族生活的各个方面，甚至成为民族生活习惯的一部分。宗教与社会紧密结合，导致宗教社会化、宗教政治化和传统文化宗教化是这些少数民族传统文化的特点"。② 随着社会经济的变化，一些人的宗教意识开始弱化。就以西北的土族为例，土族处在西北的文化交接地带，是一个有多种宗教信仰的民族，过去村庄有佛寺，家有佛龛，今天这些设施仍在，但作用已不可与过去同日而语。宗教信仰在一些年轻人的生活中开始淡化。③ 土族如此，西北的藏族也表现出一些相同的趋势。对夏河拉卜楞镇的个案研究显示，改革开放以后，当地的宗教生活也在发生变化，"当地居民依然信仰藏传佛教"，但在年轻一代和小孩的眼中，更多了一些对外面世界的向往，"宗教在他们的心目中，依然是神圣的，但是外面的世界对他们而言，有时诱惑更大"。④ 对于藏传佛教的世俗化倾向，马文慧、罗士周将其概括为：信仰方式发生变化、宗教活动形式相对简化、僧人数量减少、信教群众重视现实生活和寺院逐步趋于开化等。并认为以上特点在不同群体、地域之间呈现不同的特点，相比较而

---

① 参见桑杰：《关于和谐民族观的思考》，《民族问题研究》2006 年第 2 期。

② 杨建新：《中国少数民族通论》，民族出版社 2005 年版，第 103 页。

③ 参见李志农、丁柏峰：《土族青海互助县大庄村调查》，云南大学出版社 2004 年版，第 424—425 页。

④ 刘晖：《旅游对民族地区社会文化影响研究》，兰州大学博士学位论文，2005 年，第 134—135 页。

言，中青年人比老年人明显，经济文化发展较快、改革开放成效明显的地区比落后封闭地区明显，城镇地区比偏远农牧区明显，农区比牧区明显，富裕群众比困难群众明显，民族杂居地区比单一民族聚居地区明显。①

民族文化的这些变化对民族文化的发展及创新又意味着什么呢？回答这一问题，并不是一个简单的好与坏就能说得清楚，所以不能一概而论，需要辩证的分析。就以对民族社会文化最重要的语言而论，由于语言的社会功能之一就是人类关系的媒介和交往的手段，所以掌握一门其他民族的语言，就意味着打开了一个新的世界，它既有助于民族交往和关系的发展，也有助于学习其他民族的先进文化，这对于民族社会的发展和文化创新是至关重要的。与此同时，语言作为符号体系又是民族知识、经验的载体和文化传承的工具。在本质上它表征民族与自身、自然和社会的关系，在民族语言中蕴涵着民族群体对自身境况与世界的阐释，承载着民族的历史和经验，更在民族社会的发展和文化的创新中扮演着重要的角色。当一个群体大规模地学习外群体的语言以致放弃本民族语言的时候，就会影响到本民族的文化传承与发展，并进一步影响到民族的发展。因为文化是民族之所以成为群体的根本；文化的流失，将使民族失去其作为群体的特质和依据。正是由于此，传播学家施拉姆论述语言消失现象时指出："这必定是人与人之间的接触日益增多的结果：较为容易的旅行、贸易和商业的增长，城市的发展以及后来的城邦国家、征服、帝国，还有力量、思想和威望的比较微妙的

---

① 参见马文慧、罗士周：《藏传佛教世俗化倾向刍议》，《青海社会科学》2003年第2期。

影响，这个进程有必要寻找共同的语言……"① 这虽然是论述社会各种事项对语言的影响，但从另一个侧面也反映了语言对社会各领域的重要作用。同样理性化也是如此，它一方面使人们摆脱个体情感因素的影响，专注于效率；另一方面，过度的理性算计不利于社会的团结合作，也容易诱发利益冲突。具体到宗教的世俗化也同样如此，世俗化意味着由一个神圣的社会向世俗的社会过渡，在一定意义上与现代化是相同的，但世俗化的结果有可能使宗教已有的社会凝聚功能弱化。

（二）西北民族地区文化创新的现状

文化变迁包含着变化发展，并伴随着程度各异的创新。虽然变迁是所有社会文化的特征，文化变迁是一切社会永恒的现象，但变迁的方式、程度及原因等，则因各民族的具体情况而异。② 改革开放 30 年来，西北民族地区发生了范围广、速度空前快的变迁。经过这一快速变迁过程，西北地区逐渐摆脱了过去封闭迟滞的状态，经济、社会和文化各个领域都出现了前所未有的变化，但与整个中国社会，尤其是东部发达地区相比较，依然比较滞后。具体到文化发展和创新方面，尤其如此。就以现代文化的重要组成部分科学文化而言，2003 年的数据显示，东部地区公众具备基本科学素养的比例为 2.0%，中部地区为 2.3%，西部地区仅为 1.5%，③ 与中东部相比还有一定的差距。由于科学文化的普及有限和科学素养的欠

---

① ［美］威尔伯·施拉姆、威廉·波特：《传播学概论》，陈亮等译，新华出版社1984 年版，第 10 页。

② 参见高冬梅：《宁夏灵武回族文化变迁的人类学考察》，载宁夏大学回族研究中心《中国回族学》卷 3，宁夏人民出版社 2008 年版，第 101 页。

③ 参见中国科学技术协会：《聚焦 2003 年中国公众科学素养调查》，《科技日报》2004 年 5 月 20 日。

缺，在经济、社会、文化各领域，一些落后甚至不合时宜的思想观念依然存在。中国科协20世纪90年代末期对我国农村地区的大型调查表明，封建迷信活动已经渗透到社会生活的各个方面，譬如婚丧嫁娶、盖房选址、升学求子等。① 在一些民族地区，"非正统的民间信仰活动成为信仰的重要方式，遇事占卜、遇旱祈雨、秋季防雹、遇病祛邪、诵经祈祷等带有迷信色彩的信仰活动"依然存在。② 与此同时，由于教育的落后和科学素养的不足，在民族社会生活中，负面和愚昧文化消费还较为盛行，如农村集市上的"命相文化"、农闲时节的"赌博文化"和农民病困时的"祷告文化"在有些地方还比较盛行。③

除科学素养有待提高之外，部分公众的思想观念也比较保守。经济方面，在市场经济日益深化，东部地区的市场经济快速发展的时候，西北地区一些公众的商品经济意识依然比较淡薄，一些传统观念的影响对西北地区的经济仍有很大影响。直至今天，一些民族地区仍满足于传统的集市贸易，且缺乏商品意识和市场竞争意识。经济的商品化、市场化不足之外，支持现代社会发展的科层化组织在西北民族地区也不够发达。组织是现代社会发展的火车头，现代社会的任何发展，从经济、政治、社会到文化，都离不开组织的结构及其制度体系，但西北民族社会成员对于包括组织和制度力量、政策和法规力量，以及城市和市场力量等在内的因素的反应不够敏感。从社会的特性来看，不同于以稳定性为特质的传统社会，现代

---

① 参见金振蓉：《遏制农村封建迷信活动须出重拳》，《光明日报》1999年2月23日。

② 参见蒲文成：《藏区信仰文化的历史变迁与藏区社会进步》，《青海民族学院学报》2003年第1期。

③ 参见岳天明：《科技理性、价值理性和人文关怀》，《当代教育与文化》2009年第3期。

社会经常处于变动状态，变化是现代社会的常态，但文化的保守性使民族文化结构缺乏现代理性因素的冲撞，对任何在实质上不同于传统的新思想、新行为和新事物缺乏主动接受的意志。① 就民族成员的个性而言，长期农牧经济的自足性和社会的封闭性使西北民族心理的常态是个性的自我压抑，表现为恬静无为、安分守己，浓烈的宗教氛围和原始的迷信倾向会使人们轻易地满足于现状，轻视个人的潜能，迷信传统和权威，不愿意接受新经验，不愿意同外界进行广泛的接触。②

在西北一些民族地区，由于受"重男轻女"思想的影响，仍然存在性别歧视现象。一些女性从出生、上学到社会生活的一些方面还不同程度地面临由于性别歧视带来的困难。在每个村落，几乎都能看到辍学或失学女童的身影；在每个学校，几乎都是女生人数远远少于男生，而且随着年级的升高——特别是在小学四年级左右，女生数量急剧减少。教育权利的被剥夺，使许多女性丧失了自主发展、自由选择、自我展现的机会，使得她们在现代文明的浪潮中，在以男性为主的强势文化中，在家庭、学校与社区中，变成了"失语人"。③

正由于在科学文化和观念文化方面的滞后，改革开放以来，在东南部开风气之先，不断除旧布新、开拓创新的时候，西北民族地区在这一方面却显得不足。就拿改革开放以来的 30 年来说，东部、南部在创新方面都有不凡的表现，唯独中西部鲜有创新出现。以地

---

① 参见岳天明：《论我国民族地区社会变迁的制约因素》，《中央民族大学学报》2002 年第 6 期。

② 参见岳天明等：《中国西北民族地区经济与社会协调发展研究》，中国社会科学出版社 2009 年版，第 131 页。

③ 参见吕晓娟：《失落的声音——东乡族女童成长历程的教育人类学考察》，《西北民族研究》2009 年第 1 期。

域而言，珠三角地区的深圳，作为中国改革开放的窗口和改革的试验田，创造了多个第一，从经济、社会到文化，深圳都不乏创新。正是凭借着创新，深圳从 30 年前的一个边陲小镇一跃成为享誉中国乃至世界的现代化都市。支撑起深圳繁荣的，不仅有经济奇迹，更包含着文化观念的创新。长三角地区也有出色的表现，长三角的上海尤其令人瞩目，以致有论者认为，正是有了上海，"中国特色社会主义市场经济"才有了实践的哲学诠释。① 再以经济而言，改革开放以来的 30 年是民营经济从无到有、由小到大的快速发展时期，全国先后涌现出了五种典型的发展模式，即温州模式、苏南模式、珠江模式、中关村模式和三城（海城、兴城、诸城）模式。② 这些典型模式没有一种是产生于西北地区的。

之所以出现这一现象，固然与西北地区不甚优越的自然、社会环境以及中国改革开放以来的梯度发展战略有关，但西部思想观念的保守落后不能不说是一个重要的原因。历史地看，文化创新多与深厚的历史积淀和多元的社会格局与交往有关。这是因为文化植根于社会，是社会纵向的历时进程和横向的过程相互作用的结果：一方面，民族社会自身孕育着文化，任何民族文化的存在和发展及其创新都依赖于自身传统在历史进程中的演进和积累；另一方面，与外部群体的交往也会扩展其文化生长发育的基础，并吸收借鉴其他民族的进步成果，以加快自身的创新步伐。以此来看，西北民族地区是有着创新的资源基础的，这里深厚的历史积淀，文化创新的历史资源，多元的民族社会，中国乃至中亚的民族走廊，是其优越的社会条件。但在拥有文化创新社会和历史资源的西北地区，文化创

---

① 参见张志勇等：《中国需要什么样的"上海"》，《新华文摘》2004 年第 1 期。
② 参见谢健：《民营经济发展模式比较》，《中国工业经济》2002 年第 10 期。

新却并未如期而至，相反，近现代以来，尤其是20世纪80年代的改革开放和建立社会主义市场经济体制以来，中国社会开始进入急剧变化和快速发展的时期，西北地区却并未像其他地方一样与时俱进，以致今天人们提起西北，首先想到的就是偏僻落后，这一落后不仅是经济的，也是文化的。

论及改革开放以来东西差距越来越大的问题时，有论者直言是东西部的文化差距较大，最根本的是观念上的差距。① 事实确实如此，因为人是文化或者说是观念的动物，观念作为行为的先导对社会发展和文化创新是至关重要的。就如大卫·休谟所指出的，尽管人是由利益支配的，但利益本身及人类的所有事务是由观念支配的。纵观历史，几乎所有伟大的变革都是由观念的变化引起的。② 具体到当代中国社会的一系列变迁，从社会到经济，再到文化都是由观念的变革开启的。正是思想观念的创新开辟了改革开放的新时代，以及社会整体结构的转型。当代中国如此，对世界其他民族的现代化研究同样表明：传统社会唯有改变其传统的典章制度、信念和价值观，顺应发展的需要，才能实现现代化。③ 具体到文化保守和观念落后的西北少数民族地区，就如相关的研究者所指出的，观念是行动的先导，民族和民族地区发展除考虑外在的社会、自然环境之外，也要深入研究民族自身发展的文化（观念）因素。虽然所有社会都是发展变化的，随着社会的发展变化，人们的思想观念必然要发生变化，但相比较而言，西部地区解放思想、转变观念的要求更为迫切，任务更为艰巨、过程更为复杂和漫长。更有学者指

---

① 参见罗惠翾：《改革开放以来民族发展问题述评》，《西北民族研究》2009年第1期。

② 参见张维迎：《理念决定未来》，《读书》2012年第7期。

③ 参见中国社会科学杂志社：《社会转型：多文化多民族社会》，社会科学文献出版社2000年版，第215页。

出，"解放思想、转变观念"在西部地区是一个永恒的重要话题。①

综上所述，改革开放以来，西北民族地区整体上和全国一样，正在从传统走向现代，各方面有了较大的发展，但从整体来看，由于经济社会文化发展的不平衡和历史文化的不同，无论是经济发展、社会进步，还是观念方面都有别于发达地区，西北少数民族价值观的变化也存在地域性和时序性差异。② 在社会各领域，与发展较快的中东部相比，还有较大的差距，尤其在文化创新方面差距较大。

三、西北民族地区文化创新落后的原因及其保障体系建设

文化创新是一个包含了社会、政治、经济各个领域的复杂系统，既涉及宏观的组织结构与体制，也指微观个体的行动和价值观念，既与形式相关，更事关内容。不管在什么层面，其核心均在于价值观念，对于以文化作为特质和表征的人类社会来说，观念始终作为内在的动力因素对行为起着重要的引导作用。而观念又非空穴来风，它有现实的社会、经济及其政治基础。所以有必要从文化创新落后的原因入手，围绕文化创新的内容，探讨文化创新保障体系的建设。

（一）西北民族地区文化创新落后的原因

西北民族地区社会文化创新不足和落后的原因，涉及广泛的自

---

① 参见赵德兴等：《社会转型期西北少数民族居民价值观的嬗变》，人民出版社2007 年版，第 3 页。

② 参见赵德兴等：《社会转型期西北少数民族居民价值观的嬗变》，人民出版社2007 年版，第 4 页。

然、历史和社会因素，是各种因素共同作用的结果，举其要者有以下几个方面：

1. 自然因素

地域作为一个民族安身立命的场所，对于民族的影响是全面的，一个地方的地理地貌、生态环境不仅影响民族的谋生方式，决定经济类型、结构，也影响其经济发展速度，并进一步对其社会的发育、发展产生影响。西北的少数民族人口聚居地区多在远离本国、本地经济中心的边远地带，这里自然环境严酷，山大沟深，干旱少雨，且生态脆弱。恶劣的地理生态使这里的人们在许多方面面临着两难困境，这里地域广阔，但可资利用的社会生活空间相对狭小；自然、地质资源丰富，但交通运输不便；资源富集，却远离市场中心；人们希望天降甘霖，但降雨动辄就会带来滑坡和泥石流。虽然，随着科学技术的发展，人类改造利用自然的能力在提升，但许多自然地理因素的限制仍然是人们所无法突破的。西北民族地区这一恶劣的自然地理环境，既影响这里各民族的经济生产、生活，也制约各民族、各地区之间的物质交换，相对封闭的地理空间既限制人们的社会交往、交流，更禁锢着人们的思想观念。现实中由于地域因素的制约，西北民族地区很多资源优势转换不成经济资源，捧着金饭碗讨饭是对西北部分地区的形象概括。直至今天，甘肃中南部的甘南藏族自治州、临夏回族自治州，仍然是铁路交通的死角，仅仅依靠等级较低的公路线作为主要运输通道。[①] 地域对社会交往的限制更为明显，笔者曾于 2012 年 8 月为甘肃肃南裕固族自治县某单位培训，课余与一位裕固族朋友交流，他告诉我，他和他

---

① 参见岳天明等：《中国西北民族地区经济与社会协调发展研究》，中国社会科学出版社 2009 年版，第 96 页。

的儿子在本县同一个单位工作，但已经半年没有见面了，因为肃南地处祁连山中部北麓、河西走廊南侧的狭长地带，东西长达650公里，这在中东部几乎是不可想象的，几乎超过了中东部一些省份间的跨度。西北民族地区的区位特点决定了其和其他社会单元发生信息互动的可能性较小、频率较低，这种相对独立的地域在很大程度上影响了其与外界进行物质、信息和能量的交换，从而造成原有社会结构中文化要素的"惰性"。①

2. 历史因素

论及西北民族地区文化发展和创新的落后，历史是一个不可忽视的重要因素，这主要表现在历史上不公正的社会制度、民族歧视、压迫以及不正确的民族观等的消极影响。虽然，从社会历史来看，在西北这块多元民族共生的土地上，各民族人民共同开发了大西北，并为绚丽多姿的中华文明作出了贡献，但受制于历史的局限性和囿于民族的界限，在错误的民族观指导下，历代统治者大都奉行民族歧视和压迫政策。西北地区各民族的形成，大都是在封建社会完成的，而封建社会是一个以地主和农民为基本社会结构、等级制为特征的社会。受制于社会结构和制度的不平等，以及落后的社会意识的影响，历代封建统治者在民族观上多坚持华夷之辨，且大多贵华夏而贱夷狄，如孔子修《春秋》，其主导思想就是"内其国而外诸夏，内诸夏而外夷狄"。② 直至明代，学者如顾炎武仍难以避免民族偏见，在论及民族混杂的情况时，顾炎武感叹："华宗上姓与毡裘之种相乱，惜乎当日之君子徒诵'用夏变夷'之言，而无类族辨物之道。"③ 与此民族观相应，在民族关系上多奉行不平

①　参见费孝通：《费孝通译文集》（上册），群言出版社2002年版，第86、89页。
②　翁独健：《中国民族关系史纲要》，中央社会科学出版社2001年版，第61页。
③　宋蜀华、陈克进：《中国民族概论》，中央民族大学出版社2001年版，第19页。

等的民族歧视和压迫政策。民族观上的盲目自大与关系上的不平等，使得民族发展笼罩在一种浓厚的同化主义倾向之中。就如有研究者指出的，中国传统的少数民族历史发展观，始终是以汉族聚居的中原文化为核心，认为汉族聚居的中原文化发达，少数民族聚居的边远地区落后，民族地区社会经济的发展，实质就是追求少数民族与汉族一致性的褊狭的汉化发展观。[①] 以上种种，使得少数民族文化在历史上长期得不到应有的重视和尊重，这严重地抑制了西北少数民族地区文化的发展。可以说，西北民族地区今天发展上的滞后，在很大程度上就是由于历史上不公正的社会制度、不平等的民族关系和褊狭的民族意识造成的。正由于此，新中国成立后，针对少数民族和民族地区落后的现状，制定实施了民族区域自治制度和民族优惠政策等，试图以政策工具弥补这一历史差距。虽然，"自从中国政府有系统地制定、实施民族优惠政策以来，这里的少数民族在社会发展和经济建设方面，都取得了有目共睹的进展"。[②] 但要看到，漫长历史过程中由不公正的社会制度造成的影响，不是短期内就能够消除的。

3. 经济迟滞

西北特殊的自然生态环境使这里长期存在的是比较单一的农牧业生产结构，并由于远离市场中心，这里市场化程度低，直至今天许多民族地区的农村集市贸易仍是主要的交易形式，经济在相当程度上仍保留了传统经济的自给自足性。除经济结构单一、落后，市场不发达外，这里的经济发展速度也较慢。基于此，新中国成立后

---

① 胡鞍钢、温军：《中国民族地区现代化追赶：效应、特征、成因及其后果》，《广西民族学院学报》2003年第1期。

② 纳日碧力戈：《现代背景下的族群建构》，云南大学出版社2000年版，第132页。

曾对包括西北民族地区在内的西部进行过大量的援助，这一通过计划手段发展的"镶嵌型"工业经济，曾对西北地区的经济社会发展发挥过革命性的作用。但由于是带有很强的"迟发性"、"依附性"的经济发展，对人们的思想观念有一定的负效应。① 改革开放以来，西北民族地区与东部地区经济差距进一步拉大。这一方面是由于中国改革开放政策的优惠和倾斜是由东向西逐渐推进的，市场经济又会使社会的资源、机会等向上聚集，这进一步拉大了既有的差距；另一方面，本来我国就是迟发展国家，东西部的差距，使我国西部民族地区处于"双重迟发展"的状态：既落后于东部和汉族地区的发展水平，还要追赶世界现代化的潮流。可以说我国民族现代化的许多困难、问题与特征都与这种"迟发展效应"相关。② "双重迟发展"状态以及由此产生的"迟发展效应"，使得西北民族地区面临着极大的发展压力，但在各种条件都不甚优越的西北民族地区赶超谈何容易，赶超战略若不能成功，便极有可能产生挫折感和消极情绪。

4. 社会交往不够发达

经济是社会的基础，生产关系是社会关系的基础。西北民族地区的许多地方以农牧业为主，而农牧业不同于工商业，在生产要素及其展开背景等方面有其自身的特点。从生产要素来看，农业和游牧经济的基础是土地，它以土地为基本生产资料，所以这一经济类型不论出现在哪里，对土地的依赖在本质上都是一致的。对土地的高度依赖会在人地之间形成比较稳定的结合和相对固定的关系，从

---

① 参见赵德兴等：《社会转型期西北少数民族居民价值观的嬗变》，人民出版社2007年版，第3页。

② 赵利生：《民族社会现代化的内容、特征与必然性分析》，《西北民族研究》2003年第2期。

而使其社会生活具有比较浓重的乡土性质。生产要素之外，农牧业经济展开的社区背景也有其自身的特点，它以乡村为基本地理和社会空间，而乡村是一个以自然山川河流为界、社会同质化程度高、空间广大、人口相对稀疏的空间，这一独特的经济空间在为人们提供生活来源的同时，一定程度上也限定了人们的社会空间。加之西北民族地区地域广大、地貌复杂，又多自然障碍，使得其社会相对封闭。改革开放以来，随着市场经济的引入和多种经营的出现，以及交通通讯的发展，民族社会日益开放，但较之中东部，西北民族地区在社会开放程度、交往发达程度上仍有一定差距。社会的这一现状，一定程度上限制了本地民族与外部世界的交往，进而影响其文化的交流、创新和发展。

5. 教育落后

社会的主体是人，民族的发展离不开民族群体及其成员素质的提高。一定意义上来说，民族成员的素质和能力是决定民族经济社会文化各项事务的关键，正如英格尔斯等人的研究所表明的，人的现代化是国家现代化必不可少的因素，它并不是现代化过程结束后的副产品，而是现代化制度与经济赖以长期发展并取得成功的先决条件。① 国内的相关研究也表明，西部民族教育和科技事业的落后，劳动者素质的差距严重制约着该地区社会转型的顺利进行。②教育落后成为西北民族地区发展的重要挑战，使西北民族地区的资源优势得不到充分发挥，也制约着经济社会的发展，进而束缚着观念进步和文化创新。因为不论时代发生什么样的变化，文化创新的

---

① 参见〔美〕英格尔斯：《人的现代化》，殷陆君译，四川人民出版社 1985 年版，第 5 页。
② 参见岳天明等：《中国西北民族地区经济与社会协调发展研究》，中国社会科学出版社 2009 年版，第 102 页。

内容形式是什么，只有人才是文化的拥有者和观念的载体，而人又是后天教育的结果，这决定了教育在文化创新中的独特地位和作用。现阶段西北民族地区由于经济、社会各方面因素的限制，教育不仅与发达国家有着较大的差距，就是与国内的其他地区相比，也有着较大的差距。

综上，西北民族地区文化创新落后是一个由地域环境、历史、社会、经济和教育多方面因素综合作用的结果。因此，解决这一问题就必须摆脱就事论事、就文化谈文化的窠臼，应该在问题之外寻找其深层次的原因，并力求建构一个完整的体系架构，以更好地促进民族文化创新。

（二）西北民族地区文化创新的内容和保障体系建设

1. 民族文化创新的内容

民族文化创新作为当代中国文化创新的一个部分，必须在当代中国社会文化创新的整体框架下，结合民族地区和民族社会的实际展开。就现阶段中国文化创新的内容而言，主要包括了内容、形式创新、传播手段创新和管理体制上的创新。其中内容创新是文化创新的核心，包括了思想创新、理论创新和价值观念创新等。内容作为文化的本体是文化的基础和本质的体现，文化创新首先是文化本体和内容的创新，内容创新既是文化连续性的基础，又是文化价值的直接表现。历史地看，某一民族文化之所以得以流传，主要因为其在历史进程中绵延不绝的再生和创造能力，正是这种创造和创新能力使得文化与社会发展保持着同步性，并有助于社会的进步和发展。而任何不能在内容上进行创新的文化，必然是与其时代经济、社会和民众的精神需求不适应的，必然会被淘汰。对于传统氛围比较浓厚、观念相对保守的西北民族地区，内容创新最主要的是在思想和价值观念上，如何适应社会现代化的进程，移风易俗，实现观念上的深层次变革。

在内容创新之外，要看到文化价值的实现和功能的发挥，除了其本身的价值而外，还与其在社会的传播程度密切相关，而传播的广泛程度又与传播手段密不可分。在各种新的文化载体不断出现、传播手段日益多样化的现代社会，尤其要及时吸取现代科技文明的成果，广泛利用现代传媒手段，通过快捷高效的方式传播民族文化，在最大限度发挥文化功能的同时，实现文化的发展与创新。与此同时，文化要得到更好的传播，文化形式也要推陈出新，积极地适应现代传媒手段。

文化内容和传播手段的创新外，文化管理体制的创新是文化创新的又一重要部分，文化管理体制作为文化发展的动力机制，为文化各领域的创新提供条件。现实来看，文化方面的每一个进步与创新，一定程度上都是相应的体制与机制推动的结果。在社会封闭、经济落后、科技不甚发达的民族地区，文化创新既面临着内容创新不足、传播手段落后的问题，更面临着管理体制滞后的困境，需要从文化内容到形式，从传播手段到管理体制等诸多方面予以积极变革。

2. 西北民族地区文化创新的保障体系

针对西北地区民族文化创新的内容与文化创新滞后的情况，西北民族地区文化创新保障体系建设要围绕民族社会的发展做好以下工作：

首先，要关注经济这一社会物质基础的滞后对民族文化创新的不利影响。经济是包括文化在内各项社会事务的基础，对于处于"双重迟发展"状态的西北民族地区，经济的贫困、落后是发展的最大制约因素，也是限制包括民族文化创新在内的各种社会事务的瓶颈。西北民族地区的经济发展，一定要适应全球化时代文化经济日益融合和一体化的趋势：一方面，要适应社会发展带来的需求结构变化，增加经济活动及其成果——产品和服务的文化内涵；另一方面，要利用民族地区丰富的文化资源，发展包括出版、传媒、信息、高技术等在内的各种文化产业，通过经济的文化化和文化的经济化共同助推民族经济发展，为民族文化创新提供坚实的物质保障。

其次，要关注文化生成的直接土壤——社会。文化以社会为基础，是一定社会结构的产物，文化创新同样离不开社会的结构。西北民族地区的社会发展，一要关注独特的地理区位及其造成的社会封闭状态对人们思想观念和文化创新的制约，通过交通和通讯等基础设施的建设和大众传媒事业的发展，扩展人们的社会空间。二要关注当代文化形成的社会基础的变化。和传统文化独特的民族性和有限的地域性不同，当代文化共同面临着"跨文化历史语境"，亦即在"轴心时代"形成的各自独立、相互隔绝的文化体在自身范围内言说世界的"独白式语言"已经终结，原来各自独立的、封闭的文化体现在都会遇到一个或多个文化的"他者"，并且这些"他者"以主体的身份侵入原本属于"你"的本土领地，这些"他者"构成了"你"生活世界的一部分。在这个总是与"他者"遭遇的过程中，文化发展的语境彻底改变了，不同文化体之间的交互影响成为文化发展的基本模式。在这一语境下，一方面，每一种文化都会感到自己的语境扩大了，原来属于他者的东西现在变成了自己传统的一部分，成了"你"随手取用的资源；另一方面，"你"自身本土文化的唯一性、神圣性和中心地位降低了，那些在"轴心时代"所形成的本土资源面临在"跨文化历史语境"中被重新解释、编码和配置的命运。① 这意味着所有的文化发展和创新都面临着自身与他人、当下与过去这些错综复杂的关系，只有在相互关系的框架下通过重新阐释、配置才能获得现代意义，从而也才可作为民族发展的有效资源。

　　具体到西北民族地区文化创新的社会保障，这意味着在民族性与世界性之间的选择、整合成为必需。亦即民族文化创新要以一个广阔的世界社会为背景，既要立足于民族文化，又要广泛地吸纳世界其他民族的优秀文化，不能自我封闭、盲目排外。简而言之，不能以民族的或者世界的作为评价文化价值的标准，而是要立足于此时此地民族存在和发展的需要去判断文化的适用性及其价值。文化生成的社会基础和机制的变化，必然引发传统与现代的矛盾甚至冲突。所以，在空间轴上思考民族性与世界性关系的同时，在时间轴上要正确地对待传统与现代之间的关系，要认识到传统是在历史过程中传承并经过社会过程不断生成的过程，它不是一个凝固的概念，而是一个吸纳融合的综合过程，所以不能把传统与现代简单对立。与此同时，文化创新也不是要与传统决裂，相反，任何民族文化创新都是在传统的基础上通过取舍、整合实现的，离开民族传统文化创新便失去了根基。一言以蔽之，在一个文化生成和发展的社会基础扩展并交互影响的时代，不能再囿于民族的还是外来的，或者传统的还是现代的局限，而是要立足于民族发展的需要，在一个跨文化的视域下，取其所应取，去其所当去，通过对民族性与世界性、传统与现代的创造性整合，为民族文化的创新提供更加广阔的社会空间。

---

　　① 参见牛宏宝：《“跨文化历史语境”与当今中国文化言说者的基本立场》，《人文杂志》2005 年第 4 期。

再次，重视教育对民族文化的全面影响。教育对现代社会进步起着重要作用，通过对人的培养，教育为社会各项事务提供人力资源保证，教育的落后必然使社会各项事业失去人才支持。对于西北民族地区的教育而言，一要关注教育资源的匮乏对包括文化发展和创新在内的各项社会事务的影响；二要关注各类教育尤其是学校教育中存在的文化不适，这一不适既包括以教师为代表的大社会文化与学生同辈文化之间的协调，也包括民族文化与大社会文化、本民族文化与其他民族文化之间的调适；[1]　三要关注科学文化和人文文化的统一。科学文化和人文文化共同构成人类文化的两个基本部分，是人类活动不可或缺的精神资源。科学文化以其理性精神和对真理的追求创造和丰富着人类的物质世界，尤其由科学产生的技术更是不断改变着人类的生活世界。人文文化以其对美善的执着追求滋养人类的精神世界，有着启迪心灵、陶冶情操、提供审美和愉悦等多方面的功能，并担负着为人类社会提供道德资源的重任。不仅如此，科学文化和人文文化也是相互作用的，科学文化为人文文化的存在提供物质基础，是其存在和发展的依据；人文文化为科学文化的发展提供方向指导和精神动力。在这里尤其要防止两种倾向，一种是固守传统、重视人文而忽略甚至盲目排斥科学技术的保守倾向，一种是错误地认为"科学—技术文化的实体和力量是实在的，而传统文化的精神和力量则不是实在的"[2]　倾向。要看到科学与人文二者犹如一体之两翼，共同建构了人类文化的基本架构，并促进着民族的发展和社会的进步。

---

① 参见哈经雄、滕星：《民族教育学通论》，教育科学出版社2001年版，第375页。

② ［美］E.拉兹洛：《决定命运的选择》，李吟波等译，三联书店1997年版，第125页。

　　最后，要看到现代社会是一个以组织为基础的社会，组织结构及其机制对任何一项社会事务的发展都是至关重要的。具体到西北地区的民族文化创新，一要关注组织的结构，二要关注组织的实践。就组织结构而言，既要考虑组织内在的各因素之间的组合、功能耦合和运作机制，也要关注外部环境作为背景因素对组织存在和发展的影响，还要厘清文化事业和文化产业两大组织的边界和功能，通过二者的互补共同为民族文化发展和创新提供组织支持，更要关注民族地区的各类组织的发展和成长对文化生成和发展的影响。就组织实践而言，要看到各类组织的日常实践对文化创新的巨大作用，文化是人化和化人的过程，不论是人化还是化人，在现代社会主要都是通过各类组织及其成员的社会实践实现的，正是经济、政治、文化等各类组织中成员的各种实践创造生成着文化，文化成果也是通过组织成员的实践实现化人的目的。

　　综上所述，西北民族地区文化创新保障体系的建设，要在世界全球化和中国现代化的大背景之下，适应中国社会转型的趋势，从民族地区的实际出发，以民族社会的发展为目标，适应当今世界文化经济化、经济文化化和文化经济一体化的趋势。在文化与社会、经济和教育相联系的框架下思考，尤其是要适应时代和现代社会发展的趋势，从文化现代化的本质出发，通过与文化有关的各种资源的整合，实现"科学文化"的时代性更新和"观念文化"的深层变革。①

---

① 参见杨善民、韩铎：《文化哲学》，山东大学出版社2002年版，第302页。

第四章 扩展民族文化创新的社会基础

　　文化是人为的，但人不是在与世隔绝的孤立状态下创造文化的，而是依赖社会交往过程达成的，在本质上文化可以看成是人类社会互动的产物。离开了交往互动和与此相关的社会，是无所谓文化的，更遑论什么文化创新。而就现代社会而言，一个规定性特征是社会过程的加剧和交往互动的密集，尤其是与外部群体的交往关系成为社会文化变迁的重要因素。纵观现代各社会，对社会变迁起关键性影响的动因主要是外来的。① 这使我们有理由相信，民族之间的交往、交流，以及由此带来的社会延伸是文化创新的一个重要源泉，这就为我们将社会基础扩展视为文化创新的保障体系之一奠定了合理性。

一、文化与社会

　　文化与社会之间的关系如影随形，至为密切。历史地看，所有关于文化的论述都是以群体、社会为前提的，民族尤甚。这从文化

---

① 参见王铭铭：《想象的异邦——社会与文化人类学散论》，上海人民出版社 1997年版，第 199 页。

的定义就可见一斑。如英国人类学家爱德华·泰勒在《原始文化》一书第一章中就开宗明义地指出:"文化或文明,就其广泛的民族学意义来说乃是包括知识、信仰、艺术、法律、道德、风俗以及作为一个社会成员所获得的能力与习惯的复杂整体。"① 同样,露丝·本尼迪克特认为:"(文化)是通过某个民族的活动而表现出来的一种人的思维和行动方式,一种使这个民族不同于其他任何民族的方式。"② 虽然文化作为一个较为抽象的概念,其所指十分广泛,就如法国文化学家罗威曾经感叹的:"在这个世界上,没有别的东西比文化更难琢磨,我们不能分析它,因为它的成分无穷无尽,我们不能叙述它,因为它没有固定的形状。我们想用文字来规范它的意义,这正像要把空气抓在手里似的,当我们去寻找文化时,它除了不在我们手里以外,无处不在。"③ 但无论是泰勒描述性的复杂整体,还是克利福德·格尔兹解释性的意义体系,不论是人类学中民族的整体生活方式,还是社会学中共享的规范和意义体系,林林总总的数百种文化定义都未能脱离包括民族群体在内的社会。在众说纷纭、莫衷一是的文化概念之林中,有一点是达成共识的,即文化是人类的一种社会现象,既是横向社会过程的产物,也是纵向社会历史的积淀物。

文化的概念分析是这样,关于群体、社会的认识也是如此。就已有的关于社会的理论探讨来看,理论家多将文化作为社会的一个重要部分予以特别关注。如弗斯在《人文类型》中就直言:"作为一位人类学者,我将注重那些生活方式和西方文明不同的人民的习

---

① [英] 泰勒:《原始文化》,连树声译,上海文艺出版社 1992 年版,第 1 页。

② [法] 维克多·埃尔:《文化概念》,康新文、晓文译,上海人民出版社 1988 年版,第 5 页。

③ [英] 马凌诺夫斯基:《文化论》,费孝通译,华夏出版社 2002 年版,第 2 页。

惯和风俗。"① 不独弗斯，事实上，在对社会现象的研究中，人类学者有两种主要的旨趣：一方面，一些人类学家对各种社会之间巨大的文化差异极为敏感，构成他们论说基础的是关注人的个性或实践中有可塑性的方面；另一方面，有些人类学者，发现这些差异仅仅是表面的，重要的是人类有共同性，并致力于寻找人类普遍的特质。以此为基础，一些人搜集有关国外民族志的细节以支持文化从根本上互不相同的观点；而另一些人则从人类是以相同的方式构成世界这一共同点出发，利用民族志的资料证明人类的相似性。② 不管人类学家的旨趣是寻求人类的共同点，还是要证明各个民族的互不相同，都是围绕着文化来展开的。社会学家同样将文化作为其社会理论的一个重要组成。社会学大师涂尔干关于社会的核心概念是"社会事实"，在他看来社会事实是"一切行为方式，不论是固定的还是不固定的，只要能从外部给个人施加约束……它普遍存在于社会各处并具有固定的形式，不管其个别表现如何"。社会事实的典型是集体表象，集体表象作为一个群体的集体意识状态，显示出该群体是如何想象自己及周围环境的。③ 不仅如此，在一些社会学家的词汇表里，"'文化'一词表示对'社会'以及'文化的'、'社会的'诸概念的代替"。④ 威廉·费尔丁·奥格本 1923 年所著的《社会变迁》一书，将社会变迁主要看作是文化的变迁，并在社会变迁的标题下探讨文化变迁的过程。之所以如此，是因为社会

---

① 王铭铭：《人类学是什么》，北京大学出版社 2002 年版，第 4 页。

② 参见［英］帕特里克·贝尔特：《二十世纪的社会理论》，瞿铁鹏译，上海译文出版社 2002 年版，第 18—19 页。

③ 参见［英］帕特里克·贝尔特：《二十世纪的社会理论》，瞿铁鹏译，上海译文出版社 2002 年版，第 7 页。

④ ［美］莱斯利·怀特：《文化的科学》，沈原等译，山东人民出版社 1988 年版，第 83 页。

本身就包括了两个部分：人的要素和文化要素，这两大要素构成同一实体的两个方面，在此意义上任何一个群体、社会，都不仅可以确定为一种具有互动作用关系的人类集合体，而且可以看作是一种价值、准则、信仰、习惯行为等的集合体，而这恰好构成一种文化。① 换句话说，社会离不开其构成主体人以及与之相关的交往过程，交往互动过程必然产生相应的结果，以此来看，社会可以看作是人与人交往的过程，文化则是其结果。就如格罗伏斯、金布尔·杨共同指出的："文化是人类交往的产物"，"文化是人们社会生活的沉积物"。②

二、社会过程与文化创新

文化是社会的产物，它以社会为基础，并通过社会过程来实现。社会过程既可以是横向的，也可以是纵向的；既可以是一个社会内部的，也可以是社会之间的。单纯就"文化"而言，通常主要是内在结构和过程的产物，一个群体、社会常常意味着同样的文化，不同的群体意味着文化必然是不同的。观察社会很容易就会发现，特定社会里存在差异的个体，对一定环境的反应、在特定情形下的行为等往往有着高度的一致性，这就是因为他们享有共同的行为规范和价值观念，亦即共同的文化。文化如此，文化创新是不是也如此呢？学者们由于立场不同而持论各异。在进化论者看来，社会是由简单到复杂、由低级到高级的渐进发展过程。随着社会的演

---

① ［法］莫里斯·迪韦尔热：《政治社会学》，杨祖功、王大东译，华夏出版社1987年版，第18页。

② 参见［美］莱斯利·怀特：《文化的科学》，沈原等译，山东人民出版社1988年版，第82页。

进，文化会以一种渐进的方式发展、演化，早期的进化论者——从泰勒到摩尔根都认为一切社会都经过三个基本发展阶段：蒙昧、野蛮和文明，一切社会都有进步的可能。并以社会的发展演进来解释文化的变化，主张和社会的演进过程相一致，文化也是从简单到复杂不断演化的。在1877年出版的《古代社会》一书中，摩尔根把人类社会文化演化划分为三个阶段，即蒙昧、野蛮和文明三个时代，并进一步将蒙昧、野蛮两个时代划分成低级、中级和高级三个分段。以进化论的视角来看，文化的发展、变化和创新主要是一个社会内在的过程，用摩尔根的话来说：人类社会发展的"每一阶段都包括一种不同的文化，并代表一种特定的生活方式"。① 换言之，一定的社会结构产生与之相应的文化，社会的演化带来文化的演进。与进化论不同，传播论则主张，较之于创造，人类更善于模仿，传播论的两个主要学派——英国学派和德奥学派都相信，民族文化的许多方面都是在某个文化中心产生，然后逐渐向外传播。在他们看来，文化的发展主要是不同民族、地区之间交流、借鉴的结果。

　　具体到文化变迁和创新本身，按照美国人类学家C.恩伯、M.恩伯的观点，文化变迁的原因主要有发现、发明和传播，前者包括无意识的发明和有意识的革新；后者则包括三种不同的传播模式：直接接触、媒介接触和刺激传播。文化新特质的源泉既可能在社会内部也可能在外部。亦即一种新观念或新行为可能产生于社会内部，也可能是从另一个社会借取或由另一个社会所强加的。② 这表

---

　　①　［美］摩尔根：《古代社会》（上册），杨东莼等译，商务印书馆1983年版，第9页。

　　②　参见［美］C.恩伯、M.恩伯：《文化的变异——现代文化人类学通论》，杜杉杉译，辽宁人民出版社1988年版，第531—546页。

明，文化的发展创新离不开社会过程和群体内外的互动，正是社会互动过程导致了发现和发明的产生，也正是经由互动过程，文化要素在不同的民族、地区之间传播，通过民族之间的学习、借鉴、综合，新的文化特质得以产生。正如怀特所指出的，文化的重要属性之一，就是其可以借非生物性手段而传播。文化的一切方面，其物质的、社会的和意识形态的方面，可以经由社会机制，从一个人到另一个人，从一个时代到另一个时代、从一个民族到另一个民族，以及从一个地区到另一个地区进行传播。文化可以说就是社会遗传的一种方式。① 历史地看，各民族之间的交往、交流和文化上的借鉴学习，一直都是创新的源泉。不仅罗马文化深受希腊文化影响，中国古代的四大发明，经由阿拉伯商人的传播也影响了近现代以来的欧洲，并促成了包括地理大发现、文艺复兴等具有世界历史意义的实践；同样，近代西方的蒸汽机也影响了世界，促成了现代工业文明的产生。世俗文化如此，宗教文化也不例外，对欧洲文明具有重要影响的基督教就是在地中海区域各民族宗教文化的长期交融、渗透和碰撞过程中，出现的一种新的文化上的飞跃。② 可见，各文明、各民族社会都或多或少地采借过其他民族的一些东西，采借的范围十分广泛，既有技术工具，也有思想观念。通常一个民族的发明创造会经由社会过程为其他民族所拥有。纵观人类历史，人类各文明之所以能发展，一个重要的原因就在于其独特的社会过程，它使人类超越群体规模和同质化的限制，从广泛的人类群体及其多样性中汲取营养，从而实现创造。尤其到了近现代，随着社会过程的

---

① ［美］莱斯利·怀特：《文化的科学》，沈原等译，山东人民出版社 1988 年版，第 350—351 页。

② 参见刘爱兰：《从基督教的产生看古代文明的相互影响与交融》，《中央民族大学学报》2003 年第 2 期。

加剧和交往手段的增加，民族之间的交往、交流所引发的文化传播对文化创新的意义尤为重要。就如恩伯在《文化变异》一书中所指出的，当代世界的许多文化变迁即使不是外部强加的，也是由外部引进的。① 正由于现代社会的这一特征，在一些研究者看来，现代化也可以指从很可能大不相同的其他文明、其他文化接受和采用某些事物的过程。② 宏观是如此，回到微观的个人创造领域，美国社会心理学家艾曼贝尔认为有三种社会因素对创造活动有重大影响，即"他人在场"作用，榜样负作用和内部自发动机正作用。无独有偶，吉尔菲兰则在《发明社会学》中提出发明的 30 条社会原则。③ 可见，在创造和创新的各种要素中，社会始终是一个关键因素。

综上所述，文化发展和创新作为一种社会的产物，其本身是一个开放的系统相互作用的结果，在本质上需要与外界广泛的交流和对话，只有在与外界不断的交流借鉴中自我更新才能获得更好的发展与创造。历史上中华文明之所以能在历史长河中绵延不绝，不断创新和发展，在很大程度上就得益于与其他民族和文明的交往和学习。离开了与其他文化的交流，在封闭状态下的文化发展必然迟滞。所以，文化本身作为一个不断的创造过程，必须持续地吸收并转换新的相异因素。④ 正如罗素在《中西文化之比较》中所说的："在往昔，不同文化的接触曾是人类进步的路标。希腊学习埃及，罗马借鉴希腊，阿拉伯参照罗马帝国，中世纪欧洲又模仿阿拉伯，

---

① ［美］C.恩伯、M.恩伯：《文化的变异——现代文化人类学通论》，杜杉杉译，辽宁人民出版社 1988 年版，第 548 页。

② 参见中国社会科学杂志社：《人类学的趋势》，社会科学文献出版社 2000 年版，第 107 页。

③ 参见冯增俊：《论教育对创新生成的作用》，《教育研究与实验》2002 年第 2 期。

④ 参见汤一介：《关于文化问题的几点思考》，《云南大学学报》2002 年第 1 期。

而文艺复兴时期的欧洲则仿效拜占庭帝国。"①

三、西北民族地区的民族交往与文化创新

具体到西北民族地区，其所以是一个多元文化的地区，一个重要的原因就在于其在历史上长期就是一个民族交往的通道，从"汉开河西"开始，西起长安，贯穿河西走廊、天山南北，直至中亚、罗马的丝绸之路，很早就是连接中华文明与印度文明、波斯文明和古希腊罗马文明的纽带。西北的河湟地区（青海东部地区和甘肃西部地区黄河与湟水、大通河流域广阔的三角区域）更是中国乃至中亚的民族走廊。这里既是丝绸之路的咽喉，唐蕃古道和南丝路途经之要地，也是中原通往西域的交通要道，更是中国西部和北部两大区域的民族走廊。历史上羌戎族群由此扩散，来自西部和北部的许多民族由此东进南下，中原王朝渗透持续不断，这一系列社会历史过程使得河湟地区成为古代中国最重要的文化传播带，造就了其独特的多元文化。在中国乃至世界从来没有一个区域像河湟地区一样，在如此有限的地域汇集了这么多的文化。从早期羌人的开发开始，历史上不断有民族进入和文化的传播，从十六国南北朝时期的民族大迁徙带来的萨满文化，到汉朝开发河西以来随着汉族军民陆续进入形成的儒道文化，从吐蕃兴起以来的藏传佛教文化的浸染，再到蒙元时期随着蒙古族势力进入和大量穆斯林到来带来的游牧文化和伊斯兰文化，到清代西北地区已形成汉族儒道文化、藏传佛教文化、蒙古族、土族萨满教文化和回族、撒拉族伊斯兰教文

---

① 中国社会科学杂志社：《人类学的趋势》，社会科学文献出版社 2000 年版，第107 页。

化四大文化并存交融的格局。正是历史上多民族聚居、交融的独特社会和历史过程，多种文化的交融汇聚，造就了历史上河湟多姿多彩的文化和辉煌的文明。研究表明，这里多民族、多文化的交往、交融的历史悠久，而且相互影响的方式多种多样。班班多杰选取青海六个文化采借较为突出的个案，通过语言、宗教、婚姻、生活样式和族籍认同五个维度的分析研究表明，民族之间的长期社会接触使文化的采借吸纳成为一种普遍现象，并且文化涵化是双向的，长期的社会化过程中各民族都程度不同地吸收了其他民族诸多文化元素。比如青海省循化县道帏藏族乡宁巴村，由于当地主体民族是藏族，在藏族文化的长期熏染下，这部分汉族从信仰观念、文化态度、思想倾向和生活方式等方面已基本藏化。尤其当这一过程是通过人与人之间的接触来实现时，去汉化的进程很快，只经过两代人，至孙辈，已经不会讲汉话了。又比如在塔尔寺附近的宗喀藏族，由于长期的深度社会接触，藏族汉化的程度极深，以致被称为"家西番"（"家西番"是对塔尔寺周边各社区乃至河湟地区居住的已经被汉文化深度涵化的藏族的指称），意谓非藏非汉、在家的藏族等。"家西番"历史上是宗喀藏族，元末明初，他们基本属游牧民族，逐水草而居，居无常所。明中叶以后，随着政府实行的"移民实边"政策，大批汉人以戍守或屯种的方式移居河湟，与当地少数民族交错聚居，使其生产方式逐渐转变。至清朝中叶，其生产方式已实现了由游牧向农耕的转轨。在这里，汉族的迁入，不仅带来了农耕生产，还使这一地区的文化体系发生了结构性的转换，汉文化成为大部分宗喀藏人世俗文化的主流，当地人在饮食、建筑、服饰等族群边界的外显特征方面基本已汉化，在语言上，已完全丧失了自己的母语藏语文，汉语文既是家庭用语，又是社交用语，就连当地人取名也基本上为汉名。民族之间的深度社会接触，不仅使民族文化的外显特征发生采借、变化，就是通常认为最具民族性的属于文化内隐层面的宗教也会因为社会过程相互采借，多元文化交汇的河湟地区，存在着多种宗教信仰，曾经被人们所信仰，或至今仍被人们所信仰的宗教多种多样，从当地的苯教、历史上草原民族的萨满教，到外来的汉传佛教、藏传佛教、道教等不一而足，在这里可以看到独特的宗教元素采借，这里既可以看到道教崇拜中的藏传佛教成分，也可见藏传佛教崇拜中的道教成分，还能看见道教与藏传佛教的兼奉并祠现象。① 由此可见，社会交往对文化的影响是何等深远。

通常而言，多元文化地域为文化的采借发展提供了丰富的基因库，文化的采借、吸纳、融合必然有利于文化的发展和创新，但在西北民族地区我们却没有看到这一预期的结果，尤其是当代，在社会文化各领域的变迁愈来愈受制于外部社会过程影响之际，处于多元文化的西北民族地区，文化创新能力不仅落后于世界，也落后于东部发达地区。笔者认为主要原因有三：一是西北民族地区的地理因素限制了民族之间的交往；二是民族地区以农牧为主的经济结构使民族之间广泛的交往缺乏现实动力；三是以宗教为核心特色鲜明的多元文化使民族交往面临着一些障碍。

（一）地理因素对民族交往的限制

西北民族地区独特的地理因素对民族交往更多的是一种限制。从社会交往的角度来看，空间是一个非常重要的影响因子，空间上的接近到处都孕育着交往和关系，距离之外，空间的特征也影响着

---

① 参见班班多杰：《和而不同：青海多民族文化和睦相处经验考察》，《中国社会科学》2001 年第 6 期。

关系的结构与特征。对于西北各民族而言，其所处的地域环境对于民族交往而言是极为不利的。这里地域广大，人烟稀少，该区域土地总面积约为 287.7 万平方公里，几乎占全国国土总面积的 1/3，但人口不到全国的 5%，根据 2000 年第 5 次全国人口普查主要数据，西北民族地区甘、宁、青、新四省区人口为 5567 万，仅占全国人口总数 129533 万的 4.3%，人口密度每平方公里仅为 45.8 人，而同期全国则为 132 人。① 这自然是不利于居住在此的民族交往的。地广人稀之外，地貌类型复杂多样是这里的又一突出特征。这里位于中国地理阶梯的第一级青藏高原和青藏高原向黄土高原的过渡地带，地形多种多样，从辽阔的草原到浩瀚的沙漠，从广袤的高原到崎岖的山地，各种地形应有尽有。这里地形主要以高原、山地、草场和沙漠为主，仅有的平原十分狭小。西北的宁夏和青海是内蒙之外最主要的沙漠和戈壁地带。青海的全部、甘肃和新疆的一部分位于青藏高原，作为我国面积最大的高原，青藏高原内部则被纵横交错的山脉和星罗棋布的湖泊所分隔。西北民族聚居区也是我国主要盆地所在地。我国的三大盆地全在西北民族地区。我国最大的两个盆地——塔里木盆地和准噶尔盆地都位于西北民族聚居区新疆，我国的第三大盆地——柴达木盆地则位于民族聚居区青海。盆地通常被大山环绕，其共同地域特征就是封闭。塔里木盆地位于天山、昆仑山和帕米尔高原之间，四周高山环抱，形态完整呈菱形，只有东端的缺口与甘肃河西走廊相连接。准噶尔盆地位于天山、阿尔泰山之间的三角地带，柴达木盆地则夹于昆仑山、阿尔金山和祁连山间。外部如此，内部来看，塔里木盆地内部以沙漠为主，53

---

① 参见高永久、刘庸：《西北民族地区城市地域空间结构研究》，《中南民族大学学报》2004 年第 6 期。

万平方公里的盆地，仅塔克拉玛干沙漠面积就达 33 万平方公里，这也是我国最大的沙漠。准噶尔盆地内部以草场为主，同塔里木盆地一样，这里也有我国第二大沙漠——库尔班通古特沙漠，面积达 4.88 万平方公里。柴达木盆地作为我国海拔最高的内陆盆地，盆地内部则广布着盐湖和沼泽。盆地之外，这里山区面积广大，沟壑纵横，仅在山间河谷有狭小的平原零散分布。再以西北民族地区各省区来看，甘肃地处青藏、蒙古和黄土高原的交汇地带，西接青藏，南为陇南山地，西部和北部与新疆和内蒙接壤，境内多高原山地和荒漠。宁夏回族自治区南部为六盘山地和黄土高原，西北侧为贺兰山，只有北部为宁夏平原。青海省则全部位于第一阶梯的青藏高原，西部广布冰川山脉，湖泊密布，这里既是我国主要大江大河的发源地，也是我国高原湖泊最密集地区之一；南为青南高原，北为柴达木盆地，东北为祁连山地，东部为河湟谷地，其间多为山地和丘陵。新疆的地形轮廓则为三大山系包围两大盆地。西跨帕米尔高原，北有阿尔泰山，南部为昆仑山脉，天山山脉横亘中央，其间为塔里木盆地和准噶尔盆地。整体来看西北民族地区地处内陆深处，远离交通枢纽和市场中心，地形封闭，地形地貌多样，自然条件较差，交通不便，地理区隔明显。正如费孝通先生所总结的："现在那些少数民族聚居的地方，大都是汉人不习惯的高原和看不上眼的草原、山沟和干旱地区，以及一时达不到的遥远地方，也就是'以农为本'的汉族不能发挥它们优势的地区。"[①] 如宁夏回族自治区 60%的回族居住在水源缺乏、山大沟深的南部山区，这里经济落后，被定为国家的贫困地区之一。[②] 在甘肃少数民族居住的

[①] 费孝通：《论人类学与文化自觉》，华夏出版社 2004 年版，第 148 页。
[②] 参见徐黎丽：《甘宁青地区民族关系发展趋势》，兰州大学出版社 2001 年版，第 19 页。

南部、西南部和西部则属于甘肃省内的老少边穷地区。①

　　所有民族都有一定的聚居空间，各民族都是在自己所处的地理环境下展开经济、社会等各项活动的。民族社会交往以自然地域为基本框架，自然地理环境构成民族交往展开的基本背景。西北民族地区多种多样的地形地貌和各不相同的地理地带，往往自然而然地构成了一个个相对封闭的地缘环境，对于生产力和科学技术不发达的西北各少数民族而言，地理因素往往成为社会难以逾越的障碍，使得各民族之间的经济、政治和文化交流多局限于封闭的区域之内，以此为基础展开的民族交往非常有限。就如研究者在论及古代中国民族交往时所指出的：历史上虽然有各种民族交往的通道、走廊，以及南北丝绸之路和海上丝绸之路，但在古代交通不便的条件下，这些通道所起的作用有限，由此决定了在古代中华民族发展史上，外向发展从未成为主流，外部影响也从未占据主导地位。② 同样西北民族地区虽然历史上曾是重要的民族走廊和通道，但地理因素严重制约着民族交往，使得民族交往常常难以进行，仅有的交往主要局限于地理上相邻且无地理障碍限制的民族之间。正如有研究者总结指出的："由于受当时历史条件的限制，历史上中国各民族之间的关系并不是普遍的，而是受到地域的极大限制，也就是说，在中国历史上，一些在地域上相近的民族之间，或地域状况为不同民族接近提供了便利条件的地区的民族之间，关系就比较密切，而地域上不接壤、较远或被高山大河阻隔的一些民族之间，就很少发生关系或根本无关系可言，而且当时的经济和技术条件也不可能为

---

① 参见徐黎丽：《甘宁青地区民族关系发展趋势》，兰州大学出版社2001年版，第29页。
② 参见郭家骥：《地理环境与民族关系》，《贵州民族研究》2008年第2期。

他们之间突破这些地理条件提供必要的条件。"① 民族格局和地理格局有着密切的联系，民族的分布格局一定意义上反映着地理格局，西北民族地区多元的民族分布格局，从另一个侧面也反映了这里相互区隔的地理格局。

（二）以农牧为主的经济结构使民族之间的广泛交往缺乏现实动力

以唯物论的立场来看，社会首先是一个具有一定经济自足性的系统，因为一切社会及其历史的第一个前提就是："人们为了能够'创造历史'，必须能够生活。但是为了生活，首先就需要吃、喝、住、穿以及其他一些东西。因此第一个历史活动就是生产满足这些需要的资料。"② 由于没有任何一个社会包括民族是完全自足的，这使得不同群体之间的社会交往成为必需。社会交往和关系在本质上可以看作是人们通过交往以满足自身需要的方式，民族交往和关系也不例外。就中国各民族交往的历史来看，从民族交往的动机、民族之间向心力的产生到中华民族作为统一体的最终形成，游牧与农业经济各自的不完整性和相互依赖是关键。贯穿传统中国各民族之间的茶马贸易、绢马贸易同样主要也是由于经济的原因。研究者同意，在近现代以前，东西两部、南北三大经济文化地带及农牧两大经济文化类型间互补的交流、相互依赖及特定历史条件下的冲突等，构成了中国多民族关系的主旋律。③ 正是由经济上的互补依赖诱发的不同经济类型民族之间的密切交往，促成了各民族之间向心

---

① 杨建新：《中国少数民族通论》，民族出版社 2005 年版，第 107 页。
② 《马克思恩格斯文集》第 1 卷，人民出版社 2009 年版，第 531 页。
③ 参见马戎、周星：《中华民族凝聚力形成与发展》，北京大学出版社 1999 年版，第 126 页。

力和凝聚力的形成和多民族国家的统一。中国如此，外国也不例外，近代以来由西方扩张所引发的世界范围内的民族交往，其原始的动因也是经济，它源于工业化的机器大生产带来的过剩产品，及其对原料和消费市场的无止境需求。可见，首先是在社会生产活动和满足经济需求的过程中，人们不可避免地进入特定社会关系之中。所以，必须把包括民族关系在内的所有社会关系同经济生活联系起来予以考察。

从类型学的角度看，不同的经济类型分工和依赖程度不同，由此所形成的民族交往关系从广度到密度都是极为不同的。与工业经济以资本为基础，为最大限度地谋取利润而进行的大规模市场扩张不同，农业和游牧经济的基础是土地，它以土地为基本生产资料，始终是高度依赖于土地的，对土地依赖形成了人地之间相对固定的关系，并因此形成安土重迁的习惯和内守的性格。尤其这一经济类型是比较自足的，每一个社会体系——家族、家庭都能生产自己所需要的大部分生活用品，这在一定程度上制约着民族之间广泛的社会交往。所以，在一个追求自足、闭门而为生之用已足的自然经济社会里，社会成员既缺乏与外在群体和其他民族交往的现实需求，也很少有了解外部世界的欲望，自然谈不到多重卷入且密集的民族关系。就如马克思所指出的："小农人数众多，他们的生活条件相同，但是彼此间并没有发生多种多样的关系。他们的生产方式不是使他们相互交往，而是使他们互相隔离。"[1]

就西北五十多个少数民族而言，多以农业和游牧为主。西北的回族，除少数人居住在城市从事工商业外，多数农村的回族人以农业为主，这不论是在回族的最大聚居区宁夏回族自治区，还是在甘

---

① 《马克思恩格斯文集》第二卷，人民出版社 2009 年版，第 566 页。

肃的临夏、新疆的昌吉都是如此。新疆的维吾尔族以绿洲灌溉农业为主，兼事畜牧，哈萨克族、柯尔克孜族和塔吉克族多以经营畜牧业为主，兼事农耕。甘肃、青海交界的东乡族、撒拉族和保安族则是高原农耕和畜牧饲养并举。甘肃河西走廊的裕固族主要以畜牧为主，兼事农耕，主要聚居于青海高原东部祁连山南麓的土族则以农耕为主，兼营畜牧业。西北的藏族和蒙古族则主要以游牧为业。以农业和游牧为主的谋生方式，使得西北各少数民族人们的活动被限定在一定的范围之内，与其他民族和地方的交往非常有限。改革开放以来，民族地区单一的农牧经济逐步向多元化发展，工商业较前有了很大的发展，但受制于地域、历史、社会和经济各方面因素的影响，其发展较之东部一些地方仍十分有限，就以甘肃的临夏为例，这里地处河湟走廊的要冲，是中原通往藏区的咽喉，独特的地理位置加上穆斯林的经商传统，催生出的主要仍是"回藏经济"。虽然临夏人早已告别单一的牛羊贩运时代，在商品经济方面有所拓展，但总体来说社会交往范围比较有限。所以，传统的农牧经济严重地制约着西北各民族的社会交往范围，交往的有限性反过来又进一步制约其经济发展，这使得西北民族地区文化发展和创新受制于社会和经济发展滞后的限制而落后于东部。

（三）以宗教为核心特色鲜明的多元文化使民族交往面临着一定的障碍

人不仅生活在物理和社会世界里，更栖息在独特的文化世界里，文化作为人类行为的导向因素不仅指导人类的各种社会实践，而且渗透于社会活动过程之中。对于民族而言，文化既是其构成核心，也是其内外区分的标志。具体到社会交往中，文化扮演着双重角色，对内是民族认同的因素，对外是维持族群边界的工具。从社会交往的角度来看，它不仅是简单的经济交易和思想交流，而是既包含着心理上的认同、选择和行为上的协同，更伴随着微妙而复杂的情感体验。通常我们与谁交往并不是没有选择的，只有心理上的认同才会产生交往和交流，与此同时，所有的交往互动都需要互通的媒介和行为上的协同一致。这意味着文化的差异一定程度上会成为交往的限制因素。就拿作为文化载体和交往手段的语言来说，民族交往就需要共通的语言，如果两个民族没有共通的语言，交往自然难以进行。语言之外，其他如风俗习惯、行为规范、宗教信仰和价值观念等差异都会对民族交往产生一些不利的影响。所以文化不同于经济，经济上的不同产生互补交易，文化上的差异孕育障碍。具体到西北民族地区，情况尤为复杂。西北民族文化的一个重要特点就是多样性。这里的五十多个民族都有各自的历史文化传统，民族文化多元且丰富多样。各民族文化，从服饰、居所、语言、风俗习惯、宗教信仰和价值观念都有各自的特色。尤其和西北许多民族都有自己的风俗习惯和禁忌，这些民族的风俗习惯与禁忌，以外显的行为举止表现出我群与他群的区别。比如回族的风俗禁忌可以划分为宗教信仰禁忌、人生礼仪禁忌和日常生活禁忌三大类，具体表现形式多样。① 同时，西北民族地区是一个宗教氛围浓厚的地区，这里的各民族都有自己的宗教，许多民族全民信仰宗教，宗教在民族的社会文化生活中扮演着十分重要的角色。西北的回、维吾尔、哈萨克、东乡、保安、撒拉、塔吉克、塔塔尔、乌孜别克和柯尔克孜等 10 余个民族信仰伊斯兰教，西北的藏族、蒙古族、土族和裕固族等信仰藏传佛教。这里不仅宗教信仰普遍，而且影响十分巨

---

① 参见闪兰靖、韦玉成：《民族文化边界对民族交往心理的影响——基于青海省民和县南庄子村的人类学考察》，《内蒙古大学学报》2012 年第 1 期。

大，生活在西北的藏族、回族、撒拉族、东乡族、维吾尔族等许多民族甚至把宗教看作其对整个世界的看法，看作其生活处事的基本观点，宗教往往渗入其文化的各个层面并成为其塑造文化生活的基本模式。[①]

一项关于西北少数民族日常交往社会心态的研究表明，西北少数民族日常交往的社会心态最鲜明的特色是民族性与宗教性、地域性和心理倾向性的结合。在日常交往中，他们将原本是属于社会认知范围的宗教规范、日常交往的行为规范与原本属于社会心理范围的民族心态规范紧密结合起来，构成了日常交往中特色鲜明的具有规范约束的社会心态，尤其宗教规范对日常交往的社会心态规范影响最大。在日常交往时，标志着民族宗教的符号都安排在显著的位置和靠前的序列，而无关民族宗教的符号则被安排到次要位置和靠后顺序。与此同时，宗教也使得其交往的仪式化特色鲜明。由于民族的社会心态作为社会认知和心理的混合体，对日常交往起着定位、定情、定向的作用。这使得西北少数民族在交往过程中往往因民族群体不同而采用不同的交往方式和心态。就交往的定位方面而言，在民族内部的交往中，多采取彼此可以理解和接受的民族和宗教方式与之互动，心态具有全面开放的特点，而与民族外部人员的交往则多所顾忌，戒律较多，以惯常待客的方式与之互动；就社会心态的定情功能而言，在同一个民族里交往，则心态里的喜爱快乐的感情居多，与其他的民族共同体的人员交往，则心态里客气的感情居多；而就其定向功能来看，与同一个民族交往，把交往的方向指向民族和宗教的内容而畅所欲言，进行较深度的思想感情的交流

---

① 参见王宗礼等：《中国西北农牧民政治行为研究》，甘肃人民出版社 1995 年版，第 49 页。

与沟通；与其他民族共同体人员交往则以礼相待。① 这一方面反映了西北各民族在社会交往中对其他民族差异的尊重，有助于社会关系的和谐；另一方面，也彰显着民族的差异和分界，不利于民族广泛而深入的交往、交流。尤其，西北民族地区原本就是一个三元结构的社会，存在着城市与农村、农区与牧区的差异，这些差异使得民族交往面临着基于经济和社会的结构性障碍，文化上的多样性和分界意识更是强化了交往的界限，有研究者将西北民族地区经济与社会发展特点总结为隔离性，并认为这种隔离性表现在三个方面：自然隔离、社会隔离和心理隔离，② 可谓一语中的。自然、社会和文化上的隔离，使得西北多元民族社会的交往从范围到频率均不如预期的那样广泛深入，从而使多元的社会文化并未都成为发展和创新的资源，而是在一定程度上限制了其交往和社会发展。

四、加强民族交往，为民族文化
创新提供社会保障

　　文化以社会为基础，并通过社会而达成。西北地区独特的地理环境，农牧为主的经济结构，加上文化上的多元和分界意识，制约了其社会发展以及与之相关的文化创新。解决这一问题，笔者以为首先要克服民族自我中心意识，其次要形成开放的心态，尊重其他民族的文化，再次，要充分发挥大众传媒在现代社会交往和文化创新方面的作用。

---

　　① 参见马进、武晓红：《论西北少数民族日常交往的社会心态》，《中南民族大学学报》2009 年第 5 期。

　　② 参见岳天明等：《中国西北民族地区经济与社会协调发展研究》，中国社会科学出版社 2009 年版，第 295 页。

（一）克服民族自我中心意识

任何社会的交往和互动都是以对自我的确认为前提的，以自我的确认和区分为基础，才有各种社会关系的展开，民族交往和关系亦不例外。在这个意义上，民族自我意识是必然的，任何可称之为民族之间的交往和关系都必然会凸显民族自我意识。

民族自我意识极为广泛，凡与民族有关的因素，从自然、社会，到文化信仰、风俗习惯等，都会激起民族自我意识。之所以如此，源于民族漫长的历史形成过程和民族社会生活的复杂性。就民族的形成过程来看，凡民族都是在特定的自然历史和社会过程中形成的，有其共同的社会生活、共同社会生活的经历，以及由这些共同的生活和经历形成的共同心理，这些经由历史过程积淀为民族的集体记忆和文化。从民族的社会生活来看，任何民族都要生存发展，首先必须进行经济生产，民族经济生产总是以一个社会所处的地理环境为基础的，正是在特定的地域之上，各民族通过利用自然为自身生存提供必需的物质资源。不仅如此，经济生活的过程还创造出组织社会的方式和其他的社会关系。这是因为人作为社会性的动物，不是以个体的形式面对自然的，在走向自然的过程中，人首先要面对的是社会关系。用姆贝的话说就是，"人从事于对其所处环境的控制与操纵，并与其他会说话和行动的主体相遇"。[①] 社会的过程形成包括行为规范、风俗习惯和价值观念等在内的文化形成。用梁启超关于民族形成过程的概括就是："最初由若干有血缘关系之人（民族愈扩大，则血缘的条件效力愈减少），根据生理本能，互营共同生活；对于自然的环境，常为共通的反应；而个人与

---

① ［美］丹尼斯·姆贝：《组织中的传播和权力：话语、意识形态和统治》，陈德民等译，中国社会科学出版社 2000 年版，第 31 页。

个人间，又为相互的刺激，相互的反应；心理上之沟通，日益繁富，协力分业之机能的关系，日益致密；乃发明公用之语言文字及其他工具，养成共有之信仰学艺及其他趣嗜；经无数年无数人协同努力所积之共业，厘然成一特异之'文化枢系'。"①

民族自我意识作为一种"对他而自觉为我"的聚类分群意识，以民族对自身特质的认同和对他者差异的认知为前提，是在民族共同性的基础上，与外部社会对比的结果。民族意识的表现是多方面的，举凡涉及本民族的历史、文化、经济、生活方式、风俗习惯和宗教信仰等方面的要素，都可能在民族成员情感上产生共鸣，形成民族自尊心和自卫心理，激起民族的自我意识和认同意识。

就民族的社会生活来看，民族意识主要表现在以下几个方面：一是对民族称谓的重视。称谓除对民族群体的指代和区分功能外，往往与民族的起源、特殊的经历和重大的事件有关，包含着一个民族对自己的起源、地点、历史和民族身份的认同。对于民族成员而言，本民族的称谓通常是他所能听到的最动听的词汇之一，由其所引发的情感常常是外人所难以体会的。二是对土地的热爱。民族一词在拉丁文中是 natio，按照维科在《新科学》中的说法，natio 与 nature 相关，是与自然和出生相关联的。而对人而言，与自然的出生有关的除生身父母之外，便是安身立命的土地。在人们的言说中，民族常被比喻为大家庭，土地被说成是家园、祖国和大地母亲。虽然民族的成员可能离开家园，去向异地，但起源地是民族的根，是民族成员生于斯长于斯的故乡，那是给予他们生命的地方，那里有他们的祖先、亲人，是大地母亲。1794 年，民族主义思想

---

① 赵嘉文、马戎：《民族发展与社会变迁》，民族出版社 2001 年版，第 58 页。

家埃德蒙·伯克在英国议会的一次演讲表达了人们对地方、土地的向心性与情感。伯克说："人类所拥有的、仅次于父母对孩子的爱、仅次于这个最强烈的本能，就是对自己国土的热爱，它既是天生的，也是道德的：实际上，这种本能甚至可以沿用到残忍的动物身上。所有的生物都热爱自己的后代，然后就是它们的家园：它们喜爱出生的场所，喜爱居住的地方，喜爱喂养它们的畜栏，喜爱放牧的草原，还有它们漫步的野外。我们都知道生养自己的土地比优雅的诗篇甜美。我说，这种本能使所有生物都离不开它们的故里，永远都充满对它的回忆。"① 任何时候人们想起家园、故土和祖国都会产生共同体的感觉。而"共同体"是一个紊乱而舒适的场所，一个温馨的"家"，在这个家中，我们彼此信任、互相依赖。② 民族对土地的依恋和热爱是自然的、植根于血脉中的，只有母亲一词可以表达。三是对民族语言的感情。语言与民族是相辅相成、互相建构的：一方面，语言的产生是以民族为基础的，所有语言都是民族语言；另一方面，民族的形成和发展有赖于语言，离开了语言民族便失去了赖以存在和认同的一个重要基础。对民族而言，语言既是民族社会交往的媒介，也是民族历史和文化的传承手段；语言还是民族的一个重要特征，具有区别和认同的功能。语言对民族看待世界、思考问题的方式也有影响。语言创造了民族生活于其中的世界，并重新构造了世界以及所给予的东西，由于民族与语言之间的这一关系，使民族成员对其语言总是充满了感情。四是对民族风俗习惯和宗教信仰的坚守。民族文化是一个复杂的系统，它渗透于民

---

① ［美］约瑟夫·拉彼德：《文化和认同：国际关系回归理论》，金烨译，浙江人民出版社 2003 年版，第 183 页。

② 参见李克建：《不同的视角 共同的焦点——对"民族"与"民族主义"概念的解读》，《民族问题研究》2006 年第 1 期。

族社会、经济和政治活动的各个领域，是整合民族成员的要素。它提供了将民族成员从具体身份中解放出来，并以内在的方式重新联合的手段。文化表现为民族社会生活中的习俗、价值观和宗教信仰等。就民族意识而言，尤以风俗习惯和宗教信仰为重要。民族的风俗习惯是民族历史发展的产物，反映着民族的经济、政治和社会文化生活。它的形成与民族的自然环境、历史和社会际遇有着密切的联系，是民族特性的表现和认同的重要组成部分，民族成员一般都会遵守其风俗习惯的，对习惯的打破是很敏感的。虽然宗教与民族是两个不同的范畴，但现实中宗教信仰与民族有着密切的关系，大多数民族都有自己的宗教信仰，从而使宗教信仰带有民族的特点，并成为民族心理的重要组成部分。从文化的角度来看，宗教信仰是文化的核心，处在文化结构的最深层，具有很强的稳定性；同时由于宗教信仰本身的先验性，使其具有天然的合理性，由此决定了民族与宗教之间的超稳定结构。由此，宗教便成为民族认同的重要来源和民族意识的主要表现。五是对共同利益的认同。社会群体不是个体简单的相加和堆积，而是由相互关联的人组成的一个系统。同样，民族也展示着相互联系的独特模式。每一种联系都围绕着特定的事件和利益。就民族而言，由于其成员存在着多种交往，且互动频繁，就更容易形成对共同利益的认同。民族利益不仅是经济的，也包括政治的和文化的，所有与民族存在和发展有关的因素，都可以看成是利益。

民族意识有其客观合理性，对于民族社会交往而言，民族意识更是有其必然性，正常的民族自我意识并无错误，也并不表现为负面的社会影响。就对民族社会交往的危害而言，重要的是民族自我中心意识和对其他民族身份的不恰当阐释。

"人类自古以来有三个敌人，其一是自然，其二是他人，其三是自我。"① 对于民族而言，不恰当的自我和自我中心意识尤其突出。历史地看，由于社会的局限，各民族都程度不同地存在自我中心和对其他民族的误读。土著美国人通常把自己称为人类。② 古代中国的统治者也把自己看作天下中心，"华夏中央"被"蛮夷戎狄"众星拱月般地环绕。而在希腊人的眼里，在高山大海之外生活着其他人，他们是陌生人，未开化的野蛮人。同样罗马人也将世界一分为二，一边是文明的罗马人，一边是野蛮人。中世纪基督教则将人划分为异教徒和基督徒。③ 以自我为中心，各民族多囿于自己的成见，对其他民族进行非客观的解读。哥伦布把印第安人描述成自然标本，"像出生时那样赤条条"，不但温和胆小，还没有文化和宗教，他们和自然密切的联系使其无法拥有自己的意愿。④ 无独有偶，在古代中国，华夏之外的族群被称之为四夷，"'狄'，一个北方的部落，被与狗相同化；而'蛮'和'夷'，南方的民族，则分享了爬虫的特质。'羌'字有一个羊的偏旁"。⑤ 甚至到了近代，直至西方文明向世界扩张之时，仍持有极强的民族自我中心意识，在西方对非西方的描述中，到处都充斥着非我的他者。"我们有科学，而他们有巫术；我们有历史，他们有神话；我们有高科技的农业，他们则是小农经济；我们有牧师，他们有萨满；或者我们有科学，他们有萨满；我们有哲学，他们有信仰；我们有文化，他

---

① 李亦园：《人类的视野》，上海文艺出版社 1996 年版，第 100—101 页。

② 参见［英］约翰·汤姆林森：《全球化与文化》，郭英剑译，南京大学出版社 2002 年版，第 106—107 页。

③ 参见［美］乔尔·查农：《社会学与十个大问题》，汪丽华译，北京大学出版社 2009 年版，第 120 页。

④ 参见［美］约瑟夫·拉彼德：《文化和认同：国际关系回归理论》，金烨译，浙江人民出版社 2003 年版，第 218 页。

⑤ ［荷］冯客：《近代中国之种族观念》，杨立华译，江苏人民出版社 1999 年版，第 6 页。

们没文化；或者我们能书写，他们则是口头传承；我们有剧场，他们有仪式；我们有政府，他们有长者；我们有理性，他们则是前逻辑；我们是个人主义的，他们则是社区的——如此等等"。① 正如有论者指出的：有一种特殊的文化单单就把自己放在了事物的中心地位，而且宣称自己就是"整个世界"。他们的世界很自然地就是整个世界。② 可见，在早期那个以自然纽带为基础、家族为基本群体的社会里，由于群体的封闭性和交往的有限性，民族自我中心意识几乎是普遍的。"自我身份的建构牵涉与自己相反的'他者'身份的建构，而且总是牵涉对与'我们'不同的特质的不断阐释和再阐释。"③ 由于关于民族的认知被一种中心与边缘对立的二分法所禁锢，这使得仅有的民族交往充斥着偏见和歧视，民族关系被同化主义的阴霾所笼罩，前现代中国的民族交往和关系就是在"华夏"与"四夷"的等级框架下展开的。历代的统治者在民族关系上多主张内外有别，甚至贵华夏而贱夷狄，由于相信"非我族类，其心必异"，所以强调夷夏之大防、严华夷之分，孔子修《春秋》，一个主导思想就是"内其国而外诸夏，内诸夏而外夷狄"。④ 魏晋南北朝江统的《徙戎论》强调的也是差异，所谓"非我族类，其心必异，戎狄志态，不与华同"。⑤ 直至明代，学者如顾炎武仍言："华宗上姓与毡裘之种相乱，惜乎当日之君子徒诵'用夏变夷'之言，而无类族辨物之道。"⑥

① ［英］奈杰尔·拉波特、乔安娜·奥弗林：《社会文化人类学的关键概念》，鲍雯妍、张亚辉译，华夏出版社2005年版，第83页。
② ［英］约翰·汤姆林森：《全球化与文化》，郭英剑译，南京大学出版社2002年版，第106—107页。
③ ［美］爱德华·萨义德：《东方学》，三联书店2000年版，第426页。
④ 翁独健：《中国民族关系史纲要》，中央社会科学出版社2001年版，第61页。
⑤ 《江统传》，《晋书》第56卷，中华书局1974年版，第1531页。
⑥ 宋蜀华、陈克进：《中国民族概论》，中央民族大学出版社2001年版，第19页。

　　民族自我中心和对其他民族的不恰当认知，极大地限制了民族之间的交往，使得各民族相互隔离、排斥，在社会生活方面保持着各自的界限，并退守于自己狭小的社会世界里，严重地制约了民族交往和关系的发展。除对民族自我的正确认知之外，在今天这样一个日益理性化的时代，经济的考虑成为贯穿民族交往始终的最重要因素。交往过程中对利益的过分关注，使得经济在联结民族的同时，也会分化社会、孕育矛盾。反映在现实中，民族在一定程度上变成了利益群体，以多种形式表现的民族认同，总是立足于经济利益的对抗与冲突之中。① 具体到当下我国的民族交往和关系，经济因素越来越占据着重要的地位。与此同时，由于利益意识的凸显，伴随着经济交往的增多，族际交往中由于经济利益引发的摩擦冲突也在增多。尤其是民族之间的经济状况往往是不平衡的，这更容易演化为冲突和矛盾，使得社会的整合面临着民族群体的挑战。各民族都需要正确审视自身的利益。

　　人是社会性的动物，"人类对明智的参与自身系统的进化能力，取决于他对整体的洞察能力"。② 历史地看，人类社会演化的一般规律是，社会互动模式超越生物性的亲属关系限制而充分发展，其基本趋势是朝着愈来愈大的社会政治、经济和文化单元发展。这意味着每一个民族必须随着外部社会的发展不断地为自身及其群体定位。在一个全球化的世界体系里，民族之间的交往和关系，正成为人类社会和文化发展的基本要素，近现代以来各民族快速发展正是建立在社会的开放和相互影响基础之上的，同样中国改革开放以来的文化进步和创新也是建立在社会开放、各民族互相借

---

　　① 参见陈庆德：《试析民族理念的建构》，《民族研究》2006年第2期。
　　② ［美］沃勒斯坦：《现代世界体系》第1卷，尤来寅译，高等教育出版社1998年版，第10页。

鉴学习之上的。在一个社会关系迅速延伸，文化交流激增的时代，任何过度的自我中心意识都意味着封闭和僵化，势必影响民族社会文化的发展。对于自然、社会相对隔绝，经济相对滞后的西北各民族，能否克服民族自我中心意识，在一个广阔的社会世界里为自己的民族社会和文化定位，对于西北民族地区的文化发展和创新尤其重要。

（二）尊重各民族文化

任何群体都是通过一定的纽带建立起来的，将群体联系起来的纽带是多种多样的，从外部可观察的血缘、地域、职业到内部可感知的意识、认同，不一而足。对民族而言，联结方式不限于单一的某一种纽带，而是综合性的文化。文化不仅是维系民族共同体的纽带，而且是民族之所以成为群体的根本，一定意义上可以说，撇开文化，民族就成了一个抽象的概念。民族文化具有至为复杂的结构，是一个由各种要素结成的系统，这一系统表现出不同的层次性，通常民族文化由外到内呈现出三个不同的层次，即文化的表层、中层和深层。具体表现为表层的谋生方式、中层的规范体系和深层的观念形态。这三个层次可以看作文化的三个基本方面，每一方面都满足人类社会生活的某一需要，并为特定的规律所限定和支配。之所以如此，是与民族的形成过程和民族社会生活的复杂性分不开的。从民族的形成来看，任何民族群体都是在一定的地域基础上形成的，地域构成民族社会生活展开的空间和场所。在特定的自然地域环境下，各民族根据地理环境和资源条件，创造了不同的经济类型和社会生活方式。历史地看，各民族都是在适应、改造地理生态环境的基础上形成谋生方式并创造其物质文化的。物质文化最集中的表现就是以地域环境为基础形成的经济类型，可以说游牧、渔猎、农业等经济类型在很大程度上都是自然地域影响和制约的结果。以共同地域上的经济生活为基础，形成民族社会，并创设与民族经济、社会生活相适应的社会组织体系、制度规范，以调整民族与其生存的自然和社会的关系，达成社会秩序，这形成民族的规范体系。以民族的经济和社会生活为基础，各民族都会形成对自然、社会和人生各方面问题和关系的基本看法——价值观，经由历史和社会的过程，这些价值体系会进一步深入民族成员的思想意识之中，积淀为一个民族观念形态的文化。

民族的产生和形成使文化的存在和形成基础发生了变化，它改变了早期以家庭、家族为基础定义文化的单一方式，使文化空前地复杂化了。民族与家庭、家族的区别就在于它不再是以单一的血缘关系为基础结成社会，而是以共同的地域、语言、生活方式等为基础和纽带形成社会共同体。因此，在民族形成以后，文化的社会基础发生了变化，它以民族的地域、经济、语言等为基础，成了一个包容社会生活各个层面的范畴——一个社会整体的生活方式。以民族为基础的人类学和社会学对文化的共同定义是："文化是人类群体或社会的共享成果，这些共有产物不仅仅包括价值观、语言、知识，而且包括物质对象。"①

民族的出现不仅使文化复杂化了，而且凸显了文化的差异性。这是因为，文化总是通过差异的场域显示其意义的。在封闭同质的群体内，有文化，但文化本身并不具有区分的功能，因此文化就不被人强调，更不会成为社会区分的边界。就如泰勒指出的："在前现代社会，人们并不谈论'认同'和'承认'，这不是他们没有认

---

① ［美］戴维·波普诺：《社会学》，李强等译，中国人民大学出版社1999年版，第63页。

同，也不是他们不依赖承认，而是因为这些东西对于他们来说完全不成问题，根本没有必要进行我们那样的主题化。"① 在这个意义上完全可以说，正是由于异质的民族性的出场，文化才变成了可见的事，才成为群体划分的依据。

就民族交往而言，文化上的差异既可能成为弥补各自局限性的资源，也可能产生障碍，究竟文化的差异成为积极性的资源还是消极的障碍关键在于能否互相尊重。具体到多元的西北民族社会，文化多样且差异明显。这里民族众多，在西北有限的地域上生活着五十多个民族，从来源看，既有世居的，也有外来的；从形成过程来看，既有原生的，也有融合的；从经济类型来看，则是农耕、畜牧和工商业兼有。西北多元的民族社会结构孕育了类型多样的民族文化。在这里，来自于青藏高原的藏传佛教文化、中亚的伊斯兰文化、蒙古高原的游牧文化和来自中原的汉文化交错分布，形成了一个独特的多元文化共生地带。虽然漫长的历史和社会过程中，社会的交往和文化的涵化使得各民族文化都不同程度地受到了其他文化的影响，各文化之间也不乏吸纳、借鉴，甚至融合。但总体上各文化仍保持着自身鲜明的特色。尤其，西北各少数民族都有自己的宗教信仰，各民族文化都有鲜明的宗教特色，以宗教为核心，各民族都不同程度地保存了一些独特的风俗习惯和禁忌。民族成员一般都会遵守其风俗习惯和禁忌，对习惯的打破十分敏感，如果在交往中不予以遵守，必然产生矛盾和冲突。在这个意义上，多元文化的西北民族社会，民族交往和关系状态相当程度上取决于各民族社会生活中能否尊重和包容各自的文化。

要做到这一点，首先关系双方要有对各自文化地位的正确认

---

①　吴冠军：《多元的现代性》，上海三联书店 2002 年版，第 304 页。

知。民族交往的关系各方必须认识到，之所以称之为民族交往和关系，内在地包含着对对方民族身份和文化地位的承认。因为所有关系都是以确认自身为前提的，而对自身的确认又离不开关系的另一方，离开了主体的区分和对另一方地位的承认是无所谓交往和关系的。

其二，承认对方文化的合理性。民族关系各方必须认识到，对方的文化也和我们自身的文化一样，都是各民族处理与自然、社会和自身关系中形成的，有其经济、社会和历史基础，各民族在独特的地域、经济和社会历史过程中，形成各具特色的文化。虽然民族文化各不相同，但都是民族经历的反映和经验的积累，都满足着民族社会的需要，有着其现实的合理性。

其三，尊重文化差异。中华民族是一个追求和合的民族，中国的传统文化强调"和而不同"的相处原则。西北多民族社会的相关经验也表明，在文化上，"尊重差异，包容多元"是可行的。①"和实生物，同则不继"，各民族如果能够尊重差异、互相包容，则民族社会的和谐相处不再是什么难事，民族文化之间的学习借鉴，以及文化发展和创新便有了一个社会基础。

"我们的文化就是我们的生命，我们最主要的内涵，而且也是我们最多的外在表现，我们个体和群体的特性。"② 任何致力于民族交往和关系和谐的人，都必须高度重视民族文化并予以尊重。

（三）发挥大众传媒在民族交往和文化创新方面的作用

传播就是社区（英文中传播"communication"与社区"com-

① 参见班班多杰：《和而不同：青海多民族文化和睦相处经验考察》，《中国社会科学》2001 年第 6 期。
② ［美］伊曼纽尔·沃勒斯坦：《现代世界体系》卷 2，庞卓恒等译，高等教育出版社 1998 年版，第 68 页。

munity" 的拉丁语源均是 communis)、社会，没有传播就没有社区和社会。相关研究表明，一个社会的存在和发展与其传播系统是相辅相成、密不可分。人类学家玛格丽特·米德对太平洋中三个原始部落的研究证明，每个社会都创造有自己的传播系统来满足其特定的社会需要，同时，由于其生活环境的不同和社会生产性质的差异，每个部落的传播系统——从媒介、传递方式到内容都存在着差异。① 传播不仅与社会密切相关，而且对社会发展水平、社会结构和关系模式都有深刻的影响，社会学家丹尼尔·勒纳20世纪50年代对传播与社会发展的研究表明，社会体系与传播体系密切相关，口头传播体系和传统社会、媒介传播体系与近代社会联结。后来，L.W.帕伊进一步指出，在传统社会中，媒介以口头语为主，传播系统以不能自立于其他社会体系为特征，近代社会除人际传播外，出现了专业化的大众传播。② 对于现代社会而言，职业化的大众传播尤其重要。早在20世纪之初，社会学家库利就探讨了大众传播与现代社会秩序之间的关系。库利在1901年出版的《社会组织》中深刻地指出："如果我们不能感知现代传播领域旨在为我们建立新世界这一富于创造性的革命方式，我们就根本不能理解现代。"③他第一次区分了心理传播和物质传播，并从传播入手解释新到来的社会，赋予大众传播以社会组织的职能，把它看成社会存在和发展的真正施动者，认为它扩大人们心智的透视范围，传递思想和情感，保存记忆，以快捷的方式触及各阶层，实现个体之间的社会连接、促成大社会的形成和顺利运行。由此"开始将现代传播的整

---

① Jarres D.Harless, Mass Communacation, Brampublishers, 1990.

② ［日］竹内郁郎：《大众传播社会学》，张国良译，复旦大学出版社1989年版，第29页。

③ ［法］阿芒·马特拉：《世界传播与文化霸权》，陈卫星译，中央编译出版社2001年版，第23页。

体作为社会进步的一种力量"。① 今天的世界，各个国家和民族，都将大众传媒作为社会的一项关键设置予以高度重视。在世界各国，大众传播作为一项专业的社会设置，已嵌入了社会政治、经济和文化各领域，是继政治、经济之外的另一社会基本机制。用英尼斯的话来说："在政治的组织和实施中，传播占有关建的一席。在历代各国和西方的文明中，传播也占有关键的一席。"② 许多民族和国家更是将其看成社会发展和文化进步的重要动力，在 1960 年日本举行的"箱根会议"上，来自世界各国社会学、经济学和历史学领域的专家系统地讨论了有关社会现代化的问题，并为现代化设定了 8 条国际标准，其中之一就是"一个延展和渗透的大众传播系统"。③

大众传播的核心是媒介。媒介是人类社会中居间的工具。作为社会发生关系的介质和工具，媒介是征服时空、形成和表征社会的手段，是人的延伸。用媒介理论家乔舒亚·梅罗维茨的话来说：媒介亦如管道，又如语言，还如环境。④ 丹尼斯·麦奎尔把媒介看成是我们看到身外世界的窗口；是帮助我们领悟经历的解说员；是传递信息的站台或货车；是去伪存真的过滤器；是我们正视自己的明镜。⑤ 作为一项专业化的社会设置，现代社会的媒介不再只是简单

① ［美］斯蒂文·约翰：《传播理论》，陈德民、叶晓辉译，中国社会科学出版社1999 年版，第 576 页。

② ［加］哈罗德·英尼斯：《帝国与传播》，何道宽译，中国人民大学出版社 2003年版，第 3 页。

③ 罗荣渠：《现代化新论——世界与中国的现代化进程》，北京大学出版社 1993年版，第 35 页。

④ ［美］斯蒂文·约翰：《传播理论》，陈德民、叶晓辉译，中国社会科学出版社1999 年版，第 576 页。

⑤ ［美］斯蒂文·约翰：《传播理论》，陈德民、叶晓辉译，中国社会科学出版社1999 年版，第 578 页。

的工具，而是包含了多种复杂因素的组织系统和社会机构。作为现代社会生活的中心之一，大众媒介系统扮演着多种角色，其功能更是多种多样。它既包括拉斯维尔所认为的监视环境、联系社会各部分和传承文化功能，也包含赖特所说的娱乐功能。①

就民族交往和关系而言，大众传播媒介功能最主要的表现为二：一是社会交往，二是文化传承。对于民族交往和关系而言，现代大众传播系统通过将现代化的技术运用于交往过程，改变了过去民族交往以身体为载体、在双方共同在场的情境下交往的局限性，它通过对人感官的延伸无限地扩大了人们的社会世界，使人们得以从直接经验社区抽身，将越来越多的民族群体纳入各自感知、思考和交往的框架之内，无限地扩大了民族交往的范围，过去横亘在民族之间的地理障碍、地域限制变得无足轻重。地理不再成为民族交往所必须考虑的因素，过去以身体为载体、地理上流动才能实现的交往，现在通过电波就可以进行了，不仅邻近的民族交往更加普遍了，即便那些相距遥远的民族之间的交往也变得容易，民族交往开始超越了地域和地方的限制，在一个全球化的世界社会中展开。由此各民族重新获得了其整体性，并且不是在一个国家或一种文化的层面上，而是在宇宙层面上获得了各自的整体性。②

大众传播系统的发展不仅带来了民族关系世界范围的扩展，也带来了互动方式的深刻变革。因为媒介不仅是一种延伸，而且每一种媒介本身就是一种信息，它会带来人们感知世界方式的变革。就如加拿大传播学者英尼斯指出的，"长期利用传播媒介将在一定程

---

① ［美］沃纳·赛弗林等：《传播学的起源研究与应用》，郭镇之等译，华夏出版社 2000 年版，第 347 页。
② 参见［美］丹尼尔·杰·切特罗姆：《传播媒介与美国人的思想》，中国广播电视出版社 1991 年版，第 187 页。

度上决定所传播知识的性质，其普遍的影响将最终创造出一种使现行生活方式和灵活性难以维持的文明，而新媒介的优势将导致一种崭新文明的出现"。① 正是在这个意义上，加拿大学者麦克卢汉把媒介当作巨大的社会隐喻，指出"媒介即信息"。是"使事情所以然的动因"。② 对此波德里亚有着精辟的阐释，他在解读麦克卢汉"媒介即信息"这一观点时指出："铁路带来的信息，并非它运送的煤炭或旅客，而是一种世界观，一种新的集合状态等等。电视带来的信息，并非它传送的画面，而是它造成的新的关系和感知模式，家庭和集团传统结构的改变。"③ 在电子媒介出现之前，一切交往都必须是双方共同在场，在共时的背景下展开，以此为基础进行的民族交往必然要求民族成员的到场和亲身参与，并不可避免地带来民族成员的流动，这种交往自始至终都离不开民族成员，交往关系始终集中于主体，主体既是互动者，也是贸易、信息交换的载体。一切关系互动依赖具体地点和主体的出现。用吉登斯的话来说，在前现代社会中，空间和地点大部分是重合在一起的。这是因为，存在的关系——地方的、面对面的相互影响——主导了大多数人的社会影响。而现代性使空间脱离了地点，促进了远方关系的存在，这是一种无法面对面聚合的人们之间的关系。④ 在由电子媒介构成的网络里，社会生活被从地方抽离，超越时空实现连接，它把那些"不可触、不可见、不可思议的现实环境传递给人们，为人

---

① 王伟：《哈罗德·英尼斯传播理论与美加的文化战》，《现代传播》1999年第2期。

② ［加］马歇尔·麦克卢汉：《理解媒介——论人的延伸》，何道宽译，商务印书馆2000年版，第7页。

③ 南帆：《双重视野与文化研究》，《读书》2001年第4期。

④ 参见［英］约翰·汤姆林森：《全球化与文化》，郭英剑译，南京大学出版社2002年版，第74页。

们提供了一个可知可感、并仿佛也能亲身体验的间接环境",① 正是电子媒介引发的社会互动的这一特征。安德森回避了民族的客观特征，直指民族群体的心理认知面相，称民族为"想象的共同体"；并特别强调印刷科技、报刊在西方民族形成中的作用。在他看来，"即使最小的民族的成员，也不可能认识他们大多数的同胞，和他们相遇，或者甚至听说过他们，然而，他们相互联结的意象却活在每一位成员心中"。② 安德森的这一分析不仅适用于民族群体内部，也适用于民族之间，这对于我们这样一个民族交往普遍化、关系在世界范围扩展，并愈来愈依赖电子媒介的全球世界尤其重要。

除带来关系世界的扩展和互动性质的变化外，大众传播系统对包括民族在内的社会群体的另一重要影响就是文化。"内容为王"是传媒的铁律，在媒介上流动的主要是信息，它对社会的影响也是以信息的形式进行的。大众媒介通过其营造的信息环境，使"个人将头脑应用于符号而不是事物，并超越了具体经验的世界而进入在扩展了的时间与空间领域之内创造的观念关系的世界"。③ 由于人不仅可以对客观环境作出反应，也可以对意义作出反应，由此传播的内容——信息便可以成为社会的一个独立的因素，"人们可以从所读到的、看到和听到的内容，发展出对物质现实和社会现实的主观及公认的意义构想"。④ 而人一旦确定了环境的意义，他接下

---

① 张国良：《新闻媒介与社会》，上海人民出版社 2001 年版，第 80 页。

② ［美］本尼迪克特·安德森：《想象的共同体》，吴叡人译，上海人民出版社 2003 年版，第 5—6 页。

③ 张咏华：《媒介分析：传播技术神话的解读》，复旦大学出版社 2002 年版，第 70 页。

④ ［美］M.L.德福勒：《大众传播学诸论》，杜力平译，新华出版社 1989 年版，第 42 页。

来的行为以及行为的后果都是由这些意义决定的。① 在这个意义上，传播内容是一个独立的要素，凡是可以影响社会现实本质的，就可以影响社会本身。② 由此通过媒介传送的信息将改变人们的观念和行为。

大众传播媒介的文化影响源于现代社会的独特结构。现代社会由于规模的空前扩大和结构上的复杂化，使得人们很难通过自身了解其身外世界，所以需要"楔入在人和环境之间的虚拟环境"③ 来帮助人们界定现实，这是从李普曼开始人们就已达成的共识。正是传媒的这一作用奠定了其在现代社会的文化中心地位。今天世界各国、各民族都难以摆脱传媒的影响。大众传媒通过其独特的议程设置功能告诉人们该想些什么，而且告诉人们该怎样想。④ 在主导人们所思所想的同时，传媒还通过其专业化的舆论技术培养文化，格伯纳等人的培养理论表明，电视作为现代社会的中心文化，对大量看电视的人来说，它实际上主宰和包容了其他信息、观念和意识的来源，对于接触它的人来说，起到了教导形成共同的世界观、共同的角色观和共同的价值观的作用。⑤

尤其大众媒介传播的内容以"新"为特征，它会以最快的速度将发生在全球的新事物予以传播，从而成为社会和文化变革的促发者。就文化创新来看，不论是科学文化的创新——发现、发明，

---

① 参见谢立中：《西方社会学名著提要》，江西人民出版社1998年版，第185页。

② 参见［美］罗伯特·福特纳：《国际传播》，刘利群译，华夏出版社2000年版，第29页。

③ 参见［美］李普曼：《公众舆论》，阎克文、江红译，上海人民出版社2002年版，第13页。

④ 参见［美］沃纳·赛弗林等：《传播理论：起源、方法与应用》，郭镇之等译，华夏出版社2000年版，第267—268页。

⑤ 参见［美］沃纳·赛弗林等：《传播理论：起源、方法与应用》，郭镇之等译，华夏出版社2000年版，第292页。

还是社会文化的创新——行为、观念，主要都是通过大众传媒扩散的。正由于此，人们将其看成是"促进社会变革和产生新文化形式的重要力量"。认为它"传播信息和创新，帮助传统社会实现现代化"。① 20世纪60年代，美国学者埃弗雷特·罗杰斯的创新扩散理论揭示了媒介在劝服人们接受新观念、新事物、新产品方面的影响。同样，西北民族地区的相关研究表明，大众传媒作为文化工具，对于文化的影响持久深远，在民族文化创新——引导新风尚、新观念方面起着重要的作用。一项关于大众传媒对新疆民族地区的影响研究证明，大众传媒对新疆各族人民告别陈规陋习，提倡新风尚、新观念起到了积极的引导作用。就以《新疆日报》为例，改革开放以来，新风尚新闻占新疆文化新闻总量的13.13%。特别是《新疆日报》从1997年起设立的"讲文明，树新风"专栏，对各民族的文化观念产生了巨大的影响，具体表现为三：一是教育观念，二是市场观念，三是婚育观念。正是通过传媒，许多民族成员认识到了教育是改变命运的重要途径，也是通过大众传媒，市场观念被以明确的范例直接或间接地植入民族成员的头脑；同样，大众传媒通过向社会提供具体的行为范例或行为模式也直接或间接地影响改变了民族的婚育观念。这一研究同时表明，传媒在文化创新——新风尚、新观念的形成过程中扮演的主要是培育者和引导者角色，大众传媒既可以培育新文化——使观念从"无"到"有"，也可以帮助实现文化创新——使观念从"有"到"新有"。② 以上理论和实践表明，大众传媒作为现代社会的一项重要设置，已经跃

---

① ［美］梅尔文·德福勒、埃弗雷斯·丹尼斯：《大众传播通论》，颜建军等译，华夏出版社1989年版，第368页。

② 参见罗艳、肖燕怜：《大众传媒对新疆现代文化创新与扩散的作用》，《新疆财经大学学报》2008年第1期。

升为社会和文化的中心位置，它作为社会的耳目和信息的放大器，既帮助人们认识和联系社会，也引发文化变革和创新。

人是社会性的动物，社会是文化的根基和创新的源泉。在一个关系扩展、互动日益频繁的全球化世界体系里，各民族社会之间的互动交往正成为人类社会发展和文化创新的重要源泉。近现代以来的民族文化发展一再表明，"没有交流的文化系统是没有生命力的静态系统；断绝与外来文化信息交流的民族不可能是朝气蓬勃的民族"。[①] 在这个意义上，每个致力于社会发展和文化创新的民族都必须加强与其他民族的交往，只有一个民族不受其自身社会的局限，超越民族社会的狭隘限制，以广阔的社会为参照系，在更大的社会范围内汲取各民族之长，民族文化的创新才有了现实的社会基础。

---

① 冯天瑜等：《中华文化史》，上海人民出版社 1990 年版，第 77 页。

第五章　夯实民族文化创新的经济基础

社会是一个由经济、政治和文化等要素构成的有机体，在这一有机体中，各部分之间既相对独立又密切相关。本章将以经济和文化的关系作为切入点，通过经济对文化的影响和作用分析，探讨西北民族地区文化创新所需要的经济基础和达成路径。

一、文化与经济的关系

在发展理论中，经济、政治与文化的各自地位及其关系是一个核心论题。就各自在发展中的地位和作用来看，一些人认为，经济与政治在铸造社会及引导历史上较之其他因素更有力量，经济关系与政治关系构成社会生活最强有力的两个方面，二者不仅造成社会的变化，而且也源于社会的变化。① 在另一些人看来，文化和经济至关重要，因为正是文化和经济两个方面决定着人们希望采取什么样的发展战略来保持或提高自己的生活水平。② 具体到经济和文化

---

① 参见中国社会科学杂志社：《人类学的趋势》，社会科学文献出版社 2000 年版，第 180 页。

② 参见［英］安德鲁·韦伯斯特：《发展社会学》，陈一筠译，华夏出版社 1987 年版，第 4 页。

方面，更是众说纷纭。一些人从人与动物的区别出发，强调了文化作为人类的特殊属性对于行为的重要影响，在他们看来，正是文化赋予人类与众不同的特性，使得人类不像动物那样，单纯地生活在一个实在事物的世界中，而是生活在一个象征与符号的世界之中，而且在全部人类行为的决定因素之中，最强有力的因素就是文化。① 以此观之，文化作为渗透性的因素从始至终贯穿于人类的一切社会活动过程之中，并体现于人类创造的物质形态中。不仅如此，对于文化的具体所指也各不相同，有些学者从观念论出发，强调了价值观在经济发展中的作用，在他们看来，"各种文化价值'在经济增长中起着根本性的作用'，经济增长不过是手段而已，各种文化价值是抑制和加速增长的动机基础，并且决定着增长作为一种目标的合理性"。② 不同于观念论者，一些学者将文化主要看作规则和习俗，以此出发，认为"经济体系总是沉浸于文化环境的汪洋大海中，在这种文化环境中，每个人都遵守自己所属群体的规则、习俗和行为模式，尽管未必完全为这些东西所决定"。③ 近现代以来随着科学技术的发展，以及在经济发展中作用的提升，人们对科学文化日益重视，将科学技术看成是生产力，强调了其对经济发展的重要作用。

与形形色色的文化决定论不同，另一些人从唯物论的角度出发，强调经济作为社会的基础对于文化的形塑和决定作用。将经济视为社会的基础，强调其对文化从设施到规则、观念的决定作用，

---

① 参见［美］莱斯利·怀特：《文化的科学》，沈原等译，山东人民出版社 1988年版，第47、115页。

② 参见［法］弗朗索瓦·佩鲁：《新发展观》，张宁、丰子义译，华夏出版社1987年版，第15页。

③ 参见［法］弗朗索瓦·佩鲁：《新发展观》，张宁、丰子义译，华夏出版社1987年版，第165页。

在他们看来社会行动的动因是从物质原因推进到意识层面的，没有经济的发展作为基础，很难谈什么文化的发展，文化为经济结构和过程所形塑，是一定经济结构的反映。就如马文·哈里斯提出的文化唯物论所主张的："人们生存所需要并繁衍后代的现实环境限定了社会关系可能呈现的形式。人们借助社会关系媒介创造了社会生活的物质环境，物质环境反过来限制了价值和观念可能的表现形式。"①

以上各论点，综合起来可归于三派，观念论、规则论和唯物论，其代表人物分别是韦伯、诺思和马克思。韦伯可视作观念论的代表，在韦伯看来，伦理观念、精神等文化决定着经济和政治生活。以诺思为代表的规则论者则认为正式和非正式的规则以强有力的方式作用于经济。而以马克思为代表的唯物主义学派则赋予经济以基础地位，认为经济发展决定着文化及其特征。

马克斯·韦伯致力于世界各宗教的经济伦理研究，试图通过各宗教的经济伦理观比较探讨一个民族的精神气质与其社会经济发展之间的联系。在他看来，近代西方资本主义的产生发展与宗教改革所形成的新教伦理密切相关。正是新教伦理塑造的那种寓拯救于勤勉、视职业责任为"天职"和对成为"上帝选民"的追求，激发了新教徒的工作热情和成就动机。他将新教伦理视为促进资本主义产生与经济发展的最重要因素，认为西方通过宗教改革形成的新教文化孕育了一种"资本主义精神"，这种精神对于近代资本主义的产生和发展起了巨大的推动作用。② 诺思将文化形态看作是一种影

---

① 参见［英］罗伯特·莱顿：《他者的眼光》，蒙养山人译，华夏出版社 2005 年版，第 119 页。

② 参见李怀亮、方英、王锦慧：《文化产业与经济增长关系的理论研究》，《经济问题》2010 年第 2 期。

响合约实施的不可缺少的变量，而合约的实施最终决定了经济发展的状况。在诺思看来，制度和意识形态共同决定了经济绩效，意识形态是影响经济绩效的个人选择的关键。① 而在马克思关于社会结构分析的理论体系中，文化通常归属于观念上层基础以及一般意识形态的范畴，从而在根本上服从于政治及经济层面上的生产力——生产关系（经济基础）——上层建筑的基本结构系统，亦即认为文化乃是一种基于政治经济结构之上的意识形态。② 它为经济结构所决定和形塑，意识形态是一定经济和政治结构的反映。虽然各派间的争议至今仍未有定论，但在一个关键点上是一致的，那就是社会作为一个经济、政治和文化体系，其各部分之间是高度相关的，社会的发展变化是按照某种既定的秩序进行的，主要的社会经济和文化特征之间存在很高的相关性，因而是可以以预言的模式进行的，区别只在于这种前后连贯的顺序和模式有所不同。

理论如此，从现实来看，西方自产业革命以来处理公共事务的顺序，或者说发展工作的焦点，始则经济，继则社会，终而为文化。③ 同样，那些关注现代化实践者也指出，"在现代化的最初'起飞'之后，经济领域在发展和现代化方面具首要地位，经济问题的解决，对于现代社会及其政治体制的存活与发展、保障现代化的延续、持续增长，以及任何制度领域的持续发展（无论是政治的、经济的还是社会组织的领域），都具有头等重要的意义"。④ 更

---

① 参见李怀亮、方英、王锦慧：《文化产业与经济增长关系的理论研究》，《经济问题》2010 年第 2 期。

② 参见邹诗鹏：《"西马"当代资本主义研究的文化及历史哲学检视》，《南京大学学报》2007 年第 2 期。

③ 参见中国社会科学杂志社：《社会转型：多文化多民族社会》，社会科学文献出版社 2000 年版，第 196 页。

④ ［以］S.N.艾森斯塔德：《现代化：抗拒与变迁》，张旅平、沈原等译，中国人民大学出版社 1988 年版，第 57—58 页。

有论者通过对发展实践的考察指出："在现实中，还没有经济不发展而社会发展的先例。"① 人类学的诸多研究也表明，发展活动最终必然凸显文化的地位，发展的重点先是从政治自由转移到经济增长，继而转移到社会平等，最终转移到文化自主。② 东西方的共同经验似乎都暗合了奥格本的"文化堕距"（culture lag）理论，即一般说来，一个社会总是物质的部分先发生改变，然后依次是制度、风俗、民德和价值观念等部分发生变迁。③ 以此观之，发展是一个由经济到社会和文化的过程，经济的发展迟早会转到文化，否则经济的发展必然遇到文化的障碍。

事实上，对于社会这一复杂的系统，任何一个单一的因素都无法给出圆满的答案，不能把有着错综复杂关系的社会系统割裂开来，简单地把社会生活的某一方面当作所有其他方面的基础，更不能求助于单一的决定论。在这个意义上，经济也好，文化也好，都不能作为一个孤立的领域来看待，而应该放在复杂的社会环境中，通过相互的关系予以解释。正如有研究者指出的："从社会变迁的普遍规律来看，任何社会变迁及其进步，根本的力量来自经济的推动而非文化的'启蒙'，而在一般情况下，这两种力量是共同作用、相辅相成的。"④ 普遍规律如此，并不排除例外，这就表明了其间并不总是存在着某种逻辑的自洽性，社会是复杂的，一个社会的发展是受内外各种错综复杂的因素影响的，"在某些情况下，物质繁荣程度的提高并不使文化模式发生显著的变化。但也有这样的

---

① 陆学艺：《社会学》，知识出版社 1996 年版，第 380—381 页。

② 参见中国社会科学杂志社：《社会转型：多文化多民族社会》，社会科学文献出版社 2000 年版，第 217 页。

③ 参见［美］威廉·奥格本：《社会变迁：关于文化和先天的本质》，王晓毅译，浙江人民出版社 1989 年版，第 106—107 页。

④ 参见刘敏：《山村社会》，甘肃人民出版社 2000 年版，第 87 页。

情况；若不最终的全面改革文化价值与规范，物质上的繁荣就可能受到限制"。①

如果不是囿于某种单一的决定论，从相互关系的角度来看，一方面，经济作为社会的物质基础，对于任何社会存在都是举足轻重的，从社会存在的意义来讲，任何社会个体要生存，都必须首先解决物质问题，这决定了经济必然成为发展的优先选择。与此同时，只有经济的发展，才能为文化事业的发展提供物质基础；另一方面，文化作为人的一个本质属性，是贯穿于包括经济在内的每一个社会过程的，人类从满足基本需求的经济，到政治和社会过程都受制于其所编织的意义之网的影响，人类行动的每一方面都与文化有机联系着，不顾及人们所信奉和坚守的文化价值是难以解释其行为的。如果将文化作为一个既定的观念、思维模式和行为方式来看，人类的每一事项都深受其影响。就现代社会而言，经济结构和过程在很大程度上形塑着社会结构和文化模式，文化可视为一定经济模式和过程的反映；与此同时，经济活动也是社会文化系统的一部分，经济过程可以视为以文化模式为指导的各种活动的结晶，文化引导着人们的经济行为和选择，并为人们的经济活动提供规则，由此决定了其间的变动必然也是相互作用的。

具体来看，经济对文化发展作用主要表现为三个方面：首先，一个社会的经济结构和过程塑造相应的文化规范和观念，同为经济活动，由于其依赖的社会组织体系和社会过程的不同，其行为规范和价值观念有着很大的差异，回顾历史很容易就会发现，农业与工

---

① ［英］安德鲁·韦伯斯特：《发展社会学》，陈一筠译，华夏出版社1987年版，第5页。

业是依赖于不同的社会体系的，社会行为逻辑必然不同。其次，经济的发展为文化的发展和进步提供动力。历史地看，各种文化成果，尤其是科学技术的进步通常都是受经济发展的需求而产生的，正是经济发展的需求，促使了与生产流通相关的技术的产生和进步，由于经济在社会中的基础地位，一旦社会经济产生某种需求，就会促使文化快速跟进，在这个意义上经济为文化的发展和进步提供了动力，伴随着经济发展必然有文化的发展和变化。再次，经济为文化发展提供坚实的物质基础。文化除了规范、观念和科学知识外，还有其载体，尤其各种文化事业，从教育到科学研究都需要一定的物质基础作支撑，离开了基本的物质条件，各种文化事业是无法发展的，在这个意义上，一个社会的"经济发展水平决定了文化建设的发展规模"。① 由此可见，经济在文化发展和进步中扮演着重要的角色，一定意义上可以说，文化发展的根本在于经济。当今世界各国、各民族的普遍经验也表明，经济发达，以此为基础的文化就会处于相对强势的地位；相反，经济落后，以此为基础的文化就会处于相对弱势的地位。

就文化对经济的作用来看，一方面，一定的经济过程是受一个民族和社会既定的文化观念以及相应的规则体系影响的，人们总是在特定的价值观指导下进行判断决策的。与此同时，规则作为约束或激励因素提供经济发展的路径，对经济活动的过程和结果也有着全面的影响。另一方面，文化通过对经济行为主体的思想文化素质提高作用于经济过程，提升经济活动的效率和效益。所有的经济活动都是依赖于一定的社会结构和社会过程的，但经济本身并不能实现社会的整合，而必须依靠经济之外的力量实现社会整合。尤其在

---

① 王天玺：《文化主导经济》（下），《创造》2011 年第 5 期。

市场经济条件下，社会整合所依赖的手段不同与前市场经济社会，在前市场经济社会主要依靠政治这种超经济的力量来整合，总体社会的经济和文化取向都主要由政治来统摄。而当代人类的衣食住行都与他人高度相关，社会各领域高度分化，社会整合变得日益繁重，同时在整合的过程中文化的作用更加地突出了。① 与此同时，随着经济与文化融合趋势的加剧，文化已经成为一种重要的生产力，文化全面地渗透到现代经济活动的一切过程和环节，经济活动的过程和结果越来越需要文化来提升，一种经济要想更好的发展必须充分利用其所蕴含的文化价值，也只有充分开发利用了文化价值，经济发展才具备了广阔的发展前景。

值得一提的是，虽然经济与文化之间是密切相关、相辅相成的，但应注意经济发展和文化进步之间的关系不是简单的——对应关系，而是极其复杂的，经济发展并不必然带来文化的繁荣，经济的发展也不能证明文化就先进，同样，文化优势并不总意味着经济优势。因为任何一方的优势转换成另一方的优势都需要一定的中间环节和机制，文化作为一种潜在的生产力只提供了一种可能性，要把它转化为现实的生产力和经济成果，并不是一蹴而就的，既需要时间，也需要中介和机制。就如一项关于文化与经济增长的研究指出的那样，文化资本（指能为人们带来持续收益的特定价值观体系）是决定经济增长的一种关键性生产要素和最终解释变量。不同于其他资本，文化资本的独特性和重要性在于，它是通过制约其他生产要素而起作用的。如它制约着对物质资本的选择，表现在大量的禁忌阻止发展中国家去利用自己丰富的资源，文化资本要求技术引进同样必须考虑与当地文化的融合，它还影响着人力资本的发

---

① 参见鄂晓平：《试论经济与文化的互动关系》，《道德与文明》1997 年第 2 期。

挥，被管理学归属于"X 效率"中，同样，它对于制度选择也有着重要的作用。① 与此同时，经济优势转换为文化优势也需通过许多中介和环节。就拿与现代经济发展密切相关的科学技术来说，科技要发展，就需要经济投入，科技投入只是为科学研究和技术创新提供了物质基础和可能性，并不就等于科学研究和技术创新本身，更不等于实现了经济增长。只有保持合理的科技投入结构，实现科技资源的优化配置，保证科技资源流向富有活力和效率的研究和技术创新领域，科技投入才能促进科学研究和技术创新的发展，也才能成为经济增长的手段。② 更何况，相互的作用并不总是积极的，也可能是消极的。历史上既有文化和经济相互促进的先例，也不乏文化因素诸如价值观、道德伦理、宗教信仰等对科技和经济发展的阻碍事例。与此同时，在文化和经济彼此依存、相互促进的过程中，经济对文化的作用较之文化对经济的作用更为直接，加之经济需求的基本性和直观性，人们普遍接受这种直接作用的存在。所以在社会发展的过程中人们往往首先关注经济的发展，并且在大多数情况下认为，只有经济繁荣才能促进文化的发展和进步。这就是为什么大多数国家的发展和现代化首先是经济现代化。尤其，经济与文化相互作用并不意味着二者的作用是对等的。对于特定的民族而言，特定时期面临的问题不同，决定了经济文化的具体过程和作用的不同，对于一个经济上富足的民族，文化的价值和作用便会凸显，而对于一个尚未解决温饱的民族，经济的发展必然具有优先地位，由此通过发展经济解决相应的社会文化问题便会成为必然的选

---

① 参见高波、张志鹏：《文化资本：经济增长源泉的一种解释》，《南京大学学报》（人文社科版）2004 年第 5 期。
② 参见范柏乃等：《中国经济增长与科技投入关系的实证研究》，《科研管理》2004 年第 5 期。

择。在此意义上，对经济与文化的关系要有辩证的观点，具体问题具体分析，不能一概而论。对于处于双重迟发展状态的西北各民族而言，经济的滞后目前是制约其社会和文化发展的重要瓶颈。由于经济的落后，一方面，民族地区一些基本的文化设施因为物质的缺乏得不到保障；另一方面经济的限制使其不得不将主要的精力用于谋生，导致其从教育到科学研究的整体滞后。以上两方面的滞后进一步影响了人们的思维和观念系统，使得其在文化发展和创新过程中面临着两难困境。

综合以上分析可以看出，经济为文化提供赖以生存、发展和进步的物质基础和保障，文化为经济提供精神动力和发展方向，二者共同作用于社会发展和现代化的过程。

二、西北民族地区的经济发展状况及其对文化创新的影响

（一）西北民族地区的经济发展状况

西北少数民族地区的经济从总量到结构都比较滞后。造成西北少数民族地区经济滞后的原因是多方面，从地理区域因素来看，西北少数民族地区深居内陆，四周多山，地理地貌复杂，境内大部分属于比较干旱、寒冷的荒漠和草场，降水稀少，自然环境比较恶劣。就以西北的青海和宁夏为例，青海虽有广阔的土地资源，但土质贫瘠、气候条件恶劣，生产能力有限。按照土地质量划分，青海省少数民族地区大多地处质量较差、受环境制约因素影响较大的二、三等级，除少数地方水土、光照条件适宜外，大多受地形、气候、水土因素影响严重，产量低而不稳。加之草场退化严重，土地质量仍在下降，可以恢复原状的机会小，对民族地区经济发展造成

很大的制约。① 宁夏作为我国最大的回族聚集区，在地理位置和自然条件等方面较西北其他少数民族地区具有一定的比较优势，但宁夏回族的居住地区自然环境复杂，南北差别大、发展也不平衡，宁夏全区分为北部川区和南部山区两部分。川区主要是位于中、北部的宁夏平原，是由卫宁平原和银川平原组成的引黄灌区，素有"塞上江南鱼米乡"的美誉，且能源资源丰富，可垦荒地资源较多，非金属矿产资源集中，并因有黄河过境资源组合甚佳；南部山区包括地处灵盐台地、罗山周围山间盆地、黄土丘陵和六盘山地的8县，海拔一般在 1300—1500 米，生态环境脆弱，自然资源较为贫乏，是全国最贫困的地区之一，这8县中除吴忠市的盐池县和固原市的彭阳、隆德县外均为回族聚居区。② 西北这一地理和地貌状况客观上不利于地区经济发展。首先，地处内陆、四周多山、沟壑纵横等地理地貌严重地制约了交通通讯和社会交往，使得这个地方即便在交通通讯大发展的今天仍处于相对封闭的状态，人财物难以汇聚。加之这里地域辽阔而人口稀少，使其远离市场中心。而在一个以市场为核心配置资源的消费社会，远离市场中心就意味着失去了经济发展最重要的基础。现实中我们看到，西北地区的土地资源也极为丰富，占据我国版图约四分之一，这里资源富集，种类之多、储量之大不仅在中国罕有，就是在世界也不多见，人类生产、生活所必需的各种物质资源在这里几乎都有发现。但由于远离市场中心，使得这里资源有时难以转化为经济优势。

其次，不利的自然环境也使得这里的经济发展面临着人才缺乏

---

① 参见李娜：《对青海少数民族地区经济发展的思考》，《青海金融》2008 年第 5 期。

② 参见梁琳：《宁夏公路交通与南部山区经济发展现状关系的思考》，《科技信息》2007 年第 10 期。

的困境。尤其改革开放以来，随着社会的开放和区域之间流动的加剧，西北地区成为各种劳动力的主要输出地，这里不仅难以留住优秀的科技、管理人才，就是普通的农村劳动力也多选择外出打工，使得这里的发展很难得到充足的劳动力支持。

从社会的角度来看，西北民族地区长期以来一直是我国经济比较薄弱的地区，这里既缺乏经济的历史积累，更在现实的市场竞争中天然地处于不利地位，加之改革开放以来，由东部沿海向内陆渐次推进的梯度发展战略，使得这里与中、东部进一步拉大了差距。

经济结构上来看，西北少数民族地区经济主要以农牧业为主，中国的五大牧区除四川牧区外，其余几乎都在西北的青海、甘肃、新疆和宁夏。而农牧经济较之于工商业在现代社会的竞争中没有多少优势可言。尤其是进入现代社会，在全球化背景下的现代化进程中，人们对经济类型的认识在很大程度上是受进化论影响的，在许多人的潜意识里，工商优于农牧，农牧优于狩猎。就如研究者在论及采集狩猎民族及其生计方式时所指出的，采集狩猎民族大多处于一国之内或一个文化区域中非常边缘的位置上；在多民族文化的国家中，它往往还处于这些周边民族的边缘，可以说是周边中的边缘民族。不仅如此，很多人类学的研究把狩猎采集民族的经济生活方式置于比农耕要低的社会阶段进行分析，同时在相应的政策层面也就出现了"进步"的农耕技术和"落后"的"狩猎"技术这种价值上的判断。由此，近代以来，这种被萨林斯称为"原始的富裕社会"，变为了"文明的贫困社会"。① 从城市经济的角度看，现代社会的城市在区域经济中居于核心地位，它集中了大量的经济资源

---

① 范柏乃等：《开发、国家政策与狩猎采集民社会的生态与生计——以中国东北大小兴安岭地区的鄂伦春族为例》，《学海》2007 年第 1 期。

和非农的经济活动，是地区经济发展的枢纽。西北民族地区不仅城市数量少，且城市的结构布局因为地域的限制也不尽合理，仅有的城市中，大中城市少，尤其是大城市很少，小城市比重偏高，城市的结构问题导致其对经济的作用受到限制。虽然西北民族地区的城市像其他地区的城市一样，集中了包括大型现代化企业、个体工商业和服务业等多种经济形式，也在当地经济中发挥着重要的作用，但相对于比较发达的东南不可同日而语。

随着西部大开发战略的实施和推进，西北少数民族地区经济社会各项事业进入到了一个快速发展时期。具体表现为：第一，民族自治地方生产总值增长速度加快，如宁夏回族自治区、新疆维吾尔自治区近年增速均比全国平均水平高。第二，固定资产投资规模再上新台阶——新疆的投资规模近千亿元，达到973.39亿元，增长速度为21.7%。宁夏回族自治区的投资增长速度则更是高达40.1%。第三，畜牧业的生产能力和效益都大大提高。改革开放以来，广大牧区通过推行草畜双承包责任制，将牲畜作价归户，草场使用权落实到户，加强草原建设和管护制度。一些牧区还出现了以家庭经营为基础的家庭牧场。规模化经营和专业化生产使得以畜牧业为主业的西北少数民族收获了前所未有的经济利益。西部大开发战略的实施，"人草畜三配套"的新牧区建设更是推进了牧区生态、经济和社会的和谐发展。目前，西北牧区、半农半牧区年牲畜总头数已突破一亿，牧畜的成活率、商品率都有明显提高。第四，城市化水平显著提升，城市经济发展。具体表现为：一是少数民族地区的城市经济步伐加快，民族自治地方的工业企业数目已达上百万，基本形成了大型现代化企业、个体工业、商业、服务业等多种经济形式并存的企业群体。二是非公有制经济成为民族地区城市经济发展的一道引人注目的风景线。以青海省为例，近年来的国民生产总值中，非国有经济的比重已达 50% 以上。与此同时，民族地区的一些城市逐步扩大了国际经济技术交流与合作，对外开放向纵深发展。目前，西北民族地区已形成一批颇具知名度的大型企业集团和品牌，如新疆维吾尔自治区天业（集团）股份有限公司、"绿鸟鸡"等。与此同时，交通基础设施——铁路、公路和航空运输也有了很大的发展。通过以上事实和数据可以看出，改革开放以来，尤其是西部大开发战略实施以来，西北少数民族地区的经济有了长足的发展，较之于过去可以说是突飞猛进，但要看到和其他地区横向比较仍存在着较大差距。

就当前来看，西北民族地区的经济从总量到结构较之东部发达地区，甚至与当地的汉族地区比较仍呈落后态势。就西北各少数民族地区来看，甘肃省的少数民族地区分为两州五县，主要包括甘南藏族自治州、临夏回族自治州、张家川回族自治县、天祝藏族自治县、肃南裕固族自治县、肃北蒙古族自治县、阿克塞哈萨克族自治县等。西部大开发以来，尤其是最初的五年，甘肃少数民族区域经济的发展取得了显著成绩，如合作市、阿克塞县、肃北县等一些地理位置较好的地区，依托当地优势资源率先发展起来。但大部分地区仍处于经济落后的困境中。经核算，2005 年甘肃省的人均生产总值为 7477 元，民族地区仅有 3437.6 元。人均产值是如此，其他方面也不例外，在少数民族地区工业结构中，采矿、原材料工业的比重过大，技术密集型和高新技术产业的比重过低。工业品多数属于一般低档次的初级产品，专业化水平低，附加值低，技术含量少，缺乏市场竞争能力，工业技术进步缓慢，技术创新能力差，转化率低。农业基本处于小农经济状态，农牧产品大多以原料和初级产品形式销售，深加工利用程度低，大部分农牧产品的生产、加工、销售还停留在以产品买卖关系为基础的低层次的产销合作上。① 可见甘肃在工农业生产总值增加、结构优化带来民族地区经济实力总体增强的同时，少数民族地区贫困状况仍普遍存在，与非民族地区的经济发展相比也有相当大的差距。甘肃之外，西北的青海省是中国人口最少的省份之一，也是中国的主要民族省份，青海主要有藏族、回族、土族、撒拉族、蒙古族等少数民族。尤其是藏族作为青海最主要的少数民族，约占全省总人口的 21.96%，遍布于包括海南、海北、海西、黄南、玉树、果洛等藏族自治州。青海的少数民族主要从事以游牧为主的畜牧业生产，加之当地大多自然环境艰苦，经济总体上处于工业化初级阶段，工业总量小、整体运行质量不高，农牧业产业化经营水平低、靠天吃饭因素大，经济发展水平落后于全省平均水平，且地区间经济发展也极不平衡。② 宁夏则由于自然地理和历史原因，经济发展不平衡，银川平原和卫宁平原是全国 12 个商品粮基地之一，盛产水稻、小麦等粮食作物和各类蔬菜、水果等经济作物；畜牧业方面羊只饲养历史久；宁夏工业以煤炭、电力、机床、造纸、铝业为主，且与陕甘宁盆地连片，构成全国最大天然气田。2009 年初步核算，全年实现地区生产总值 1334.56 亿元，按可比价格计算，比上年增长11.6%，增速比全国平均水平高 2.9 个百分点。其中，第一产业完成增加值 127.13 亿元，增长 7.2%；第二产业完成增加值 680.20亿元，增长 14.4%，第三产业完成增加值 527.23 亿元，增长9.4%。按年平均人口计算，人均地区生产总值达到 21475 元，按可比价格计算，增长 10.3%。三大产业增加值构成由 2008 年的

---

① 参见李志刚、王生荣：《甘肃少数民族地区特色经济发展现状与思考》，《未来与发展》2005 年第 12 期。

② 参见李娜：《对青海少数民族地区经济发展的思考》，《青海金融》2008 年第5 期。

9.9：50.7：39.4 调整为 2009 年的 9.5：51.0：39.5。2009 年，第一产业对经济增长的贡献率为 5.6%；第二产业贡献率为 60.0%；第三产业贡献率为 34.4%。虽然在地理位置、自然条件和经济等方面宁夏是相对比较好的，但不容忽视的是，宁夏南部山区由于历史和偏僻的地理位置以及自然环境等原因，交通闭塞，生产力水平低，长期处于封闭、半封闭的自然经济中，扮演经济支柱的农业因缺乏市场经济的冲击而缺乏活力。当地人也因文化程度限制普遍存在"温饱即足，小富则安"的传统观念，不敢大胆创新。由此导致经济发展缓慢，这里曾被称为"贫困之冠"。这使其较之于全国平均水平，基础薄弱，国民经济水平整体不高。[①] 西北的新疆，在实施西部大开发政策的推动下，新疆宏观经济已经步入快速增长轨道。2009 年初步核算，新疆地区全年实现地区生产总值（GDP）4 273.57 亿元，按可比价格计算，比上年增长 8.1%，其中，第一产业增加值 759.73 亿元，增长 4.8%；第二产业增加值 1 951.87 亿元，增长 9.0%；第三产业增加值 1 561.97 亿元，增长 8.3%。三产比例为 17.8：45.7：36.5。人均地区生产总值 19 926 元，按可比价格计算，增长 6.5%，以当年平均汇率折算，人均地区生产总值 2 917 美元。和宁夏一样，新疆地区经济发展的突出问题在于区域经济发展不平衡，落后的南疆地区经济发展缓慢，与北疆、东疆的差距仍在加大。南疆部分地州的人均 GDP 和人均财政收入不到全疆平均水平的 1/3，且差距有增大的趋势。新疆地区经济在产业结构上还存在着较大的问题，除了和其他西北少数民族地区一样存在的产业结构单一、层次低外，新疆的经济在产业结构上还有其

---

① 参见李壁成、安韶山、郝仕龙：《宁夏南部山区社会经济问题分析与农业结构调整对策》，《水土保持研究》2005 年第 12 期。

自身的突出问题。主要表现为两个方面。其一，产业结构中第一产业结构单一。其中农业所占的比重过大，农业在第一产业所占比重高于全国平均水平约 18 个百分点。尤其是作为全国的牧业大区，畜牧业在第一产业中的比重仍小于全国平均水平 6 个百分点。其二，新疆重工业内部结构不尽合理，层次偏低。产品仍以初级加工或粗放形式为主，采掘业和原料工业所占比重约占 3/5，后者还有上升的迹象。而加工业在工业增加值的比重有所下降，且产品科技含量不高、附加值少、经济效益低。此外，新疆还要承受初级产品低价输出和加工产品高价流入的双重资金压力，资金积累不足。而资金供给能力小必然限制各种自然资源的综合开发和深度利用，并且随着开采的强度增加和时间延长，资源获取的成本还会有所提升。①

从上文对西北少数民族地区经济现状的描述及分析中可以看出，由于自然、社会、历史多方面的原因，西北少数民族地区的经济发展有其鲜明的地域和民族特点，并存在着突出问题。就经济特点来看有二：一是受制于地域和民族传统的影响，这里的经济呈现多样性的特点。就如有论者在论及回族经济时所指出的，在传统的西北回族社会里，既有农业经济，又有商业经济，还有畜牧业经济。以农业为主而兼营畜牧业，家庭手工业和商业，构成了一种复杂多元的产业模式，有学者将这种特定环境和宏观地缘结构中形成的经济类型称之为"复合类型"。② 与经济的多样性和复合类型相关，西北少数民族地区的经济发展水平表现为区域内部的不平衡性。西北少数民族地区内部的经济不仅表现出不同地域之间的差

---

① 参见王建军：《对新疆经济发展中若干问题的再认识》，《新疆财经大学学报》2004 年第 2 期。

② 参见孙振玉：《回族社会经济文化研究》，兰州大学出版社 2004 年版，第 76—89 页。

异，也表现出同一地域不同类型的差异，还表现出民族的差异。通常盆地绿洲经济发展水平要好于山区，农业区好于游牧区。二是农牧经济在当地经济中所占比重较大。

就西北少数民族地区经济发展中存在的问题来看：一是产业发展整体水平低，结构不合理。宏观来看，西北少数民族地区的经济结构主要以资源开发和加工混合型为主，许多资源开发还是低水平的，初级产品多，综合利用率低，且单位工业产值的物耗高、效率低。从产业结构上看，西北民族地区经济，除农牧业外，多属于能源、原材料工业，产业结构单一，且不合理。二是由于自然和社会条件的限制，原有的资源比较优势相对弱化。无论是自然条件还是社会环境，西北少数民族地区都处于劣势。西北少数民族地区的自然状况前面已有描述，此不再赘述。社会环境方面最突出的矛盾就是交通不便。这里远离我国的经济中心，人财物的聚集和运营能力较低，各项资源、信息的市场通达度不够。以上限制使得区域内各类资源的组织能力低，经济的积累能力有限。由于地理条件和社会条件的限制，使西北民族地区广阔地域上丰富的资源难以得到有效的利用，资源优势未能转换为经济优势。三是资源开发与环境保护问题突出。由于管理落后、粗放经营，改革开放以来的经济发展给西北民族地区本已脆弱的生态系统带来很大的压力，在资源与环境方面，资源粗放开发浪费惊人，环境代价惨重，生态工程面临危机。尤其是以农业和畜牧为经济支柱的粗放生产方式给自然条件原本就处于劣势的生态资源造成了严重破坏，当前西北民族地区面临着水土流失、土壤沙化、碱化、草场退化等环境问题。

总体来看，改革开放以来，尤其是西部大开发以来，西北民族地区经济社会文化各项事业较前有了很大的发展，但与其他地区相比总体的落后态势还未得到逆转。西北少数民族地区除部分城市外，广大的农牧区还处于待开发的状态。民族聚居区绝对贫困人数日益减少，但相对贫困现象仍然存在，西部低出高进的格局并未从根本上获得改善，东西部差距仍然有拉大的趋势。西北民族地区仍普遍落后于中原农业地区，更不能与广大东部地区相提并论。从对现代经济有着巨大影响的工业化来看，根据 2004 年的一项综合研究，中国四大经济区域的工业化水平差距很大，东部地区工业化综合指数已达 72，整体进入工业化后期，而西部地区的工业化综合指数只有 20，整体处于工业化前期的后半阶段，不仅落后于处于工业化后期的东部地区，甚至落后于处于工业化中期的东北，就是与同处于工业化前期后半阶段的中部相比，也还有一定的差距（中部地区的工业化综合指数为 24）。① 具体到民族地区则更低。总而言之，由于自然、社会等各方面的原因，西北少数民族地区经济发展水平仍然较低，在总体上呈现经济与社会双重滞后的局面。②

（二）经济滞后对民族文化及其创新的影响

西北民族地区经济的滞后对民族文化发展及其创新的影响主要表现在以下几个方面：

首先，经济的发展状况和程度决定一个地区人们的关注点。从唯物论的角度来看，人先得解决衣食住行这些最基本的物质需要，只有这些与生存相关的基本需求得以满足，才能顾及文化。个体是如此，社会也不例外。在这个意义上，只有经济的发展为社会积累了一定的物质基础，社会及其成员的关注点和着力点才能转向文

---

① 参见陈佳贵等：《中国地区工业化进程的综合评价和特征分析》，《经济研究》2006 年第 6 期。

② 参见岳天明：《中国西北民族地区经济与社会协调发展研究》，中国社会科学出版社 2009 年版，第 37 页。

化，换言之，一个社会的经济发展状况和阶段深刻地影响着人们关注的方面和关注的重心，关注方面和重心决定着社会的着力点，即人们的主要精力用于什么，物质资源向哪里倾斜。通常只有基本的经济需求满足后，人们关注点才会逐渐地转向文化，这已被东、西方处理公共事务的基本次序所证明。具体而言，一方面，经济的滞后将使一个民族将有限的资源更多地投向与生存有关的物质领域，无暇顾及与精神领域相关的文化；另一方面，经济的滞后还会抑制民族成员对文化消费的需求。经济若发展不起来，便会消磨了公众对文化的消费需求，使越来越多的公众参与不到各种各样的文化消费之中去。而当一个民族既无力发展文化事务，又无暇顾及文化生活和消费时，便没有了对文化产品的大量需求，文化发展便失去了其生根发芽的土壤，文化发展的土壤不存在了，也就谈不上什么文化的创新。因为没有主体需求的刺激，文化的发展创新就失去了动力。

其次，从经济对文化的直接影响来看，民族经济的滞后影响包括教育在内的各项文化事业的发展。现代文化的发展和创新离不开包括教育在内的各项文化事业的发展，正是文化事业为文化的发展提供组织基础和物质来源，而各项文化事业的发展都需要相应的物质设施和资金作为保障，一定程度上经济的发展状况和水平决定着文化事业的发展程度。现实中，民族地区的各项文化事业的滞后在很大程度上是由于经济的落后导致的，由于物质基础的薄弱导致有限的资源在各个领域分配上的不足，而在物质资源匮乏的情况下，教育和各项文化事业更易被忽视，这样就使得民族文化的发展和创新受制于经济之困，经济上的落后限制了文化建设的规模和文化创新的力度，从而影响了文化发展和创新。就以教育为例，教育在文化发展和创新中扮演着重要的角色，它通过改变人而全面地塑造一个民族的文化，教育也在相当程度上决定民族文化创新的现状。教育的发展需有一定的财力作支撑，而依照我国现行的教育投资体制，基础教育经费的投入主要由地方负担。这使得西北少数民族地区的教育发展因经济资本匮乏而严重滞后。西北少数民族地区文化创新的滞后很大程度上可以通过经济落后得到解释。

再次，经济滞后影响人力资源的构成和质量。人类所有文化活动都是有目的、有意识的实践过程，都需要主体的参与。在这个意义上，人力资源的状况和质量对文化发展和创新来说是至关重要的。就目前来看，西北少数民族地区的人力资源仍是低质量的，直接影响了民族地区的文化发展和创新，西北地区的人力资源从数量到结构、质量等都与其他地区存在着较大的差距，这里面积占全国的 56.78%，但人口只有不到 1/4，不仅人口数量少，且教育水平、科技文化水平较之其他地区仍然较低。造成西北民族地区人力资源短缺、素质不高的原因除了地理因素外，一个重要的原因就是经济。经济发展水平的滞后严重削弱了民族地区培育、吸收和保留人力资本的能力，导致了民族地区各类人才的大量流失。以甘肃的卓尼县为例，这里多民族杂居、占地 5 419.68 平方公里、人口只有 10.04 万的经济落后地区。该地区的民族构成主要以藏、汉民族为主体。由于经济落后，农民收入低，供应子女上学乏力，辍学率很高。再加上教育体制改制，学校合并，使得居住在山区的一部分儿童，由于距离太远而无学可上。仅有的学校由于财力困难，师资力量薄弱，这里一个县仅有一所完全中学和民族中学，教师来源主要是甘南师范学校。据了解，全县从事高中数学教学的教师不足 5 人，英语教师主要从陕西、会宁等地招募，难以满足现有的教学需求。①

---

① 参见魏贤玲：《从甘肃卓尼县经济发展现状看少数民族地区经济发展滞后的原因》，《兰州商学院学报》2004 年第 4 期。

更重要的在于，由于经济发展差距每年都会有劳动力年龄人口的东流。"据甘肃近10年以来的统计，全省每年外流的高中级职称和高学历专业技术人员超过1 000名，全省每年在外省高校毕业的学生有5 000人，而每年回到甘肃的却不到三分之一。青海2000至2003年外流各类人才2 646人，而同期引进的人才只有671人，流出和流入之比为4比1。新疆从1979年到1998年，通过正常渠道调出的干部就达4万人，而同期由外省调入的干部仅7 248人，调出与调入的比例为6比1。宁夏改革开放以来，大约流失人才3万名，而同期引进的人才不到3 000人，流失与引进比为10比1。"①人才的大量流失不仅影响了民族地区生产力水平的提高和经济的发展，更使其文化发展和创新受到很大的影响。

第四，民族的经济结构和产业结构决定民族文化的走向。在经济全球化、文化与经济日益融合的当代，文化的发展在很大程度上是依赖于一定经济结构和产业结构的。从发达国家的经验来看，第一、第二产业在整个经济中所占比重逐渐下降，与之相应第三产业持续攀升，尤其是从20世纪七八十年代开始，知识经济开始兴起，知识逐渐取代劳动和资金成为最重要的资源，文化产业开始受到社会高度重视。正是通过文化产业，一方面带动了各国经济的增长，另一方面使其各自的民族文化得到了长足的发展，并使得文化创新从内容到传播手段都发生了革命性的变化。

最后，经济的滞后也制约文化观念的创新。文化的核心是价值观念，而观念不是凭空产生的，所以不能只是在现成的典籍、范畴和思想资料里去寻找观念的来源，而是必须站在现实的历史基础上，从民族的现实活动和各种实践中去寻找。因为文化在本质上是

---

① 黄欢：《人才流失：西部不可承受之"痛"》，《中国人才》2005年第8期。

一个"人化"和"化人"的过程，"人化"和"化人"都离不开实践过程。一方面，通过实践将人的本质力量对象化；另一方面，通过实践使人化的成果得以化人。正如有研究者指出的，"人们在实践中认识世界和认识自己，一方面不断地化自在之物为为我之物，使自然物人化；另一方面又凭着人化的自然，不断地发展人的本质力量"。① 文化创新在本质上是人的本质力量在创造性社会实践中达成，并通过实践过程践行的过程。所以了解文化及其创新必须回到民族实践活动的历史和现实，亦即回到以物质生产为基础的各种社会和政治实践过程中。在这个意义上，民族的经济结构和过程塑造着包括观念在内的所有文化，一个民族的知识体系、规范系统和观念系统都内在于其特定的经济架构之中，并通过经济结构和过程得以体现和发展。具体到西北民族地区，被人们所批评的所谓安分守己、思想的僵化、保守、听天由命、缺乏商品意识和竞争观念、重经验、轻科学等观念都是有其现实基础的。一定意义上可以说，正是西北封闭的自然和社会生活环境，以农牧业为主的经济结构，远离市场中心、生产社会化程度低与外部社会联系较少等造成了以上种种被外人视为落后的观念。

以上分析表明，经济问题是包括文化在内的一切社会问题的终极原因。经济是文化发展和创新的物质保障，是影响文化创新的基本因素。它既为文化的发展和进步提供物质基础，也为文化的发展和进步提供动力和市场，不仅一个民族的经济水平决定了文化事业发展程度，一个民族的经济结构也影响着文化发展的方向，与此同时，发展程度也深刻影响着人们的文化观念和思维方式。总的来说，经济是促进文化发展和创新的动力，对民族文化从组织体系到

---

① 刘奔：《文化研究中的哲学历史观问题》，《思想战线》2007年第2期。

规则系统再到价值观念等有着全面的影响。

三、通过发展经济为文化创新提供物质保障

西北少数民族地区的经济发展，必须从民族地区的实际出发，适应世界经济和我国经济发展的趋势，制定一个具有本区特色又与经济发展趋势相一致的战略。

（一）西北民族地区的实际与当代经济发展的趋势

任何一个地方都有其地区实际，经济的发展要利用其优势，并尽可能避免劣势。就经济发展而言，地理区位是一个不容忽视的客观条件，一个地区的地理、气候、地形等自然条件对经济的发展有着重要的影响。虽然科技的进步提升了人们改造和利用自然的能力，经济全球化也打破了地理上的区隔和限制，但仍不可忽视自然条件对经济发展的影响。就地理区位而言，西北民族地区的自然地理对于经济发展更多的是一种限制，这里地理地貌复杂，自然环境恶劣，生态脆弱，加之一些地方过去粗放型农业经营和掠夺式的资源开发，使得西北地区自然生态环境不断恶化，土壤荒漠化日趋加剧，水土流失严重。虽然过去经济的高速发展过程中，全国范围内都存在生态问题，但对生态系统脆弱的西北少数民族地区而言，生态环境问题尤其严重。自然生态问题之外，这里地处内陆，相对封闭，且交通不便，不利于各种经济资源的汇聚和流通。从社会条件来看，这里人口稀少，远离市场中心，在吸引外界资金和吸纳人才方面都存在障碍。以上自然和社会条件可以看作西北民族地区经济发展的劣势。西北少数民族地区的优势在于，西北是一个多民族、多元文化的地区。这里是中国乃至世界少有的多元文化区域，这里

有数十个民族，其文化更是涵盖了藏传佛教、伊斯兰教、中原的儒家文化和形形色色的本土文化，漫长的历史和社会过程使得这里文化极为丰富多样，这里的民族文化不仅表现为民俗丰富多彩，且宗教色彩浓厚，特色异常明显。文化资源丰富多彩之外，这里的自然地理地貌多样，也蕴藏着许多地理和自然奇观，有些甚至为世界所独有。

就当代经济发展的趋势而言，当代经济发展的最大特点就在于经济和文化的高度融合。文化经济化和经济文化化成为当代经济和文化发展的一个基本趋势。之所以如此，首先是因为人作为一种文化动物，一切社会活动包括经济活动都是具有文化内涵的，尽管经济活动是受利益支配的，但仅仅从利益角度并不能完全解释人类的经济行为。换言之，对于人类的经济活动不能仅仅从利益的角度予以理解，只有从其文化内涵的层面才能体察活动的本质意义。同理，一种经济活动越符合其文化，则会越有意义，也就越容易成功。其次，当代社会已经由过去以生产为主导的社会转变为消费主导性的社会。随着消费社会的到来，消费取代生产成为社会的中心，而人们的消费不再仅仅限于传统的物品及其使用功能，如果说过去的物是"器物"，其价值体现在形而下的方面，即物的具体功能和应用层面，现在的物则成为"符号"，其价值体现在形而上的方面，即物品所含的社会意义。① 消费社会的到来和对符号与文化价值的追求，意味着人们不再单纯地关注物的使用价值，而是在消费物质产品的同时，更多地关注其精神上的愉悦和享受。这使得文化深深地嵌入经济之中，所有的经济活动和产品都必须考虑其蕴涵

---

① 参见李彬：《鲍德里亚的"符号革命"及其传播学蕴含》，《中国传媒报告》2003 年第 1 期。

的文化内涵。这同时意味着经济是借助于文化而发展的，一种经济活动要获得成功就必须要有文化作支撑，并尽可能多地赋予其物质产品以文化内涵。再次，随着科技进步和信息社会的到来，文化本身就是经济。当代社会，文化内容本身和各种创意成为一种新的业态——文化产业，并在一国经济之中占有越来越重要的地位。国际上来看，各国的文化产业呈现方兴未艾之势，我国也开始不再从单纯的意识形态角度来看待文化，而是从兼顾经济的角度来看待文化发展问题。[1] 结合西北民族地区的实际和当代文化经济化和经济文化化的发展趋势，西北民族地区的经济发展除改变过去粗放的经济发展模式，提升优化产业结构外，最重要的就是借助于丰厚的民族文化资源和特色，发展文化经济。

（二）以文化产业为龙头，促进民族经济和文化的共同发展

西北民族地区的文化产业发展，首先要对文化产业的属性和特性有一个正确的认识。文化产业作为产业，像其他产业一样，有其经济属性和商业属性，文化产品也和其他产品一样具有生产、流通、交换、消费等基本环节，其运行过程既具有市场条件下经济运作的全部过程，也要符合一系列经济运行的规则。但不能只强调文化产业作为一般产业的普遍属性，而忽略其作为文化产业的特殊性，亦即精神属性和意识形态属性。从根本上来说，文化产业并未取消或弱化文化的精神、人文和意识形态属性，它只是赋予了文化存在和发展一种新的形式，改变了传统意义上文化生产和消费的方式，是文化产品的生产、消费和文化的发展以产业化的方式进行，

---

① 参见祁述裕：《影响文化产业发展的诸要素》，《中国文化报》2008 年 10 月 10 日。

在本质上是文化生产和传播方式的变化，并未改变其文化本质。文化之为产业在本质上反映了技术的进步和新的文化载体对文化的渗透，是随着社会发展人们对产品文化效用的提高，也是文化产品从个别走向一般、从精英文化转向大众文化的表现。在本质上文化的产业化并没有改变其文化本质，改变的只是生产和消费方式。一言以蔽之，文化是文化产业的内容与基础，失去了文化这一内容，没有了文化属性，文化产业便失去了其存在和发展的基础。

其次，要紧紧围绕文化产业"内容为王"这一本质特点，做好内容的生产和创新。文化产业是以"内容为王"的，它是将文化内容进行创造性开发，通过创意、生产、消费一体化的流程创造出高品质的精神文化产品的过程。西北民族地区的文化产业发展，一要利用这里多元社会和文化的优势，二要大力创新，三要充分利用现代科技成果。西北民族地区是一个多民族多元文化的社会，不仅文化资源异常丰富，且特色突出。这里作为亚欧文化的通道和中原文化与中亚各地文化的交接地带，有着积存深厚的文化资源，是儒家文化、藏传佛教文化、伊斯兰文化以及现代文化并存的地区。首先，西北民族地区文化资源从内容上包括了精神、器物、民俗、宗教等方面，尤其这里的文化资源民族性、宗教性、地域性突出，这为文化产业的发展提供了丰富的资源。对于这些特色鲜明而又多样的文化需要通过科学、合理地筛选利用，使其转化为有价值的文化产品。其二，文化产业是以文化内容为核心的创意产业。文化内容贵在创新，为此，要大力促进包括专业研究、文艺创作人员和团体等的积极性，创作出具有时代气息的各种文化产品，还要在文化内容创新上做到传统与现代的整合。要明了文化创新是在民族博大精深的传统文化与现代工业文明结合的基础上，实现文化内容的选择、优化与整合，它是民族性与世界性、传统性与现代性的整合，

177

即通常所说的去粗取精、去伪存真。这是因为，一方面，文化不等于文明，只有符合文明发展方向的文化内容才有利用和开发的价值。所以，不是要把所有的文化元素通过产业化都要融入经济发展中去，而应去其糟粕取其精华，确保那些被产业化的文化是符合文明发展趋势和社会进步的。另一方面，应该看到，虽然民族文化作为各民族在漫长的历史过程中共同创新的精神财富，是当代文化发展创新的现实基础，但不能忽略当代文化赖以生长发展的经济、社会基础已经发生了深刻的变化，少数民族文化只有在继承优良传统的基础上不断创新，才能适应时代的发展和社会的需要。具体到西北少数民族地区，民族文化的内容创新必须立足特色文化，实现民族性与时代性的有机统一。既要深入发掘民族传统文化资源里处理人与自然、人与人关系方面的"和谐"思想和爱护自然的伦理思想，也要积极地吸纳现代社会那些普适的价值和观念。其三，文化产业作为一种新型的业态和经济发展方式，是经济发展从劳动资本密集型向技术密集型的转变，文化产业发展的基础是高速发展的科学技术，在本质上它是现代科技与经济高度交融的产物。在文化产业的发展中，科技的推动作用十分显著，这在传媒产业表现得尤其突出，历史上，印刷术的出现极大地推动了文化产品的生产和知识的传播。20 世纪 90 年代以来，在信息技术的推动下，文化传播媒介不断更新，文化产业更是成为新技术的汇集点和对新技术最敏感的领域。[1] 科技的发展使传媒在一国经济中的作用愈来愈重要，仅2003 年，全世界的媒体行业就创造了 1 万亿美元的财富，并且其创造财富的能力还在以每年 7% 的速度稳步增长。经济功能之外，传媒还在推进公众教育、增强民族团结，提升国家和民族在世界舞

---

① 参见孟晓驷：《文化产业发展机理解析》，《光明日报》2004 年 6 月 2 日。

台上的地位方面扮演者重要的角色。① 在这个意义上，民族文化产业的发展，必须注重对新的科学技术的吸纳和利用，通过高科技与文化的融合，提升文化资源的附加值，使文化资源转化为巨大的产业价值。就西北各民族省区而言，尤其要改变过去主要依靠旅游文化资源发展文化产业的单一模式。要看到旅游文化资源是有限的，把文化产业发展的重点放在旅游产业上，不利于文化产业整体竞争力的提高和可持续发展。尤其在人口密度增加、资源消耗过度的今天，文化产业的核心应该是现代文化产业，发展空间较大的文化产业是新兴文化产业，再不能一味地靠山吃山、靠水吃水。② 民族地区在发展旅游产业的同时，要利用自身独特的文化资源，充分利用现代科技打造包括读书出版、影视传媒、信息和广告在内的各类高水平文化产业。

再次，要看到文化产业是一个复杂的系统。文化产业是一个将文化资源通过深度开发不断转化为文化产品和文化服务的价值实现过程。作为一个产业，它包含着复杂的过程，这是因为，文化资源并不是现成的文化产品，更不等同于文化产业，它只是一种可能性资源和基础，真正把文化资源转化为文化产业，必须从文化产业生产的首要环节即资源开发入手，通过市场和商品手段转化为文化资本，再通过对文化资本的再生产使其变为产品及服务，并经过市场流通到达消费者手里。要实现这一系列的转化，离不开其主体和内外制度。从主体来看，文化产业涉及现代社会最重要的组织体系——企业及其成员，具体到文化企业，其产品生产过程较一般工

---

① ［美］罗伯特·默多克：《传媒产业的功能和价值》，陶春译，《学习时报》2003 年 10 月 23 日。

② 参见雷兴长、吴青青：《推进西部现代文化产业发展的对策》，《管理学刊》2010 年第 6 期。

农业生产过程复杂，虽然这类产业高度推崇个体的创造性，但除了需要个体创意策划之外，技术制作、管理协调、创意推广和商品营销等环节也必不可少，只有将这些环节充分的协调，才能实现文化产品的生产。从成员来看，文化产业本质上就是创意产业，其核心是文化产品的生产和文化服务的提供，对高水平人力资源的倚重较之其他产业更为突出，这本身需要一大批高素质的创新型人才，而创新型人才是一项稀缺的社会资源。从外部环境来看，文化产业的发展需要一定的政策环境、社会环境，更有其发展所依赖的物质基础和技术基础。一方面，像所有产业发展一样文化产业需要适合本地区、本民族发展的产业战略和政策；另一方面，由于文化产业的多重属性，比一般产业更需要市场手段和行政手段的合理配置，在发挥市场机制在资源配置方面基础性作用的同时，发挥好行政的宏观调控职能，对于其健康发展是至关重要的。与此同时，文化产业的发展离不开雄厚的物质基础和高速发展的现代科技，国际经验表明，文化产业发展与经济发展密切相关，通常经济越落后，收入越低，文化娱乐教育的支出和消费水平越低；反之，经济越发达，收入越高，文化娱乐教育的支出和消费水平也越高。① 换言之，文化的消费是由经济发展创造出的，只有经济的发展满足了人们基本的物质需求之后，人们可以更多地从事文化消费并日益注重消费的文化意义时，文化产品才有市场，文化产业的发展才有了社会基础。同时文化产业本身也是科技与文化相互渗透融合的结果，离不开现代科技的发展。

最后，民族地区的文化产业发展要关注民族地区的特殊性。在西北少数民族地区，文化宗教性特别突出，文化与宗教、民族及其

① 参见孟晓驷：《文化产业发展机理解析》，《光明日报》2004年6月2日。

他社会因素密切相关，在发展文化产业时不可忽视特定地域的民族传统和宗教，同时要注意文化产业发展对现有的民族社会分工格局的影响，以及由此导致的民族关系格局和社会心理变化。不能简单地把民族文化看成是政治、经济以外的一个独立领域，而应在相互的关系中考察民族文化及其文化产业发展，避免就"文化"论"文化"的单一视角，并努力发掘民族文化资源中所蕴涵的认同性力量。尤其要克服过去一度存在于民族文化开发中的猎奇心理，从单纯热衷于民族文化的原始性和古朴性转向对其现代内涵意义和价值的发掘与转化。与此同时，要调整好文化产业发展和文化资源保护的关系。文化产业发展一定要坚持社会效益优先的原则，做好文化资源产业化的规划，避免在文化产业的快速发展中对民族文化的破坏。特别值得一提的是，少数民族文化产业的发展要立足于特色文化，做到民族性和时代性的有机统一，要针对西北地区产业结构不合理和产业基础薄弱的现状，适应经济文化一体化的趋势，积极加入全国乃至全球范围内的文化产业分工体系当中，在保护文化资源的前提下，加快文化资源的开发与整合，促使民族文化和经济社会的全面发展。

总而言之，文化发展和创新是一个内在于社会政治和经济的过程，尤其离不开社会经济结构和过程。西北民族地区的文化创新，要针对西北地区的自然经济和社会状况，适应当今经济和文化一体化的趋势，通过对那些既能显示民族特色又有经济开发价值的文化资源的开发利用，将民族地区的资源优势有效地整合为能够促进经济发展的因素，以通过经济的发展带动民族文化的创新。

第六章　通过教育提升民族的
文化创新能力

文化创新能力是民族成员产生或形成新的思想、观念并利用其创造新事物的能力。这一能力的形成和实现主要是后天培养的结果，在这一过程中教育扮演着极为重要的角色，它通过对个体的培养和综合素质的提高，提升其创新实践的能力。西北民族地区由于种种原因教育处于相对落后的状态，教育的落后严重影响了文化创新能力。为此，通过教育提升民族的文化创新能力，以更好地促进民族文化创新便成为必然选择。

一、教育的功能及其对民族文化创新的影响

教育作为现代社会的一项基本设置，有着多种功能，它通过对人的培养塑造，影响决定着社会各项事务。就如戴维·波普诺所言，"学习是一生中的社会和个人经历，它将改变一个人的知识、态度和行为。"① 之所以如此，是因为人虽然具有知识、德行和虔

---

① ［美］戴维·波普诺：《社会学》，李强等译，中国人民大学出版社1999年版，第418页。

信的种子，但这种子却不是自发生长的，它需要凭借教育的力量，"只有受过恰当的教育之后，人才能成为一个人"。[①]

就宏观的社会功能而言，教育作为社会系统的一个组成部分，与其他各子系统——政治、经济、文化等之间有着密切的关系。教育作为一项社会设置，从产生起就是社会存在、发展的基本条件之一，体现着对政治、经济、文化、道德等方面的巨大价值。[②] 教育的社会功能是通过其所培养的人对社会各种活动过程的作用、影响来实现的。教育的影响遍及经济、政治、文化各领域，一个社会从经济的发展水平到政治的文明程度，再到文化的传承发展都在很大程度上取决于教育的发展程度。总之，教育具有重要的社会功能，它通过其培养的人才为社会各项事务提供了人力保证，促进包括政治、经济、文化在内的各项社会事业的发展。

（一）教育的经济功能

教育的经济功能是指教育在社会经济发展中所起的作用。当代社会，随着生产技术、手段和方式、方法的改进，教育对社会经济发展的促进作用也在不断增强，它不但是实现劳动力再生产的手段，而且是科学知识和先进技术再生产的手段。一方面，教育为社会经济的发展提供保障，它通过对社会成员的教育将潜在的、可能的劳动力转换成现实的劳动力，是社会劳动力再生产的最重要手段。现代社会，经济已经摆脱了传统的依赖于简单工具和经验的阶段，进入机械乃至智能的时代。现代社会生产过程中的劳动力已不再是简单的体力劳动者，而是体力和脑力结合的新型劳动者，现代

---

① ［捷］夸美纽斯：《大教学论》，傅任敢译，人民教育出版社 1998 年版，第 39 页。

② 参见李官：《民族教育价值论》，《当代教育与文化》2011 年第 6 期。

生产也已是高密度智力化的生产，劳动者受教育程度的高低决定了劳动生产率的高低。在一个经济发展主要依赖于高素质劳动者的时代，民族经济能否得到快速发展，与民族教育状况以及民族成员的受教育水平密切相关。教育水平高，才能培养出更多有文化的劳动者，才能提高劳动生产率，进而才能促进经济的增长。在这个意义上，没有高水平的教育，就没有高水平的劳动大军，也就不会有地区经济的持续发展。另一方面，教育是现代社会创新的基地。教育是现代社会知识创新、传播和应用的主要基地，也是培养创新精神和创新人才的重要途径，更在创造、传播科学文化和提高经济技术水平方面起着中流砥柱的作用。正是由各层次教育构成的教育体系培养的各种专业人才，创造了新的知识、技术和工艺，推动着民族经济的发展。同样，也是教育使新知识、技术和工艺得到传播和推广，从而得以在更大范围内推动经济和社会发展。

（二）教育的政治功能

教育的政治功能早已被人们所认识和重视。早在《学记》中就有："建国君民，教学为先"，"欲化民成俗，其必由学乎"之说。汉代政治家董仲舒在其《对贤良策》中，更是向汉武帝建议："南面而治天下，莫不以教化为大务。"教育的政治功能首先表现在对政治意识形态的形塑和推广。任何一个统治者要想巩固政权，维护社会的稳定发展，都必须通过一定的意识形态统一人们的思想，驾驭人们的行为。[①] 教育在这一过程中起着重要的作用，它通过有目的、有计划、有组织的过程，依据一定的社会要求，按照一

---

① 参见朱俊杰、杨昌江：《民族教育与民族文化发展研究》，湖南教育出版社 2006 年版，第 38 页。

定的方向，对社会成员进行系统的教育，培养其道德观念和政治观点。通过教育可以使社会成员形成社会需要的思想意识和行为方式，从而促进青年一代的政治社会化。[①]

其次，培养合格的公民和各种社会政治人才。致天下之治者在人才，成人才者在教化。教育的根本任务是培养人，即在一定的社会中，培养具有什么样政治方向和思想意识的人。[②] 柏拉图曾主张教育的最高目的是培养"看见善"并且达到了善德高度的"哲学王"，即国家的最高统治者。当然，教育并不是只培养最高统治者，也培养政府一般组成人员及各种专业人才。再次，教育有助于提升社会的民主和法制意识。当今时代是一个政治日益民主化、法制化的时代，而教育在促进民主政治发展过程中有着重要的作用，教育能够使社会成员形成民主生活的意识能力，增加法制意识，学会依法办事，提升民族自豪感，增强民族凝聚力。[③]

（三）教育的文化功能

教育的文化功能主要表现在：选择、整理、传递和保存民族文化；更新创造文化；吸收整合世界先进文化。通过对民族文化的选择和整理，对发展中的各种文化现象进行加工，在此基础上创造出新的文化，并通过教育使最新学科知识得以传播，促进民族文化的不断更新和发展。[④]

[①] 参见尹绍亭、夏代忠：《现代民族学》（下卷）第二册，云南人民出版社 2009 年版，第 707 页。

[②] 参见尹绍亭、夏代忠：《现代民族学》（下卷）第二册，云南人民出版社 2009 年版，第 707 页。

[③] 参见严庆：《对我国民族教育功能的认识》，《新疆师范大学学报》2006 年第 1 期。

[④] 参见尹绍亭、夏代忠：《现代民族学》，云南人民出版社 2009 年版，第 706 页。

1. 教育对文化的选择、传递功能

由于文化包括知识、信仰、道德、法律、艺术、习俗等，是人类生产和社会生活的产物。而教育是有目的、有计划、有组织地系统培养人才的一个动态过程，这一过程是以确定教育内容开始的，而确定教育内容的过程，实际上就是选择文化的过程。教育内容之所以需要"确定"，一是因为随着时代的发展，任何文化都包含着积极与消极的成分。而作为有目的、有计划的学校教育就需要筛选文化中的精华部分传授给受教育者，为受教育者提供适应社会发展变化和需要的世界观、人生观、价值观以及技能；二是因为教育对象即青少年，他们的身心发展具有规律性，其认识能力、实践能力的培养都需要一个复杂的过程，因此教育的内容要根据受教育者的身心发展规律和接受程度来确定；三是因为人类文化知识的广泛性与人脑容量的有限性这一无法克服的矛盾，受教育者不可能在有限的时间内吸收全部的人类文化，这就需要对不同类型的人员确定不同的教育内容。由以上原因可知，文化选择贯穿于教育的全过程，教育的每一项活动，其过程的每一个方面都包含着选择的意义，只有选择那些对未来发展有积极意义的成分来塑造人才，文化才会发展。除教育主体对教育内容、方式和方法的选择外，教育过程中受教育者也可以提升自身对文化的认知和判断能力，从而有助于其自觉地选择那些对社会发展有益的部分，剔除糟粕的部分。

教育在文化的传递方面也起着非常重要的作用，就如有研究者指出的："广义的教育指的是有价值的知识和技能的传递。不同时代，不同社会，教育所传递的知识和内容不同，传递的方式也不同，有比较正规和比较系统性的传授，也有随意的传授。除了学校的授课教育之外，家庭、亲友、社会等每时每刻都在向人们传递各种信息，如果这些信息是接受者原先不知而且最终被接受的，这些传递活动也可视为是一种教育行为。"① 文化之所以能够成为文化，主要是由于它具有被传递性，即通过教育传递。文化只能通过在学习的过程中获取，而不能通过先天遗传的方式获得，因此人类文化从产生的那天起就与教育有着密切的关系。教育对文化的传递有三种形式：一是口耳相传、物体示范和行为模仿，这是文化传递的最基本的方式；二是文字与学校，这是文化传递的一种高级方式；三是信息科技，即计算机、电视等信息技术的兴起和在教育上的广泛应用。② 我们现在的教育正是通过这三种方式对文化进行传递，由早期的口耳相传方式到书面文字的形成，再到现代学校教育的出现和发展，文化的传递和发展越来越摆脱了个体生命的局限，尤其是现代信息科技的出现和使用，使教育实现了全方位和多领域的立体传递。教育的传递通过以上三种方式的整合，形成了三个不同层次的完整传递体，教育传递着文化，使得新生一代能迅速、高效地获得人类创造的文化财富，推动人类社会的发展进程。

2. 教育对文化的创造功能

文化的本质在于创造发展，教育主要通过三种方式来实现文化的创造功能：首先是培养大量有创造力的人才，教育的活力与培养创造型人才成正比，能否培养有创造力的人，是衡量现代教育的一个根本指标；其次是倡导现代文化观念，树立革新传统、大胆开拓、勇于竞争、大兴科学、主张人的个性发展的教育意识，开辟产生创造性人才的条件；最后是实现教育国际化和开放化。③ 教育不仅是传递已有的文化，而且随着时代的发展在已有的文化中寻求更新与创新，使之适应新的社会环境，以有益于社会的生存和发展。

① 马戎：《民族与社会发展》，民族出版社 2001 年版，第 226 页。
② 马戎：《民族与社会发展》，民族出版社 2001 年版，第 226 页。
③ 参见冯增俊：《教育人类学》，江苏教育出版社 1998 年版，第 195—196 页。

人类正是通过教育，把已有的文化财富内化为受教育者个体的精神财富，培养和造就他们与文化发展相关的个性和创造力。因此，教育作为传递人类文化的手段，通过文化的选择和整理功能，对正在发展中的文化现象进行加工和整理，从而创造出新的文化，并通过教育传播最新学科知识，促进人类文化的不断更新和发展。因此，教育不仅具有保存文化的功能，也具有繁殖、发展、更新文化的功能。

3. 教育对文化的批判功能

"教育作为一种高度自觉的文化活动，通过选择传递创新文化实现人的解放。然而这一目标必须要通过教育的文化批判活动才能实现。"① 著名文化哲学家恩斯特·卡西尔说："作为整体的人类文化，可以被称为人不断自我解放的过程。"② 任何一种文化都有其优秀的部分和陈腐的部分，真正的教育以处于特定文化背景下的人的精神世界为出发点，从中吸收有利于人类发展并符合人类特性的优秀文化，并通过教育活动将其传递给个体，让个体不断地接近人类的优秀文化，从而实现个体自我的不断发展和超越。同时，通过教育可以唤醒个体的自我意识，对文化中不合理的成分进行批判。在教育匮乏的时代，人们由于缺乏教育往往迷信命运、神灵，崇拜权威，受制于文化中的错误经验和非理性成分的束缚，并进而导致人主体性的丧失；现代社会由于教育的普及和大众批判能力的提高，使得大多数人得以摆脱这一束缚。文化批判使得文化的发展、创造沿着美善的轨道前行，实现文化的合理继承和创新，从而促进社

---

① 周志辉：《教育：文化批判何以可能》，《南通大学学报》（教育科学版）2007年第4期。

② ［德］恩斯特·卡西尔：《人论》，甘阳译，上海译文出版社1985年版，第288页。

会的发展。

　　具体到民族教育，作为教育的一个重要组成部分，除具有一般教育的功能外，还有其特殊性，这主要体现在"民族性"和"文化性"上。就个体层面而言，它强调对个体生存和发展的文化性，以及对族群的生存和发展价值，在社会层面，它更关注民族教育的文化价值。① 原因在于："一个民族之所以为民族，最根本的莫过于形成自己特有的文化。这些相对稳定且具有自己特色的文化，毫无例外的都会体现在民族这个人们共同体每个成员的实际生活中，体现在他们的思维方式上，体现在他们所创造的物质和精神文化上。"② 这表明民族的存在，不仅涉及有生命的某个民族成员的存在，还涉及掌握本民族文化的民族成员的存在，这意味着所谓的民族存在，必然以共同的文化认同为基础，失去文化认同，民族就只是一个普通的人类群体。③

　　教育社会功能的实现是通过个体实现的，它通过改变人、促进人的自身发展去改变和促进社会的发展。在本质上，是促使个体适应自然、利用自然能力的发展，是人的社会化和文化化，是人在维持生存前提下，对发展和创造力等更高层次价值的追求。④

　　前文所述教育文化功能的每一方面，都是与文化的本质创造和创新密切相连的。从对自身已有文化的传承到对世界各民族先进文化的学习，从技能的获得到观念的更新，从认知判断能力的提升到实践能力的培养，其每一个方面都在保存民族文化的同时，进行着

---

　　① 参见李官：《民族教育价值论》，《当代教育与文化》2011 年第 6 期。

　　② 参见姚霖：《全球化背景下民族教育的现实境遇与价值选择》，《当代教育与文化》2011 年第 6 期。

　　③ 参见李官：《民族教育价值论》，《当代教育与文化》2011 年第 6 期。

　　④ 参见王坤庆：《教育哲学——一种哲学价值论视角的研究》，华中师范大学出版社 2006 年版，第 206 页。

更新创造。这已被相关的研究所证明，美国心理学家西尔瓦诺·阿瑞提研究表明：包括文化手段的便利，即有获取文化的较好的物质基础或人文环境；无差别地让所有人都能自由地试用文化手段；接受不同甚至对立的文化等9种因素影响着发明创新。① 阿瑞提从教育的角度对培养创造力的条件问题提出了自己的看法，他认为促进个人创造力的最好环境是家庭，但若想在更大的范围内激发创造力，则更应该在幼儿至青年阶段进行培养，而广泛细致的社会分工决定了这一阶段对个人创造力的培养主要由学校完成，即教育在其中起着扮演着不可替代的角色，同时提出了教育机会平等多寡和民族教育水平对创新有关键作用。无独有偶，吉尔菲兰在《发明社会学》中也多次阐明教育水平对发明的制约作用。这表明，在各种要素中，教育是创新必不可少的条件。② 可见，教育因素对激发民族文化和创新思维是非常重要的。

总而言之，教育是培养和塑造人的手段和途径，它通过对人的教育实现人的本质——文化化：一方面，教育通过人化的过程创造了各种文化成果；另一方面，运用这些成果进一步提升人的文化创造能力，并通过创造能力的提高实现文化创新。具体到民族文化创新，教育在三个方面是至关重要的：一是价值观的重塑，这是民族文化创新的内在基础和驱动力；二是知识和技能的传授，这是构成知识创新和技术创新的基础；三是社会准则的传递，它促进人的社会化，为人力资本的发挥提供良好的社会环境，使人力资本的能量不至于因为劣质的社会关系而削弱。③

---

① 参见［美］西尔瓦诺·阿瑞提：《创造的秘密》，钱南岗译，辽宁人民出版社1987年版，第401—415页。

② 参见冯增俊：《论教育对创新生成的作用》，《教育研究与实验》2002年第2期。

③ 参见路宪民：《民族文化创新论》，《当代教育与文化》2011年第6期。

二、西北民族地区教育的现状
及其对文化创新的制约

西北民族地区的教育大都是新中国成立后才发展起来的，与1949年以前相比，各种教育大都以几倍甚至数十倍的速度增长，但作为我国少数民族的主要聚居地，由于受自然地理、历史社会以及人文等多方面的因素影响，文化教育仍然比较落后。

（一）西北民族地区教育发展的现状

民族教育是由家庭教育、社会教育和正规的学校教育等多种形式构成的系统。在西北民族地区，除以上形式外，还有极富民族特色的其他教育形式，如藏族的寺院教育、回族的经堂教育等。现代社会，学校教育在各种形式的教育里面尤其重要。就西北民族地区来看，已初步建立了包括中小学教育、大学教育、职业教育和成人教育在内的教育体系，教学设施、师资队伍等各方面都较前有了很大的发展。在基础教育方面，按照《中华人民共和国宪法》规定的发展民族教育的原则，各地大都拟定试行条例，并在教育经费的投入和教学设施建设方面采取了许多措施，为民族教育的发展奠定了物质基础。截止到1996年底，西北地区教育"普九"工作取得了突破性进展，已有三十多个民族实现了普及九年义务教育的目标。宁夏、青海和新疆地区，小学适龄儿童平均入学率为93.62%。① 再以甘肃省的民族地区甘南州为例，通过多年来组织

---

① 参见夏铸：《认清形势，加强宣传，促进民族教育改革发展——在全国民族教育宣传工作会议上的讲话》，《中国民族教育》1997年第5期。

实施的重大教育项目，基础教育有了很大的发展，适龄儿童入学率明显提高。2010年，全州8个县市全面实现"两基"，"两基"人口覆盖率达到了100%，全州初中在校生人数由2000年的15 288名增至35 423名，初中阶段入学率达到97.45%；全州小学在校生由2000年的75 335名增至90 589名，适龄儿童入学率达到98.68%，比2000年的97.46%提高了1.22个百分点。[①] 高等教育方面，新中国第一所民族学院——西北民族学院首先就是在西北的兰州建立的，随后又有青海民族学院、西北第二民族学院等相继成立。经过多年的发展，西北地区的民族院校、普通高等学校的规模不断扩大、专业门类日益齐全，这为西北民族地区成员素质的提高和高层次专门人才的培养提供了良好的环境。普通高等教育之外，适应经济和社会发展对专业技术人才的需求，职业教育、成人教育也在稳步推进，尤其改革开放以来发展得很快，就以宁夏回族自治区为例，1965年各类职业学校在校生仅有5 526人，至1997年增加到4.1万人。[②] 师资队伍建设方面，从20世纪80年代中期开始，新办了一批民族师范学校和民族师范班。如宁夏回族自治区，先后在固原师范、吴忠师范增办一年制师范班，加快了培养回族教师的步伐。同时，为进一步加快西北少数民族地区的基础教育发展，1985年教育部委托西北师范大学创办西北少数民族师资培训中心，主要培养普通高中、中等师范和大专院校部分少数民族教师及中等以上职业技术学校的少数民族基础课教师。通过以上措施，民族地区的师资队伍从数量到质量都有较大提高。如甘肃省的甘南州，截

---

① 参见杨自宏、尚学杰：《甘南州民族教育发展十年回顾》，《甘南教育》2011年第5期。

② 参见汪春艳：《西部地区民族教育事业的发展成就综述》，《西北民族学院学报》2003年第2期。

至 2011 年，全州有教职工 8 542 名，专任教师 7 942 名，比 10 年前增加了 3 787 名；中小学代课教师 440 名，比 10 年前减少了 1 597 名，幼教职工 240 名，其中幼儿专任教师 185 名，仅 2010 年新增教师就达 700 多名。另外，通过对教师的全员培训，全州专任教师学历合格率分别达到 99.29%、97.44% 和 76.34%，比"九五"末各提高了 18.09%、16.75% 和 43.43%。①

再以西北的甘肃、宁夏与全国第六次人口普查的数据比较来看，同第五次全国人口普查相比，宁夏回族自治区每 10 万人中具有大学程度的由 3 690 人增至 9 152 人；具有高中程度的由 10 934 人增至 12 451 人；具有初中程度的由 27 859 人增至 33 654 人；具有小学程度的由 31 845 人减少为 29 826 人。全区常住人口中，文盲人口（15 岁及以上不识字的人）为 391 737 人，同第五次全国人口普查相比，文盲人口减少 225 924 人，文盲率由 11.26% 下降为 6.22%。同 2000 年第五次全国人口普查相比，甘肃全省常住人口中每 10 万人中具有大学文化程度的由 2 665 人上升为 7 520 人；具有高中文化程度的由 9 863 人上升为 12 687 人；具有初中文化程度的由 23 925 人上升为 31 213 人；具有小学文化程度的由 36 907 人下降为 32 504 人。文盲人口（15 岁及以上不识字的人）为 2 222 734 人，同 2000 年第五次全国人口普查相比，文盲率由 14.34% 下降为 8.69%。而在第六次全国人口普查中，与 2000 年人口普查相比，每 10 万人中具有大学文化程度的由 3 611 人上升为 8 930 人，具有高中文化程度的由 11 146 人上升为 14 032 人；具有初中文化程度的由 33 961 人上升为 38 788 人；具有小学文化程

---

① 参见杨自宏、尚学杰：《甘南州民族教育发展十年回顾》，《甘南教育》2011 年第 5 期。

度的由 35 701 人下降为 26 779 人。文盲率（15 岁及以上不识字的人口占总人口的比重）为 4.08%。从以上这些数据可以看出，同第五次人口普查相比，西北地区具有大学文化程度的人数增加很快，文盲率也有显著下降。

除学校教育外，民族教育也有其特殊性的一面，反映在西北民族地区的教育形式上主要有回族的经堂教育和藏族的寺院教育。经堂教育顾名思义就是在清真寺里施行的一种宗教教育，经堂教育的教师主要由清真寺的开学阿訇亲自担任，其分小学、中学、大学三种类型进行教学[①]。作为中国穆斯林创办的一种带有中国特色的宗教教育形式，它是回族教育中出现最早、持续时间最长的教育形式。它的出现，标志着回族有了自己的民族教育形式，其形成和发展不仅极大地推动了伊斯兰教在中国的传播、发展，也在很大程度上促进了中国回族文化的形成。李兴华先生指出，"在中国伊斯兰教历史上，还没有哪一件事其意义能与经堂教育的倡兴相比。"[②] 尤其是经堂教育对德育的一贯重视，言传身教、传道授业的教育思想与教学方法，对"知"、"行"并进的强调，爱国爱教的传统和对信仰的坚守都有其积极意义。值得注意的是，20 世纪 90 年代前后作为经堂教育拓展的"女学"开始在西北地区的一些城市兴起，其学习内容除伊斯兰教知识外，还有汉语言、英语以及计算机等，到 21 世纪，办起了具有职业教育特点的缝纫班。有学者将此女学的兴起视为一种理性的文化自觉行为，认为它是回族穆斯林群众主动适应变化中的城市社会的必然结果，是城市现代化激流中文化主

---

① 参见马明良：《伊斯兰文化新论》，宁夏人民出版社 2006 年版，第 34 页。

② 李兴华：《经堂教育与伊斯兰教在中国的学说化》，《伊斯兰文化研究》，宁夏人民出版社 1998 年版，第 185 页。

体的自知之明——文化的自主转型与文化传承结构的重组。①

新中国成立以来，教育取得了巨大成就，但不可忽视的是，西北民族地区教育仍存在一定问题，需要改进。

（二）教育落后对民族文化创新的影响

人类学的研究表明，文化创新的重要条件是教育水平：第一，教育程度越高，文化发明和发现越多；第二，教育程度越高，接受创新就越迅速越彻底，从而就越能产生新发明；第三，教育程度越高，越能适应文化变迁，更易开展文化交流活动，更易走向现代化。② 反之，教育落后，必然影响民族文化的发展。具体到西北民族地区，教育的落后对文化创新与发展的制约主要表现在三个方面，下面分别予以论述。

1. 民族教育的落后直接影响人力资本的提升

人是生产力中最活跃的因素，是一切活动的主体和目的。一个民族的发展在很大程度上依赖于人力资本的存量，就如经济学家舒尔茨所指出的，"促进经济发展进步的基本的原动力是人类所掌握的能力，即教育、技能、健康"。"土地本身不是使人贫困的重要因素，而人的能力和素质是决定贫困的关键。"③ 事实上，人力资本的作用不仅表现为促进经济增长和发展上，也表现在包括经济在内的政治和社会事务上。对于以创新为本质的文化而言，人力资本即个体所拥有的知识、技术等更是举足轻重。因为只有人才是文化

---

① 参见杨文炯：《互动调适与重构——西北城市回族社区及其文化变迁研究》，民族出版社 2007 年版，第 605 页。

② 参见冯增俊：《教育人类学》，江苏教育出版社 1998 年版，第 195 页。

③ ［美］西奥多·舒尔茨：《论人力资本投资》，吴珠华等译，北京经济学院出版社 1990 年版，第 44 页。

的承载者和创造者，任何文化的创造和发展都是以人的存在和拥有的创造力为前提的，而人的创造力并非与生俱来，而是后天训练的结果，这意味着教育是人力资本形成的重要途径。就个体能力而言，相关研究表明，教育提高个体能力表现在对受教育者的创新能力、采纳新技术能力以及加速技术扩散中作用的提高诸方面。① 反之，教育的落后必然制约人力资本的形成，并进一步影响一个民族的文化创新能力。

2. 民族教育的落后影响文化传承、传播和创新

教育是适应社会需要，将文化作用于人，通过人作用于社会，创造新的文化的过程。② 教育本身既是一项文化事业和活动，也是影响各种文化事项的一个重要因子。在本质上，教育围绕着两个永恒的主题展开：一是探寻如何追求并获得知识和真理，二是揭示追求并获得知识或真理对人自身的意义。③ 它既是知识论的，也是文化论的；不仅强调书本知识的传授，更强调以人为中心的文化教育和熏陶。社会文化的两个方面——人文文化和科学文化莫不与教育密切相关。就人文文化而言，教育通过对已有文化的选择，将那些有益于社会发展和个体成长的思想观念、行为规范、伦理道德、生活态度等传递给受教育者，以增强文化创新的社会基础，并通过对美善的培养为文化创新提供良好的社会氛围。就科学文化而言，教育通过对科学理念的推广、新知识和新技术的传播提升民族的科学素养，并通过科学素养的提升促进科学发展，为发明创造提供支撑。由此可见，教育的落后，必然影响从科学文化到人文文化的所

---

① 参见郭剑雄：《公平教育、竞争市场与收入增长的城乡分享》，《陕西师范大学学报》2007年第4期。

② 冯增俊：《教育人类学》，江苏教育出版社1998年版，第160页。

③ 孟建伟：《科教兴国：科学与人文不可偏废》，《光明日报》2005年2月1日。

有方面，并进一步限制民族文化的创新。

3. 教育的落后影响文化的核心——观念的创新

人不仅生活在物理和社会世界里，也生活在自身独特的文化世界里。文化以观念为核心，观念作为行为的始发因素是个体和社会行为的内在动力，观念作为导向因素引领行为的方向。不同于动物，人类的社会实践总是在特定观念指导下的，观念不仅贯穿于每一社会行动过程的始终，而且通过人的行动渗透于社会各领域。纵观人类历史，社会文化的变革大都始于观念的变革，正是在这个意义上，哈维兰指出："任何社会如果没有构想新观念，并改变现有行为方式的能力，它就不能存在下去。"① 而在文化观念的创新和变革方面，教育又是至关重要的一环。教育本身就是一项文化活动，它并不背离文化的创新本质。事实上，作为文化活动的教育，其本质就在于促进人类智力的发展、潜能的开发和创造力的培养，并通过对人思想观念的改变，改变其行为及结果。因此，教育的传播被认为是推动社会现代化的重要因素。② 也正是由于此，许多致力于现代化的国家和民族都把教育作为重点优先予以发展。

综上所述，教育活动是以文化为基石，以文化为媒介，以文化为实体的活动。它本身作为一项文化活动，是文化得以形成、发展、延续的通道，它既是文化的传递与传播，也是文化的净化与升华，更是文化的创造与发展。③ 离开了教育，文化的发展就失去了其重要的源头活水。

---

① ［美］哈维兰：《当代人类学》，王铭铭译，上海人民出版社 1987 年版，第 555 页。

② 参见［美］布莱克：《比较现代化》，杨豫译，上海译文出版社 1996 年版，第 196 页。

③ 参见孙喜亭：《论大学教育的文化价值》，《高等教育研究》1994 年第 3 期。

三、西北民族地区教育落后的原因与对策

教育作为现代社会的一项基本设置，是大的社会系统的一个部分，与社会其他子系统高度相关，一个民族的教育设置与其现实的政治、经济、社会、文化和历史传统有着密切的联系，是各种因素相互作用的结果。就西北民族地区而言，教育的落后既有自然地理方面不利因素的影响，也有经济基础薄弱导致的投入不足，更有民族文化观念和认识上的问题，解决这一问题，需要从包括经济、文化观念在内整体社会系统着手。

（一）西北民族地区教育落后的原因

1. 自然环境的不利影响

西北民族地区地形多样，地理地貌复杂，除民族聚居区外，许多民族还散居于地广人稀的山区、牧区和林区。这一地理环境客观上既不利于教育资源的配置，也不利于吸引优秀的师资，更加大了农牧民接受教育的成本。地广人稀的农牧区，首先给学校的建设布局带来难题，如果从方便学生、保障每个公民受教育权利的角度考虑，无疑应分散办学，但分散办学必然面临学生来源不足问题，并会增加教育投入，导致教育资源的浪费，同时教学质量也很难提高。如果集中办学，提高了教育资源的使用效率，减少了浪费，但势必使一些学生不能就近上学，甚至会导致一些居住在边远地区的少数民族青少年无法上学，这又不利于教育的普及。其次，不利的自然环境，也无法吸引到优秀的师资。西北民族地区由于自然地理的原因，学校布点分散，学生人数少，加之经济条件又落后，使得一些教师不愿意到西北民族地区任教，由此，一些地方存在教师数

量不足的问题，更难以留住高水平的教师。由于教师的流失和不足，一些学校迫于需要，不得不聘请代课教师，而代课教师的素质良莠不齐，往往难以保证教学质量。教师是教育的基础，没有稳定而优秀的师资队伍，势必影响教育的水平和质量。

2. 由于经济落后而导致的教育投入不足

教育作为一项社会设置，其发展必须借助于机构、人员和基本的设施。而这些都是建立在一定的经济基础之上的，没有相应的经济基础作支撑，教育是难以维持的，更谈不上什么发展。对于经济基础薄弱的西北少数民族地区，经济的落后和财力的不足一直是限制其教育发展的重要因素。而改革开放以来，我国农村义务教育实行"三级办学，两级管理"的体制，在这一体制下，基层的乡镇政府和农民承担了义务教育的主要责任。到了 20 世纪 90 年代中期，随着"分税制"改革的推行，"三级办学，两级管理"的体制重心偏下引发了办学经费无法保障，农民负担过重等问题。针对此，2001 年出台了《国务院关于基础教育改革与发展的决定》，按照这一决定，农村义务教育管理体制实行国务院领导下的地方政府负责、分级管理、"以县为主"的体制。① "以县为主"体制的实施，标志着农村教育体制的两大变革：一是管理体制转变，由过去的乡镇管理转向"以县为主"的管理体制；二是投入体制转变，在税费改革中，中央政府通过转移支付加大了对农村教育的投入，中央与地方共同负责农村义务教育投入的体制基本形成。在税费改革中，教育费减少对农民减负有很大贡献，但财政投入增量与教育费收入减量之间存在缺口。中央转移支付加大，但教育转移支付资

①　参见袁桂林：《农村义务教育"以县为主"的管理体制现状及多元化发展模式初探》，《东北师范大学学报》2004 年第 1 期。

金划拨渠道与"以县为主"的义务教育体制不适应。不透明的"漏斗"式划拨渠道使一部分县市转移支付资金用于教育的比例与预期值之间存在很大的差异。①

总体来看，原来的"分级办学"，在财税不断向上集中、事权层层下压的压力型行政体制下，最终演变为处于一些农民自己来办学。税费改革后，由过去的分级办学改为"以县为主"，是农村基础教育体制的一个重要变迁和进步。"以县为主"的体制，因为一个县的财力往往非常有限，对于中西部，在有限的财力约束下便想出应对办法，要么借调整布局、优化师资之名精简教师，使得师资比例畸高不下；要么拖欠工资，工资待遇难以改善，许多教师不满意这种待遇大量流向城市和发达地区，为补充师资的不足，便以低工资聘大量代课教师，由此导致中西部农村教师奇缺，且师资质量下滑。② 具体到自然环境差、经济落后的西北少数民族地区，这一现象尤为突出：一方面，许多地方的乡镇因为财力有限，难以支撑义务教育的发展，必要的办学经费无法保障；另一方面，农牧民负担过重，师资质量难以保证。就现实状况来看，西北少数民族地区，由于经济不发达，财政收入少，很难保证在教育经费上的投入。甘宁青新民族地区长年靠国家财政补贴。据统计，全国农村义务教育生均公用经费支出为 159.75 元，北京为 629.99 元，新疆为 112.55 元，宁夏为 140.41 元，北京是新疆的近 6 倍，是宁夏的近 4.48 倍。由此看来，西北地区教育在基本经费上都存在严重短缺，更不要说教学基础设施的建设了。③ 尤其是"一费制"（即在严格

---

① 参见辜胜阻：《农村教育的结构性矛盾与化解对策》，《教育研究》2004 年第 10 期。

② 参见吴理财：《农村教育背后的社会与政治逻辑》，《华中师范大学学报》2006 年第 1 期。

③ 参见任春荣：《"一费制"政策实施状况与对策》，《教育研究》2004 年第 8 期。

核定杂费和课本费标准的基础上，一次性统一向学生收取费用）和"两免一补"（即免杂费、免书本费、逐步补助寄宿生生活费）这两种政策的实施，由于取消了农村教育费附加和农村教育集资，农村义务教育经费的压力便全部落在了县级政府身上，而大多数县的财政情况都比较困难，使农村义务教育经费缺口加大，公用教育经费减少，从而加剧了教育经费的紧张。[①]

3. 贫困文化问题

民族教育与民族文化相互影响，相互制约。在教育影响民族文化发展、创新的同时，已有的民族文化作为一种既成的事实也在很大程度上影响甚至决定着一个民族对教育的认识和态度。在西北少数民族地区，由于受文化传统、经济、社会等方面原因的影响，还存在着"轻知识、不重视教育的贫困文化意识"，而"当这种贫困文化意识与不需要太多知识的小商小贩的生计方式结合在一起时，就形成了一种作为亚文化的作茧自缚的传统观念和生活方式，并形成代际传承——一种'由家庭代代相传的生活方式'"。

这使得一些少数民族对教育重要性认识不够，更缺乏一以贯之的认真态度。在青海，一些牧民对孩子上学的积极性不够高，如某村有 10 个适龄儿童，遇到开学就开始抓阄，有些家长宁可交罚款，也不愿让自己的孩子上学。[②] 尤其，经济和教育的落后使民族地区的一些家长和学生看不到教育价值和对未来所产生的影响，而当年复一年的教育依然是年复一年的贫困，教育并没有像人们期望的那样带来新的变化的时候，人们对教育的功能便产生了怀疑，致使一

---

① 参见顾明远：《改革开放 30 年中国教育纪实》，人民出版社 2008 年版，第323 页。

② 昂巴、伦珠旺姆：《甘南州民族教育的回顾与思考》，《西北民族学院学报》（社会科学版）2000 年第 2 期。

部分群众产生了一种观念，即"读书富不了"，"不读书也饿不死"。① 加之在半农半牧地区，需要大量的劳动力，这样，就使一些适龄儿童成为劳动者，并使他们过早地承担了家庭劳动的重要角色。

除对教育的认识和态度的滞后外，在西北一些少数民族地区，同于受传统性别观念的影响，女童的教育还比较滞后。在一些人的意识中，女孩是别人家的人，没有必要操心。在这一观念影响下，西北少数民族地区女童接受教育变得比较困难，使得一些地方存在着女童入学率低、巩固率低、在校学生所占比例低、辍学率高的"三低一高"现象。②

以上种种，既阻碍着少数民族地区基础教育的发展，也影响民族文化创新。

（二）改善民族教育的对策

1. 加大教育投入

教育投资是提高人口文化素质、积累人力资本的重要途径。西北民族地区各类教育水平低于全国水平的重要原因之一就在于对教育的投入不足，由此导致西北民族地区在教育的普及水平、办学条件、教学质量等方面处于相对落后的状态。提升少数民族的教育水平，必须正视由地域和社会差异导致的经济差异，以及经济基础薄弱对民族教育的制约。我国的城市和乡村，东部、中部、西部三大区域，甚至每一区域内部都存在着很大的差异。西北民族地区大都

---

① 昂巴、伦珠旺姆：《甘南州民族教育的回顾与思考》，《西北民族学院学报》（社会科学版）2000 年第 2 期。

② 参见任玉贵：《影响中国西部少数民族女童教育的主要因素及相应对策研究》，《青海民族大学学报》（社会科学版）1996 年第 1 期。

处于干旱、高寒和沙漠地区，自然条件恶劣，生态环境脆弱，且交通不便，各种基础设施也相对落后；再加上历史的原因，导致这里的经济基础十分薄弱，仅靠自身是难以支撑义务教育费用的。所以要针对各地具体情况，建立适应不同类型地区的农村义务教育财政分担体制，不能简单划一。对于经济特别落后的西北少数民族地区，要看到即便现行的"以县为主"的教育管理和投资体制，仍然无法从根本上缓解教育经费的困难问题。西北少数民族地区的一些县，县级财政也很困难，"以县为主"事实上很难办起来。所以必须加大中央和省级财政的投入。通过加大中央和省级财政的投入，改善西北民族地区教育设施落后，教师待遇差，师资队伍难以保证的问题，使民族地区的办学条件、教师待遇得到保障和提高，从而改变民族地区基础教育发展滞后，民族成员受教育程度低和文化创新不足的迟滞状态。

2. 增加民族教育的适应性

教育之为必需，源于其对个体和社会的价值。教育价值的实现由三个基本因素促成：一是主体的需要，二是客体的功能，三是客体功能对主体需要的满足程度。如果主体没有需要，或者客体不具备满足主体需要的功能，客体的价值便无从实现。[①] 在这个意义上，民族地区教育的出发点和落脚点就应该放在民族主体及其需要上，关注教育对民族成员的身心成长和民族社会发展的推动作用，尤其要关注教育与民族本土文化的适应性和对民族文化的传承作用。但现实的情况往往不是如此。就现代学校教育而言，从课程设置到内容以及评价体系多侧重于对"普遍的"、"客观的"、"科学

---

① 参见李官：《民族教育价值论》，《当代教育与文化》2011 年第 6 期。

的"现代知识传承，而未给予本土知识应有的重视。① 所以，解决民族教育问题的一个重要方面，就是要关注民族教育的特殊性。民族教育与普通教育相比，既有相同之处，又有不同之处。民族教育不同于普通教育之处就在于民族性，即它是围绕着民族特点展开的，离开了民族特点，无的放矢是没有多少意义的。民族特点的一个重要方面就是文化，民族教育必须要有本民族文化的内容特征，即体现民族习俗、道德、价值观等，并在教育方式上寻求与民族文化的适应性。在当代多元文化背景下，民族教育一方面要体现民族文化，实现对本民族文化的传承、发扬功能；另一方面要有选择地借鉴、学习、吸收其他民族文化的积极因素。要看到，只有继承和保持自己民族的文化特性，才是民族的，同时还要学习、吸收其他民族的文化成果。因为一个民族只有在与异文化的交流、吸收、取长补短的过程中才能更全面地理解本民族文化，从而才能更好地继承和发展本民族的文化。换言之，民族教育要善于吸收借鉴他人的长处，也要不失去自己的主体性和民族性。与此同时，针对全球化时代民族教育面临的冲击与影响，做好大传统与小传统的调适和对接。要看到全球化作为现代化的延续和发展，主要以社会互动过程的加剧和密集化为特征，它意味着全球范围的文化流动和不同民族之间的相互影响，但并不意味着文化的统一，更不是互相替代。要认识到，只有民族教育适应了民族文化，且能满足民族生存与发展需要的时候，才有价值，才对民族成员有吸引力。这既是民族教育的价值所在，也是现代大众教育的本质要求：首先，教育不能脱离人类的社会实践；其次，教育必须符合人类发展的需要；最后，教

---

① 参见姚霖：《全球化背景下民族教育的现实境遇与价值选择》，《当代教育与文化》2011年第6期。

育必须与文化的性质，内容及发展水平相一致。① 具体到基础教育方面，需要结合各民族实际，开设适应学生所需的"地方课程"和就业准备课程，解决现有的统一教材偏深、偏难和活力不足的弊端，以增加学生的学习兴趣和家长对教育的信心。

3. 重视教育，树立现代教育观

教育在现代社会的发展和文化进步中扮演着十分重要的角色，许多国家的社会政治、经济和文化发展的经验表明，即便那些自然条件不甚优越的国家和民族，只要发展好了教育，同样可以创造经济和文化奇迹。德国作为资本主义发展较晚的国家，之所以能够迎头赶上，一个重要原因就是德国的大学很成功，为国家培养了许多优秀的科学人才。同样，被吉田茂在《激荡的百年》一书中称之为"奇迹般的特变"的日本，战后的迅速崛起主要也得益于教育，日本从 1905 年至 1960 年的 55 年间，物质资本增长了近 6 倍，劳动力只增长了 0.7 倍，国民收入却增长了近 71 倍，在此期间教育经费增加了 22 倍。② 新加坡的经济发展被称之为第三世界经济的"奇迹"，尽管"奇迹"是多种因素促成的结果，但有一点是不容置疑的，那就是新加坡在建国之初就确立了"教育立国"和"科技兴国"的发展战略，建立了一个多元文化相辅相成的良性结构，形成了一个强大的"文化力"。③ 所以，贫困落后的民族地区要借鉴这些历史经验，充分认识教育对于一个民族存在和发展的意义，改变对于教育的落后认识和态度。在重视社会整体教育的同时，尤其要改变传统的性别观念，大力促进女童教育，要看到女性在社会

---

① 冯增俊：《教育人类学》，江苏教育出版社 1998 年版，第 103—104 页。

② 参见齐世荣：《创新是国家兴旺发达的不竭动力》，《历史教学问题》2004 年第 2 期。

③ 曹嘉伟：《浅析文化与经济的辩证关系》，《商场现代化》2007 年第 7 期。

主体结构中的重要地位，以及女性教育对整个民族发展的重要意义。西北民族地区女童教育应坚持公平的原则，改变家长对女童教育轻视的落后观念，提高对女性教育的认识，提高妇女社会地位和文化素质，使女童接受同等的教育，以实现民族教育的协调发展。

与此同时，适应时代趋势和民族发展的需要，转变教育观念，树立现代教育观。现代的教育观是发展的教育观，强调通过人的发展促进社会的可持续发展，同时在社会可持续发展过程中进一步促进人的全面发展。① 在教育的价值观上，不再单一地强调教育为社会发展服务，更关注教育对人的发展作用，它不仅是知识论的，强调书本知识的传输，还是文化论的，关注人的整体素质提升，其目的在于培养有革新精神和健全人格的人。这意味着教育的工具性价值仅仅是教育活动的一个方面，必须在人的总体发展框架中全面审视教育的价值。

具体到西北少数民族地区的教育发展，需要在正确处理传统与现代、民族与世界关系的基础上，走人文与科学并重的道路。在传统与现代关系上，要认识到传统与现代是历史发展的两个环节，二者既相辅相成，又存在一定的冲突与矛盾。一方面，教育是文化的一部分，并受文化的支配，民族教育离不开对民族传统文化的选择和传承，没有传统的现代是无根的；另一方面，民族传统绝对不是封闭的，其发展过程不可避免地要借鉴吸收他人之长处。因此，既要传承民族传统文化，把民族传统文化的精华渗透到现代教育之中，丰富现代教育的内容，又要广泛吸收各民族之长。

在民族性与世界性的关系上，要看到失去了民族性的教育，便

---

① 参见裴娣娜：《我国基础教育现代化发展的根本转化》，《北京大学教育评论》2004 年第 2 期。

谈不上什么民族教育，更谈不上什么价值和意义；但若只有民族性，而忽略了世界性，一个民族的教育就失去了和世界交流的基础，既无法融入世界也失去了在与世界的交流学习中提升的机会。

在教育内容上，树立人文与科学融合的教育观，做到人文与科学的有效整合。科学和人文构成了人类文化的两个重要方面，二者相辅相成。人文文化为科学文化提供精神动力、社会氛围，并引导科学文化的方向；科学文化为人文文化提供物质和技术基础，二者共同服务于人类。现代教育是科学文化和人文文化的融合，它通过科学和人文的有机统一为包括文化创新在内的各社会领域提供人才基础。

总之，民族教育对民族文化的影响是巨大的。不同的教育对民族文化的内容、深度、广度和创新程度都有着巨大的影响。民族教育作为民族文化传播的重要途径和手段，在民族文化创新过程中是关键的一环，一方面，民族教育在传递民族文化的同时也创造着民族文化，另一方面，民族教育通过对人的培养为文化创新提供着不竭的源头活水。提升民族教育，必须在厘清民族教育价值的基础上，针对民族教育落后的原因，走科学与人文结合的道路，以提升民族的文化创新能力。

第七章　西北民族地区文化创新
实施的基本方略

文化作为人类特有的生存方式是以创新为本质特征的。文化始于创新，并因为创新而发展。文化创新是一个包括宏观与微观、结构与行动、内容与方法等在内的系统工程。从宏观上来看，作为社会系统之一部分，文化的发展变化和创新是与其所赖以存在的社会、经济、政治结构密切相关的，它反映并作用于其他系统。微观来看，它涉及从个体到组织乃至整个社会的协同行动，并得益于与之相关的体制与机制变化。具体到民族文化创新，既需要站在时代的制高点上以良好的文化自觉引领方向，也需要全社会形成良好学习和创新氛围，更需要包括文化产业、文化事业在内的各类组织的具体实施和与之相关的各种体制改革与机制创新去推动。

一、以良好的文化自觉引领
民族文化创新的方向

文化自觉用其提出者费孝通先生的话来说就是："生活在一定文化中的人对其文化有'自知之明'。明白它的来历，形成过程，所具的特色和它发展的趋向"，文化自觉的目的"不带任何'文化回归'的意思，不是要'复旧'，同时也不主张'全盘西化'或'全盘他化'，而是为了加强对文化转型的自主能力，取得决定适应新环境、新时代文化选择的自主地位"。① 一句话，是为了文化的适应和发展。强调文化自觉是因为：首先，民族文化作为一个民族处理其与自然、社会和自身关系的产物一向都是精华与糟粕并存，有其自身的局限性的，需要通过筛选"取其精华，去其糟粕"。其次，文化是变化发展的，没有一成不变的文化，即便一个民族之中优秀的传统文化也会随着社会和时代的发展表现出不适应的一面，需要适应时代的发展变化，予以更新改造。再次，当代社会，随着社会过程的加剧和民族交往的增加，文化不再是按地界划分出来的独立系统，而是消除了地理界限，成为斑驳的混合物。② 各民族文化呈现时空层叠整合的特点，需要选择、判断才不致迷失方向。最后，中国的改革开放在使文化生活丰富多彩的同时，也使文化各领域呈现出鱼龙混杂的复杂局面，一时间各种信仰、价值、思想观念叠加在一起，国内与国外的、传统与现代的，甚至还有后现代的，很容易让人们迷失方向。③ 据江苏省社会科学院哲学与文化研究所 2006 年 9 月至 2007 年 9 月所作的《关于当前我国文化多元、多变、多样特点及规律的调查报告》显示，现阶段的中国，市场经济打破了平均分配的格局，促使个体意识的觉醒的同时，也带来了自我的过度膨胀，以及极端的个人主义和功利主义。调查表明，当下最看重"财富"和"权力"的人数分别占被调查人数的59% 和 49%，主张"只要挣钱，手段无所谓"的人数占了

---

① 费孝通：《论人类学与文化自觉》，华夏出版社 2004 年版，第 188 页。

② 参见中国社会科学杂志社：《人类学的趋势》，社会科学文献出版社 2000 年版，第 76 页。

③ 参见谢地坤：《文化保守主义抑或文化批判主义——对当前"国学热"的哲学思考》，《哲学动态》2010 年第 10 期。

16.58%，真正有理想、有信念的人并不多，有宗教信仰的人更少，种种迹象显示，当下的中国存在着理想的丧失、信仰的缺位和价值观的混乱等文化问题。[①] 文化的这一时代特点，使得所有民族文化都包含了自身的历史传统，也不同程度地吸纳了外来文化的因子，整合自身的哪些特质，吸收别人的何种长处，都需要审慎的判断和选择。具体到西北民族地区，这里各民族的文化结构尤其复杂。西北地区各民族文化既深受社会主义文化的熏陶，也不同程度受到西方文化的影响，与此同时，由于地域的限制和社会发展的滞后，这里各民族文化仍保留有浓厚的传统色彩。西北地区民族文化的复杂性决定了其文化创新面临着艰巨的文化自觉过程，只有正确认识自己民族的文化，理解所接触到的其他民族文化，并将自身的优秀传统和外来的优秀文化有机地结合起来，才有条件在今天这样一个的多元文化世界里确保民族文化创新不脱离正确的轨道。

（一）正确认识民族文化的结构、特性及创新的目的

1. 民族文化的结构与特性

民族文化是一个包括了物质、制度、精神三个层次的复杂结构，每一层次又包含着多种多样的内容。就物质文化而言，涉及居所、服饰、饮食、日用器具等各种可观察的文化事项；制度文化则既包括与初级群体有关的家族制度、亲属制度和婚姻制度，也包括与公共生活相关的伦理规范和公共道德，还包括与具体生活领域有关的经济制度、政治制度等；至于精神文化则更为复杂，举凡满足人类精神需要的文化事项，从思维方式、宗教信仰、审美意识、文

[①] 参见陈刚：《关于当前我国文化多元、多变、多样特点及规律的调查报告》，《学海》2008 年哲学专号。

学艺术、价值观念等均属于精神文化的范畴。民族文化有自身的特征，是一个普遍性与特殊性、地域性、历史性、时代性的结合。

民族文化作为民族群体创造的满足其群体生存、发展的手段，都具有属人的特征，是人为的，体现了人的本质和创造性，与此同时，人创造文化的目的都是为了满足民族生存和发展的需要，是为人的。在这个意义上所有的民族文化都始于人，并在民族社会实现着相同的功能。尤其是，所有的民族都面临同样的生存和生活问题，都要解决其与外部环境、他人和自身精神之间的关系，所以各民族文化有着大体相同的结构和内容，这是民族文化的共性或曰普遍性。虽然民族文化都是人为的、为人的，都在群体里面实现着大体相同的功能，但由于民族生存环境的不同和生产力的差异，民族文化的样态是极为不同的，就拿劳动生活方式来说，同为谋生，生活在草原地带的游牧民族和生活于平原地区的农耕民族谋生方式是极为不同的，即便同为农耕，山地也不同于平原。由于劳动生活在民族群体中的基础地位和作用，决定了与之相关的物质生活、社会生活和精神生活都有其自身的特点，这构成民族文化的特殊性。普遍性与特殊性之外，民族文化还有鲜明的地域性，这是因为每一个民族都是生活于特定的地域空间的，民族所处的地域空间、地理特征和生态条件限定了民族生存和生活的具体样式，使民族从谋生方式到房屋结构、饮食习惯、行为规范和价值观念都表现出极强的地域性特征。以上特征之外，民族文化还具有历史性和时代性的特点：一方面，所有的民族文化都是经由漫长的历史过程积淀而成的，受制于生产力和科学技术的影响，不同的历史阶段、时期，民族文化是不同的；另一方面，各民族文化在自己历史积淀的基础上都不同程度地受到其所处时代其他民族文化的影响，这使得民族文化表现出鲜明的时代性特点，同一民族，奴隶制时期的文化不同于封建时期，传统文化也不同于其现代文化。从共时性角度看，各民族文化是不相同的，有着各自的特点，从历时性角度看，文化是变化发展的。文化的差异使比较成为可能，文化的变化发展使选择成为必需，这二者共同构成民族文化自觉的前提和基础。

2. 正确认识民族文化创新及其目的

民族文化创新是将民族的优秀文化和时代先进文化的创造性结合。它意味着在共时性和历时性两个维度上通过比较鉴别，剔除不再适应民族发展的特质，添入有助于民族发展进步的新要素，是在民族自身与其他民族、过去与现在交互作用的基础上创造出新的组合与综合的过程。它不仅需要继承民族自身的优秀传统，而且需要广泛地吸收其他民族的先进成果，唯有如此，文化创新才成为可能。要继承就需要在文化自觉的基础上有所取舍，以保证去其糟粕，留其精华；要借鉴吸收就得对自身的民族文化有高度的自觉，在比较的基础上判断选择，并在自觉的基础上作出符合时代要求的抉择。

特别提出文化创新的目的，首先是因为文化实践处于现代化和全球化的中心地位，而在一个社会文化相互影响日益深化的全球化时代，少数民族由于经济上的相对滞后和人口较少的缘故，使其对自身文化发展的主导地位经常受制于各种外来力量的影响，如果不能正确处理，便有可能使文化创新背离民族发展这一终极目的。其次，现实中存在着对文化的误用以及与民族主体的割裂。当代中国，民族地区的发展中不同程度地存在着对民族文化的误用以及与民族主体割裂的现象。这在现代旅游业和媒体文化中表现得尤其突出。从旅游来看，旅游从来都是与经济、政治相对应的社会行为，现代旅游不仅是一项社会文化活动，而且是一项重要的经济活动。尤其，当下的民族旅游主要是通过政府主导模式下的招商引资进行的。① 民族旅游发展的一贯模式是"文化搭台，经济唱戏"，亦即将那些能突出地方和民族特色的文化以商品的形式进行包装，然后展演、销售。这一过程主要是由外来力量主导的，其目的也主要是为了满足外部群体的审美和娱乐需要。具体到西北民族地区，旅游开发多属政府行为，从对旅游项目的选择、开发到旅游设施的建设主要由政府和开发商主导，当地民族在很多时候只是参与。与此同时，民族文化作为旅游资源开发的出发点和目的主要也不是当地民族文化的发展，而是为了实现经济目的。在这一过程中，一方面，民族文化特质——从民间风俗到节庆仪式被当成商品包装向游客出售，一些与民族生活中的重大事件、历史经历有关的地方节庆，甚至过去被视为神圣的仪式为迎合外来游客的需要变成了观赏性的，有被娱乐化的危险；另一方面，在一些民族地区，许多传统的未被现代浸染的民族设施和地方完整地保存下来，用以满足跨文化旅游中外来群体田园牧歌式的体验。以上的两个方面，不论是旅游发展中的既有模式，还是媒体所谓的"原生态"，都使民族文化在不同程度上与民族主体割裂，文化与民族之间的联系被消解，民族借以确定自身及其意义的东西被改变。文化的内涵被抽走，只留下了外壳。一向被认为最能代表民族社会的文化，越来越远离其主体，与文化拥有者的主体需要没有多少关系，而是主要蜕变为满足那些外来群体对异文化好奇的工具，表达的是一个经济、社会差异化时代里消费群体和资本对民族文化的欲望。

文化是人为的，也是为人的。一切民族文化发展和创新的目的首先是为了文化主体——民族自身的发展和进步，而不是为了满足

---

① 参见杨建新、崔明德：《中国民族关系研究》，民族出版社 2006 年版，第446 页。

别人好奇心或者其他愿望的工具，唯有如此，文化才是民族的。正如费孝通先生所指出的，"文化为了人才存在，有人才有文化，文化是谋生之道，做人之道"。① 明确这一点，有助于剔除存在于民族文化发展过程中各种形式的文化霸权，以及由此导致的文化异化现象，使民族文化发展和创新不致迷失方向。

（二）文化自觉的内涵与维度

从费孝通先生提出"文化自觉"这一概念以来，学术界围绕这一论题多有论述。汤一介将它主要看成是对自身文化的认知和反省，认为"所谓'文化自觉是指在一定文化传统中的人群对其自身的文化来历、形成过程的历史以及其特点（包括优点和缺点）和发展的趋势等等能作出认真的思考和反省"。② 王长纯将文化自觉更多地视为对其他文化的尊重、理解和对自身的自信，认为"文化自觉是指人们对自己所处的某种文明下的文化有充分的尊重与理解，对其文化的优势与弱势有正确地认识，既不自大，也不自卑，对自己文化的未来充满自信"。③ 张晓东则不仅将文化自觉看成是对自身的正确认知，还将其看成是一种境界和责任，认为"所谓文化自觉是指人们对自身文化有一种自知之明，清楚地知道文化的来源和发展，也是一种历史自觉与主动的历史精神之唤起。文化自觉还是一种深刻的文化思考，是一种广阔的文化境界，是一种执著的文化追求，是一种具有高度人文关怀和社会责

---

① 费孝通：《在中国第六届社会人类学高级研讨班 Seminar 上的发言》，《西北民族研究》2002 年第 1 期。

② 汤一介：《"文明的冲突"与"文明的共存"》，《北京大学学报》2004 年第 6 期。

③ 王长纯：《文化自觉、理论自觉和实践自觉（论纲）——比较教育和而不同发展的途径》，《比较教育研究》2005 年第 3 期。

任感的文化理念"。① 乐黛云则着眼于全球社会这一广阔的社会背景，从民族文化的更新发展来界定文化自觉，认为文化自觉至少应包括以下三个方面：第一，要自觉到自身文化的优势和弱点，懂得发扬优势，克服弱点；第二，要自觉到旧文化，即传统文化是在过去的条件下形成的，要使它有益于今天，就必须进行新的现代诠释，使其得到更新和发展；第三，要自觉到我们今天是作为全球的一员而存在，已不可能是封闭孤立的个体，因此还要审时度势，了解世界文化语境，参与世界文化的重组，使自己的文化为世界所用，成为世界文化新秩序不可或缺的重要组成部分。②

综上，笔者以为，文化自觉是基于发展目的而对自身文化进行的反思，是在一个多元社会文化环境下的民族文化定位和发展、创新的能力。所谓基于发展的目的，是指文化自觉在取向上要面向未来和民族社会及其文化的发展。在当代，民族文化自觉必须立足于现代化、全球化这一基本趋势，既要认识到现代化、全球化是各民族必然的选择，也要认同随着现代化一同到来的经济的市场化、政治的民主化、社会的开放化这些基本过程，以及由此变化引发的文化转化。对于宗教氛围浓厚、传统性明显的西北各少数民族，尤其要认识到世俗化、理性化和科学化这些基本的文化发展趋势。所谓世俗化，按照席纳尔在《经验研究中的世俗化》一书中的概括，主要包括六种含义：第一，表示宗教的衰退，即宗教思想、宗教行为、宗教组织失去了它们的社会意义。第二，表示宗教团体价值取向从彼世向此世的变化，即宗教从内容到形式都变得适合现代社会的市场经济。第三，表示宗教与社会的分离，宗教失去了其公共性

---

① 张晓东：《课程文化自觉实现课程改革的文化转向》，《当代教育科学》2004年第18期。

② 参见乐黛云：《文化自觉与文明共存》，《社会科学》2003年第7期。

与社会职能，变成了纯私人的事务。第四，表示信仰和行为的转变，即在世俗化过程中各种主义发挥了过去由宗教团体承担的职能，并扮演了宗教代理人的角色。第五，表示世界逐渐摆脱了其神圣特征，即社会的超自然成分减少，神秘性减退。第六，表示神圣社会向世俗社会的变化。① 伴随着世俗化，宗教与体制化的社会职能分离，降格为私人事务和社会意义的弱化，人获得解放，理性获得张扬。所谓的理性，即行动的合理化，它是指人将来源于经验的知识加以分析、综合、抽象和概括，使之上升到能够反映事物和现象内部必然联系的理论，并在这种理论指导下选择行动目标和手段去自觉改造世界的过程。② 世俗化和理性化必然带来世界的祛魅化和非神圣化，其结果是以求实和理性为核心的科学精神的勃兴和文化的科学化。世俗化、理性化和科学化一起，标志着人从神圣世界中的解放和理性能力的释放，它挑战神圣、破除迷信、革故鼎新，以求实的精神和理性的原则对待自然和社会世界，以审视的眼光重估已有的文化事项和价值，并以此为基础构筑合理化的制度、行为和生活方式。

文化自觉的关键有三：其一，是文化主体对其民族文化要有正确的认知，既不盲目自大，也不妄自菲薄；其二，是文化主体对自身文化的恰当定位，各民族要意识到自身文化只是众多民族文化之一种，是属于人类文化的一部分，必须在一个关系的世界里意识到归属，并保持与其他文化积极的对话关系；其三，它是通过继承自身优势、借鉴他人长处而实现的更新和创造。具体到各民族文化，

---

① 参见戴康生、彭耀：《宗教社会学》，社会科学文献出版社 2000 年版，第200 页。

② 参见中国社会科学院社会学研究所：《中国社会学年鉴（1979—1989）》，中国大百科全书出版社 1989 年版，第 30 页。

首先是在一个被全球化大大扩展了的世界体系里为自身文化重新定位。其次是要认识到自身文化产生形成的历史和社会背景，并明白其优势和劣势。再者是在正确的自我认知和合理的定位基础上的创造性转换。它有三个基本维度，时间轴上的延伸和压缩，空间维度上的拓宽和凝聚，时空交汇中的融合和创造。

1. 时间轴上的延伸和压缩

民族文化有其历史基础，是漫长历史过程中民族经验的凝结，各民族文化的形成发展总是基于特定的社会和时代，是特定民族在一定的地域利用已有的文明成果处理自身与自然和社会各领域关系的结果。民族文化自觉首要的一点就是厘清自身文化的来源，探明民族文化产生的社会结构、时代背景和地域特征，以此为基础，进一步了解自身文化的结构、特点，以及与之相关的优势和劣势，并以发展的眼光审视民族传统文化的现代价值以及对未来发展的意义。在厘清过去文化价值和对民族发展意义的基础上，通过对民族具体文化特质和价值的分析，作出合理的取舍选择。文化作为人的创造物，其本质是为人的，总体来看，所有的民族文化在本质上都是满足人类需求的工具。由于所有民族都要处理一些共同的问题，在这一意义上，各民族的文化在结构方面并无本质的不同，但受制于时代和社会的局限性，各民族文化在满足人类需要方式上不同，并随着社会的发展和文明的进步，一些文化形式相对于其他形式在满足人类需求方面更科学、更具有优势，从而使不同的民族文化的适应性不同。就以狭义的精神文化而论，各民族文化都包含语文、宗教、科学、技术、哲学、艺术、规则等七个方面。[1] 以功能和适

---

① 参见韩东屏：《分而后总：中国传统文化的当代价值与世界影响力》，《学术月刊》2010 年第 8 期。

应性而言，各不相同，就拿民族语言来说，从语言的文化功能来看，各民族语言都是文化的载体和传承的工具，不论是象形文字还是字母文字都实现着同样的功能，虽然各系统有其自身的特点，但各有优势和劣势，很难说哪一种语言文字更加优越；但作为交往工具，使用人数越多的语言文字，越有利于交往，反之那些使用人数少的语言在跨民族的交往中便会成为限制。再来看科学和技术，科学作为对未知世界的探究，其着眼点在于世界是什么，其使命是揭示世界万物的真相，并向人们提供真知，以提高主体认识和改造世界的能力。通常意义上只要被证实便成为科学。历史地看，随着认识方法和手段的进步，科学也是一个持续的进步过程，在一个时代被奉为科学、知识信奉的，随着人们认识方法的演进和认识水平的提高，很可能被超越甚至证伪。技术则更是随着社会的进步不断在发展进步，一个时代有一个时代的技术，过去进步的技术，随着时间的推移就会落后和淘汰。再来看宗教、哲学和艺术。宗教作为对自然和社会力量的信仰与崇拜，有着多种功能，在精神层面，为人解惑终极关怀，提供求福之途，安顿不安灵魂，化解畏死情结，以满足人追求永生与幸福之需求。在社会方面，是社会团结的重要纽带和凝聚力的重要来源。① 虽然对每个时代信仰宗教的人来说，这一作用始终如一，但这并不意味着宗教就是固定不变的，尤其近现代以来，随着世俗化进程的加剧，宗教也在世俗化。当代社会，宗教在社会各领域的地位已发生了很大的变化，其社会功能也在相应变化。哲学作为用超验思辨的方法对世界的解释与实证无涉，同样既难证实也难证伪，对哲学价值的评判在于辨释是否巧妙智慧，能

---

① 参见韩东屏：《分而后总：中国传统文化的当代价值与世界影响力》，《学术月刊》2010年第8期。

否让人开启心智，是否具有理论体系的逻辑自洽性，能否自圆其说。所以各种哲学之间也不能互相取代、淘汰。① 在这个意义上，所有民族的哲学都是人类思想宝库的宝贵财富，其价值也不会随着时间的推移而丧失殆尽，相反，哲学会以其各自的智慧，开启心智，为不同时代的人们提供一种有益的补充。再来看艺术，艺术作为情感表达的方法和满足人类的审美和愉悦需求的工具，尽管不同的时代存在着形式上的差异，但在本质上都是以个性化的方式满足人类的审美和情感需求，任何真正的艺术都会带来独特的内心体验与情感上的愉悦，通常只有民族和时代上的差异，不存在价值和功能的有无问题。而规则作为规范行为方式和建构社会秩序的工具，是与社会密切相关的，并随着社会过程的加剧和范围的扩大是一个不断调适的过程。如果说艺术在于彰显个性，那么规则则要求共性，这是因为任何社会过程和行为都必须有双方在交往规范层面上最低限度的共识，否则交往沟通以及与之相应的关系就很难达成。民族的传统规则体系，多是基于以家族和地域为基础的乡土社会制定的，主要是非正式的习俗惯例和乡规民约，在一个以科层制组织为基础、关系大规模扩展的现代化世界里，许多已不再实用，需要根据社会的变化予以调适。总之对民族文化，不能一概而论，既不能囿于民族情感而一味地保留和依赖，也不能因为其不够现代而一概拒斥，更不能笼统地谈适应与否，而是要具体分析，只有站在时代的制高点上，着眼于其对民族发展和进步的意义，通过审慎的选择、调适，才能古为今用，从而也才有民族文化的发展和创新。用学者杨义提出的"文化原我"概念，就是"要从文化的本原、行

---

① 参见韩东屏：《分而后总：中国传统文化的当代价值与世界影响力》，《学术月刊》2010 年第 8 期。

程和总体结构考辨每一个文化枝节"，① 以获得更好的适应性。

2. 空间维度上的拓展和凝聚

民族文化的发展既是时间维度上的累积过程，也离不开空间维度上的扩展。从民族文化的生成来讲，通常民族性来自于隔离，正是地理和社会上的隔离，为民族文化及其个性的形成提供了条件。但从民族文化发展的角度来看，则主要是相互交流和借鉴的结果。历史地看，各民族文化都不同程度地吸收、借鉴了其他民族的文化。民族文化之所以丰富多彩，除民族社会生活的丰富性之外，一个重要的原因就是因为它既是民族的，也是超越民族的，它总是学习、借鉴了它所在的地域、所处的国家以及世界其他民族的文化，是民族性和广泛的时代性的结合，表现出兼收并蓄的容纳性。就中国的历史来看，凡是那些文化发展繁荣的时期，都是社会开放和交往频繁的时代，比如盛唐的文化繁荣，就与它的开放包容密切相关，唐王朝既是中国历史上一个强盛的王朝，也是吸收异域文化最活跃的时期之一。近代中国的新文化运动，则更是中西交往的直接产物。同样，20 世纪 80 年代以来中国的文化大发展也是与改革开放分不开的，东南沿海在文化上之所以领风气之先，就是因为处于改革开放的前沿，最早与国际接轨，较早地接受了外来文化的影响。

需要特别指出的是，现代社会各领域的发展，尤其文化的发展和进步多与社会过程有关。这一点，马克思早在《共产党宣言》中就指出："由于开拓了世界市场，使一切国家的生产和消费都成为世界性的。过去那种地方的和民族的自给自足和闭关自守状态，被各民族的各方面的互相往来和各方面的互相依赖所代替了。物质

---

① 杨义：《从文化原我到文化通观》，《文学评论》2003 年第 4 期。

的生产是如此，精神的生产也是如此。各民族的精神产品成了公共的财产。民族的片面性和局限性日益成为不可能。"① 现代以来，伴随着全球化的进一步深入，商品、信息和人员的大规模自由流动，各民族之间文化的对话和交流以前所未有的广度和深度进行。世界文化发展的基本趋势已从早期的隔离发展、近代的选择发展，进入当代的综合发展过程。文化综合发展方式的兴起，克服了选择发展时期的片面性，即在竞争淘汰中常常忽视吸收、融合对方的长处。现代文化发展开始重视综合当代各种文明的精华和具有生命力的因素。② 这一趋势使得任何文化的发展都离不开与其他文化的交流与学习，民族、文明之间的学习、借鉴已成为文化发展的主要动力。一种文化要获得发展和传承，就必须借助于交往对话，通过交往、交流使其成为更多的民族的财富，从而保证其不被历史的长河所湮灭。这一交流、借鉴不限于文化的某一方面，是包括了从发明创造到价值观念、生活方式的方方面面，也不再是单方面的弱势文化向强势文化学习，强势文化也需要向弱势文化学习，吸收其有益的成分，否则，即便是强势的文化，也会因为失去多元文化的滋养而落后。对于封闭和文化相对落后的西北民族地区，首先要认识到当代文化发展的综合趋势，以足够的自信和勇气去选择和接受其他民族的文化。其次要克服由于相对落后而形成的文化保守心理，不要因为担心民族文化独特性被消融而盲目排外。再次要保持清醒的意识，要意识到在一个现代化、全球化的世界里，没有任何一个民族或者文化是隔绝于其他民族和文化之外的，民族要发展，文化要进步，自我封闭是没有出路的，必须借助于广泛的借鉴和学习。具

---

① 《马克思恩格斯文集》第 2 卷，人民出版社 2009 年版，第 35 页。
② 参见马晓燕：《西部传统文化的开发及其现代转型》，《甘肃理论学刊》2003 年第 1 期。

体而言，一是要借助西北多元民族的社会优势，通过日常的经济社会生活过程和实践，广泛吸纳地区其他民族文化的积极成分，二是要积极借鉴学习包括汉族在内的中国其他各民族的文化，三是借鉴学习世界各民族的先进文化，以为自身民族文化的发展和创新提供源头活水。

3. 时空交汇中的融合和创造

民族文化自觉不是简单地对民族前文化的保留或继承，也不是对异文化简单的移植和模仿，而是有选择的传承和批判的吸收，是站在时代制高点上，以民族发展和文化进步为目标而进行的融合和创造；包含着对民族传统的重新阐释和创造性转化，是通过外来先进因素和民族自身优秀文化融合而进行的创造。它是一个扬弃的过程，这一过程有赖于民族自身的选择、批判、创新和发展。既包含对民族传统中惰性的消解，也包括对其精华的重塑，既是对其他民族先进文化因子的借鉴，也是对其不适应部分的批判，一句话，是一个对自身和他人文化价值体系、思维方式和行为模式的重估。它需要对已有的文化体系中不适应的部分的解构，更离不开新的观念、体系和模式的建构。解构和建构都离不开已有的资源，是通过与已有文化的对话交流达成选择、批判和创造的过程。是通过与已有的文化对话选择、对自身文化的批判而实现创造的过程。

第一，通过与已有的文化对话、交流进行选择。这里的已有文化，既包括各民族自身的历史传统，也包括其他民族的历史积累，还包括所处时代其他民族的文化。这是因为人类文化的发展是在漫长的历史过程中各民族、群体互动的结果。民族文化的发展总是继承了各民族历史中优秀的部分，也借鉴同时代其他民族文化的有益成分。正是这一过程使各民族得以超越时间和空间局限，在一个广阔的人类背景下采借各民族、各时代的有益成果，从而打破单纯依靠自我积累实现文化发展的局限，以使民族文化发展获得不竭的源头活水。面对各民族历史的、现代的丰富文化资源，各民族不是照单全收，而是必须作出选择。文化选择必须合目的性，对于民族文化来说，一是要符合民族自身发展的需要，二是要符合时代的要求。通过合目的性的文化选择，既可以保证文化采借与民族社会功能上的契合，以达到文化为人的目的，也可以保证其对新环境的适应能力，使民族文化发展和创新不至于与时代脱节或与历史潮流相逆，从而也就保证了文化的先进性。

第二，文化批判。文化批判之所以必要和重要，首先在于，横向来看，各民族文化都有其优势，也有其不足，十全十美的民族文化不存在。纵向来看，文化总是随着时代变化而变化的，随着社会的变化总会表现出不适应的一面，即便某一个时代先进的文化，随着时间的流逝也会变得落后。其次，文化创新本身就是一个扬弃的过程，而所谓扬弃，就是借助价值进行判断和取舍，它要求具备批判的眼光和思维，否则就只能是原封不动的坚持，谈不上什么创新。在这个意义上，以创新为本质的文化批判是必需的，也是永远的。对民族文化创新而言，"文化批判是站在文化发展进步的基点上，对民族文化和外来文化的理性审视和反思，它在对传统文化的清理批判的同时也对现代文化进行理性的自我批判，在对现存文化模式、文化体制肯定的理解中包含着否定的理解，在历史和价值的交合点上寻找文化现代化的合理道路"。①

第三，文化创造。文化创造之为必需，既源于文化的内在本质，也源于时代的要求，更源于民族发展的需要。文化的本质是创新，文化因为创新而生成，也因为创新而发展。贯穿于文化历史长

---

① 田丰：《论文化创新的基本内涵与实现途径》，《学术研究》2004 年第 2 期。

河中的一条不变的主线就是创新，各民族文化正是借助于创新获得其生命力的，停止创新就意味着文化的消亡，而要创新就必须要有创造，只有在创造中才会有创新出现。从时代的要求来看，与传统社会不同，现代社会以变化为基本特征，尤其作为现代化延伸和进一步发展的全球化时代，更是一个各种文化激荡、创新不断的时代，它所带来的各种关系的延伸和各领域的相互影响，使文化渗透于经济、政治和社会的每一过程，各领域的竞争都离不开文化，并且文化领域竞争也在加剧，这使得创新意识和创新能力已经成为一个民族能否胜出的关键，这一切都使得对文化的创新和创造要求日益提高。就民族发展而言，更是离不开文化的创新，创新已成为民族文化的灵魂和民族发展的关键。民族文化要创新就必须发挥民族群体的创造性，并提升民族成员的创造能力，为创新打下社会基础。

（三）文化自觉和创新要处理好的几个关系

文化自觉和创新要处理好三方面的关系：一是区分民族文化的变与不变，二是正确认识地方性和普世性的关系，三是防止民族族中心主义和各种形式的文化霸权。

1. 文化的变易性与稳定性

文化在本质上是发展变化的，文化创新需要在自觉的基础上对民族文化有所取舍，但文化创新绝对不是把文化推倒重来，而是在其基本框架内为适应时代发展而作出的调适。这是因为民族是一个文化群体，民族的存在和发展都是在文化的基础上展开的，离开了文化，民族便失去了成为群体的根本特征。与此同时，文化的发展一向都是累积性的，是以历史的积累为其基础和基本特征的，抽空了历史传统便无所谓文化。正是通过历史的积累，民族文化的基因库才能增加和丰富化，在此基础上文化才是民族的，创新才有了基础。在这个意义上，文化创新是变易与不易的结合，在文化的各种表象和具体形式变化发展的同时，民族文化的内核——作为表征一个民族与另一民族不同的特质是不变的。历史地看，文化是具有很大的变异性的，但变异性并不是要将其连根拔起，完全割断其历史，各民族文化尽管可以发生变化，但某种根本的特性是不会改变的。这是因为，每一民族文化作为一种复杂的结构体系，在其中都存在着一个统摄文化结构诸因素的核心——"文化主导观念"或"文化主题"，"文化主导观念"或"文化主题"作为一个民族文化的根本，既"体现文化灵魂和主体生命特征，隐藏于文化结构之中并支配全部文化内容及其演变的恒常稳定的根本文化精神"，也规定了文化结构的基本性质及其演变和发展的基本方向，同时决定了文化结构对异质文化的态度和选择，并在此基础上形成独特的民族文化类型，即"建立在民族主体生命特征之上在历史过程中长期形成的体现着文化主导观念的特定社会群体共同的思维方式、价值观念、审美情趣等思想文化的本质特征"。[1] 换言之，每一个民族文化，总有其基本的认知思维方式和价值取向，以及由此造成的特定行为模式，这些基本的东西作为一种文化区别于另一种文化根本标志是不能移易的，否则文化就会不毁自灭。[2] 对此，人类学家林顿等人提出一个重要的概念——"文化焦点"。所谓文化焦点是指文化的核心要素，是最能代表该文化的要素。不管如何接触，怎样融合和涵化，其作为民族文化的核心要素是不变的。也正因此，雅斯贝尔斯提出"轴心时代"的观念，并指出不管社会如何

---

① 刘进田：《文化哲学导论》，法律出版社 1998 年版，第 310、315、326 页。

② 参见贾应生、王宗礼：《中国西北地区社会现代化的困惑与出路》，甘肃人民出版社 1998 年版，第 67 页。

发展，文化的概念、含义和形式如何变化，直至今天，"人类一直靠轴心时代所产生的思考和创造的一切而存在，每一次新的飞跃都回顾这一时期，并被他重新燃起火焰"。① 就拿西北各民族来说，生活在西北的藏族、回族、撒拉族、东乡族、维吾尔族等许多民族都信奉宗教，对于他们而言，宗教是其文化的根本，其对整个世界的看法，生活处事的基本观点深受宗教的影响，宗教渗入其文化的各个层面，并成为其塑造文化生活的基本模式。② "对一个土著藏民来说，喇嘛教信仰差不多就是他（她）的全部的生活内容和生活经历。它甚至既是生活的支柱也是生活的目标"。③ 又比如，回族文化的主导观念就是"清真"，何为"清真"？按照回族学者对"清真"一词的解释，"清"指真主清净无染；"真"指真主独一至尊。"清真文化"从最高层的精神文化开始，以此为基础，向中层的制度文化和底层的物质文化延伸和渗透。作为文化的主导观念，清真的文化倾向成为回族文化形成和发展中贯穿始终的主导观念，从精神文化诠释而成清真教，清真言"清真"成为回族人一种神圣的信仰和世俗中真善美的评判标准，并积淀和形成回族人独有的价值观、审美情趣和思维方式。回族"清真文化"作为对回族人特有的精神信仰和生活方式的一种概括，是在伊斯兰信仰下回族人对理想人格的追求。④ 很难想象从一个藏族人的生活中拿走宗教会是什么结果，信仰伊斯兰教的各民族如果没有其主导的清真文

---

① ［德］雅斯贝尔斯：《历史的起源与目标》，魏楚雄、俞新天译，华夏出版社1989年版，第14页。

② 王宗礼：《中国西北农牧民政治行为研究》，甘肃人民出版社1995年版，第49页。

③ 周庆智：《文化差异：对现存民族关系的一种评估》，《社会科学战线》1995年第6期。

④ 参见杨文笔、李华：《回族"清真文化"浅论》，《青海民族研究》2007年第1期。

化又会如何。所以民族文化创新不是切断历史，也不应抵消不同民族文化的特殊性，在民族文化的各种变化之外，其本质——民族文化主题是不变的。现代化和文化创新不是、也不可能推倒一切或抛弃一切传统的东西，也就是说现代化并不是什么都在变，有变的也有不变的。①

2. 防止各种形式的"中心论"

"中心论"是一种以自我价值为最高价值，忽视、否定和排斥相关联事物价值的封闭性思维。② 对于民族文化而言，一要防止"民族自我中心论"，二要防止"西方中心论"。民族自我中心有各种形式：原始人由于社会的封闭性往往只把自己看成是人；爱斯基摩人认为自己是上帝所造的最成功的人；前现代的中国，将人区分为中华和蛮夷，认为自己居于大地中央；欧洲殖民者认为只有自己才有理性的能力，有历史和文明，非欧的"他者"被等同于自然，既没有理性，也没有文明。各种不同形式的民族自我中心共同表现为对自身及其文化的过度肯定和对异文化的贬抑。民族和其他群体一样需要自我肯定和提升，但自我肯定不一定非要通过贬抑"非我"来实现。民族文化由于与民族之间的特殊关系使得民族成员对其持有特殊的感情，这是可以理解的，但不能以感情代替理性的判断，更不能因为对民族文化的特殊感情而将自身的一切都看成是优秀的，这样的话，一个民族就失去了向其他文化学习的机会。这是与全球化的世界社会及其相互依存性相悖的，既不利于各民族的平等交流，也不利于民族文化的发展和创新。与"民族自我中心论"相反，现代化和全球化以来，以19世纪盛行的进化论为依据，

---

① 参见格勒、旺希卓玛、卢梅：《关于加快藏区现代化建设步伐的调查与思考》，《中国藏学》2006 年第 4 期。

② 参见田丰：《论文化创新的基本内涵与实现途径》，《学术研究》2004 年第 2 期。

形成了"西方中心论"。"西方中心论"以单线进化论为依据，将各民族社会和文化的多样性纳入一个由低到高的线性发展模式，民族社会、文化差异都被赋予了与发展阶段相关的等级意义，并用文明与野蛮、落后与进步这些带有西方中心主义的标准予以评判。以此为依据，非西方的民族——从经济、政治、社会到文化都是落后和不合时宜的，并被贴上了落后甚至野蛮的标签，当成有待剔除的对象。西方的中心论对现代化理论有着深刻的影响，现代化理论从源头到观念，再到现代性的标准大都是源于西方的，是西方国家给新兴民族国家按照自己的模式开出的发展处方，打上了"西方中心主义"的烙印。它也深刻地影响着中国社会和文化变迁。近现代以来，中国社会每一次变革都会出现文化上中西之争、古今之争，总体来看，都未能脱离与西方中心主义相关的现代化理论的影响。在这一过程中，有两种倾向极为普遍，一种是一味地拒斥外来文化，一种是对外来文化照单全收。这两种倾向大体可以看作是以上两种中心的表现。对于少数民族而言，由于经济社会发展的相对滞后性，一方面，由于自我保护容易产生对外来文化的盲目拒斥；另一方面，对于外来文化，尤其是被看成进步象征的"西方文化"产生盲目崇拜。更为现实的是，由于经济社会的滞后，少数民族文化的发展更容易被外来群体影响。历史上看，近代民族国家建立以来，世界各国的社会文化建设都围绕着民族国家的一体化展开，同样，"近百年来的中国文化实践中，国家建设者的策略，一直围绕着民族——国家一体文化的创造而展开"。① 受现代以来的进化论思想的影响，民族、地方的小传统往往被视作落后和有待改造的对象，忽视了其同样都是人类智慧的结晶，包含着自身的价值。传统

---

① 赵嘉文、马戎：《民族发展与社会变迁》，民族出版社 2001 年版，第 45 页。

上我们不仅在"畜牧——落后，农耕——先进"这种观念支配下来看待游牧文明，① 而且在民族社会经济发展中，民族地区选择的也是"模仿或照搬东部地区的发展模式"的追赶战略或称之为"赶上汉族"的传统战略。② 这显然不符合文化发展的多元化趋势，更不利于民族文化的创新和发展。民族文化是多元文化的根基，世界文化是由多民族文化汇集而成，而不是单一的文化，文化的多样性是文化创造、创新能力提升的源泉。没有多样性的文化、没有多元文化的融合，就没有创造和发展。③ 民族社会的发展和文化的创新，只有在多元意识的基础上，通过在一个全球化的世界体系里的合理定位，突破自身社会局限，最大限度汲取一切文明的成果时才能保证其合理性和先进性。

二、通过组织推动民族文化创新

现代社会在许多方面是不同于传统社会的，现代较之于传统的重要区别之一是构成整体社会的基本群体是不同的。在传统社会，初级群体是社会的基本群体，初级群体中的家庭、家族等亲属群体更是全能型的社会机构，承担了从经济生产、社会控制到文化教育等几乎所有的社会职能。人们社会生活的每一方面都与家庭和家族密切相关，他们在家庭中出生，在家庭中接受教育，在家庭中劳动，在家庭从事社会活动，终其一生人们的社会生活都以家庭为轴

---

① 参见张咏：《牧民定居与文化转型——新疆木垒县乌孜别克民族乡定居工程的考察报告》《青海民族研究》2007 年第 1 期。

② 参见鲍明：《中国民族区域自治的城市制度安排与制度创新》，《民族研究》2003 年第 1 期。

③ 参见刘卓雯：《农村学校教育中乡土教材建设的必要性和可能性——基于"地方性知识"的解读》，《当代教育与文化》2011 年第 11 期。

心展开，逃不出家庭的圈子。不同于传统社会人们主要通过家庭和亲属群体来满足社会需要，现代社会是一个高度组织化的社会，各种社会需要大都是通过各类社会组织来满足的。① 组织化社会的到来，源于博尔丁所称的"组织上的革命"，在《组织上的革命》一书中，博尔丁把近现代以来组织在社会各领域的大规模出现称为一场革命，并认为这一组织上的革命是过去一个世纪中发生的主要事件之一。在人类社会步入近现代的时候，尤其在过去的一个世纪中，社会中存在的组织数量增多了，范围扩大了，力量增强了，越来越多的活动领域变成有组织的了。② 组织取代家庭和家族等初级群体成为社会的基本群体，并获得了过去由它们承担的大部分职能。现代人几乎所有的需求，从经济、社会到文化都是通过组织实现的，组织成为新的全能的统治者，主导了从经济、政治到社会、文化各领域的事务。

组织化社会的到来，不仅改变了过去人们通过家庭和家族等亲属群体满足需求的过程，也深刻地改变了我们的文化。由于任何群体不仅是由互动关系构成的组织体系，也包含着使这些关系成为可能的价值观念和行为准则，亦即文化。历史地看，不同时代的社会文化——从价值观念、行为准则到精神气质等主要是受制于其基本群体的，基本群体不同，社会从形成方式、联结纽带到结构功能和目标追求都极为不同，以此为基础形成的观念系统和行为规范也是不同的。在以家族为基本结构的社会里，将人们联系在一起的主要纽带是血缘，由于这一纽带形成群体的亲密性和封闭性，使得人们特别重视情感，情感成为人们行事的主要考虑因素。而组织是以职

---

① 参见于显洋：《组织社会学》，中国人民大学出版社2001年版，第15页。
② 参见于显洋：《组织社会学》，中国人民大学出版社2001年版，第13页。

业为纽带的，成员之间缺乏初级群体所拥有的亲密性和情感，作为一个以经济化方式运作的复杂体系，它专注于效率，构成其文化主导观念的是理性，即马克斯·韦伯所说的合理化。用丹尼尔·贝尔的话来说，即"通过法律、经济、会计、技术和整个生活态度来扩大一种职能的效率和权衡的精神，不但对物质资源而且对整个生活有一种'精打细算'的态度"。① 在现代组织中形成的理性化由于组织的扩张影响了整体社会，使整个社会的文化不再像过去那样注重情感，效率的逻辑代替情感的逻辑，人们养成了计算的性格，日益理性化了。

组织在带来整个社会文化变化的同时，组织本身作为一个复杂的社会现象和全能型的体系也生产着文化。作为一个社会体系，组织本身有其严密的规则、行为模式、价值观念和文化传统。作为现代社会的一个全能型主导者，组织不仅进行物质的生产，满足社会对物质产品和服务的需求，也进行文化产品的生产，满足人们的精神需求。从文化创新两个主要方面——科学文化和人文文化来看都是如此。就科学文化来看，组织既是科学知识的提供者，也是发明创造的主要来源，纵观现代社会的发明创造和技术革新，无不是从组织中产生的。20世纪几乎所有的重大发明和创造都是从组织中产生的，在汽车的发明和发展中，有梅赛德斯—奔驰、通用、福特等一连串的公司；在计算机的发明和互联网的发展中，有麻省理工学院、IBM、微软和英特尔等；在第一个的登上月球的人——阿姆斯特朗的身后是美国国家宇航局，这同样是一个庞大而复杂的组织。不仅如此，组织的出现，大大地加速了发明创造和技术革新的

---

① ［美］丹尼尔·贝尔：《后工业社会的来临》，高铦等译，商务印书馆1984年版，第78页。

速度。就人文文化来看，今天人们的新观念、新规范大多是由像电视这样的大众传媒公司提供的，它为人们提供着新观念和新的行为参照系，同样满足人们精神需求的文化作品、艺术等也主要是由各种组织提供的。

综上所述，在一个组织化社会，组织既代表了一种文化，也是包括文化在内的各种有形和无形产品的生产者，更是文化创新的实施者。社会文化如此，民族文化及其创新也不例外。就当代中国的少数民族文化创新而言，三类组织尤其重要，一是政府组织，二是文化产业，三是文化事业。这三类组织在文化创新过程中的地位和作用各不相同。政府组织作为文化改革的倡导者和政策提供者，在文化体制创新方面扮演着重要角色，文化产业组织对文化创新的作用主要体现在文化内容创新方面，文化事业作为公益性的服务组织则对文化创新和传播，尤其是保障文化权利有着重要的作用。

就文化创新内部的关系来看，内容创新是文化创新的本质要求，居于核心地位，而体制机制和传播手段创新既是文化创新的内在要求，也为内容创新提供体制保证和传播手段。

（一）通过政府组织推动文化体制创新

政府组织是制度和政策的提供者，而制度以及相关的政策，按照新制度学派的观点，在任何事项及其发展的背后，都存在着促使其发展的制度因素，任何时候任何事业的发展都有赖于与之相关的制度和政策工具的推动和引领。历史地看，科学合理并且充足的政策供给总是促进事物的发展，而制度和政策供给的不足必然抑制发展和创新。从中国历史上的文化发展和创新来看，都离不开相应的环境和政策，不论是春秋战国时代百家争鸣局面的出现，还是盛唐文化的鼎盛，都与当时海纳百川的宽容文化政策相关。近现代以来各国发明创造的大量出现，更是离不开专利制度等对文化创新的保护和推动。具体到当代中国，文化发展的每一个方面都离不开政府和相关机构创设的制度和政策。纵观改革开放以来中国的文化发展，不论是体制变化，还是文化发展抑或是内容创新，每一阶段每一事项的发展繁荣背后都有其制度因素，以政府为主的相关机构提供的政策工具是其主要原因。

从改革开放以来的文化发展历程来看，不论是 20 世纪八九十年代文化发展战略热，还是后来文化产业的繁荣和公共文化服务体系建设的长足发展，都是相关机构的文化政策直接推动的结果。同样，当前文化受到普遍关注和关于文化事业和文化产业的区分，也离不开党和政府的相关政策：从 2000 年，我们党在制定"十五"计划的建议中引入文化产业的概念；到 2002 年，党的十六大报告正式将文化事业和文化产业区分开来，并明确提出"积极发展文化事业和文化产业"；再到党的十七届五中全会强调要"推进文化创新，深化文化体制改革，增强文化发展活力，繁荣发展文化事业和文化产业"，正是这一系列的政策推动了当前文化的发展和繁荣。当下中国的文化体制改革要按照"增加投入、转换机制、增强活力、改善服务"的方针，以公益性的文化事业和经营性的文化产业科学区分、分类指导为基础，纵向上厘清文化组织与政党、政府部门和主管部门之间的关系，横向上处理好文化组织与其他组织的关系。尤其要看到我国文化体制改革的阻力主要来源于观念和利益两个层面，以文化体制改革面临的"精英文化情结、计划思维、意识形态僵化、部门利益"① 四大难点为突破口，从宏观和微观两个层面展开。宏观管理层面上，要充分认识到文化的发展是与

---

① 李德顺：《简论文化发展观与我国文化体制改革》，《文化学刊》2006 年第 1 期。

其外部系统——社会环境尤其是政策环境密切相关的。针对文化产业和文化事业的不同，从各自的属性出发，制定科学合理的政策体系，为文化产业和文化事业的长足发展提供良好的外部环境，切实建立起"政策引导、市场运作、社会参与、规范运作"的文化产业和文化事业运行机制。[①] 在微观层面，要看到文化组织本身也是一个复杂的系统，组织的各要素，从人员、设施到运作机制构成了一个复杂的结构，要求各部分之间结构和功能的调适和耦合，只有在合理的结构、完善的功能基础上形成科学合理的运作机制，方可调动组织各部分的积极性，通过调动组织各部分的积极性，文化组织的创造活力才能够激发，组织才能得以有效地运作，高效地为社会提供文化产品和服务。对于人口少、社会经济文化相对落后的少数民族地区，尤其要认识到文化体制改革的重要性和任务的艰巨性，如果不加快我国文化事业和文化产业的改革和发展，在全球化的浪潮中，民族文化将会面临守不住的危险，更遑论走向世界；而在一个全球化，文化和经济、社会交融的时代，文化的失守对于其群体将是极为不利的。因为，在当今这样一个经济、政治和文化高度融合的全球化时代，民族立足于世界民族之林，不仅是因为自身的经济实力，更在于自身有吸引力的独特文化。

（二）通过文化产业推动民族文化内容创新

文化创新包括了内容创新、体制创新、传播手段创新等多个方面，其中内容创新是其核心，正是内容创新为其他创新提供了基础。在此基础上，文化体制创新才有其目标，传播手段创新才有实

---

① 参见林起：《以文化创新推动文化产业大发展》，2008 年 1 月，厦门网（http://www.xmnn.cn/dzbk/xmrb/20080103/200801/t20080103_ 423707.htm）。

质的内容。而在一个经济文化高度融合的组织化社会，文化内容创新主要是依赖于文化产业的。文化产业作为一种以文化为内容和载体，以市场化为手段向消费者提供精神产品或服务的行业，既有产业属性，也有文化属性。从产业属性来看，它和其他产业一样，包含生产、流通、消费等一系列活动，同样需要遵循一定的经济规律，按照某种商业模式运作，最终以产品和服务的形式满足消费者的需求。从文化属性来看，文化产业有其特殊性，它以文化为内容，是将抽象的文化——观念、行为等通过市场转化为具有经济价值的产品的过程，虽然它不排斥经济和商品属性，可以进入市场，通过流通和交换实现价值，但作为以文化为内容的产业和产品，它着眼于其所承载的价值观和精神内涵，更加强调其人文内涵和审美功能，在本质上"文化"是文化产业的"根本属性"。产业化只是改变了文化的生产、流通和消费的方式，而并没有改变文化产业的文化本质。① 换言之，它是文化与经济一体化时代文化发展的一条新的路径。通过这一路径，一方面提升了民族的经济实力，另一方面，为文化的发展创造提供了新的渠道和空间。

纵观世界各国，文化的产业化已成文化发展和创新的重要方式，各民族文化正是通过产业化这一方式为世界所了解，也是产业化使文化内容创新走上了快车道。贝塔斯曼、维亚康姆等文化产业在实现巨大经济利益的同时，也将其各自承载的文化价值传播到世界各地。同样，美国文化正是通过迪士尼、好莱坞这些文化产业被人们所知晓。我国是一个有着悠久历史的多民族国家，各民族、各区域在漫长的历史和社会过程中都形成了各自独具特色的文化资源。多民族聚居、历史悠久的西北，更是有着丰富多彩的民族文化

---

① 郭国昌：《发展文化切忌泛产业化》，《人民日报》2010 年 10 月 22 日。

资源，这里的各民族都有属于自己的独特生活方式，以此为基础形成了多姿多彩的文化。在各种各样的民俗、技艺、宗教和艺术中都包含着丰富的文化资源。通过对这些文化资源有选择的产业化开发，既可以使民族文化发扬光大，也可以通过时代性的转换，进一步发掘民族传统文化中蕴涵的积极成分，实现民族文化的创新。就以多民族聚居的青海黄南为例，这里东邻甘肃省夏河县，是藏传佛教格鲁派（黄教）著名寺院拉卜楞寺所在地；西接青海海南藏族自治州的同德、贵南、贵德三县，是青海农耕文化和游牧文化的结合部，尤其贵德县与青海农耕文化的发祥地河湟谷地紧紧相连，深受汉文化的影响；南连河南蒙古族自治县，是蒙古族与藏族的杂居之地，也是藏传佛教宁玛派（红教）的兴盛之地；北临尖扎县和循化县，循化地区则生活着信仰伊斯兰教的撒拉族。[①] 从地理上来看，它处于青藏高原与黄土高原的过渡地带，文化上则处在以藏文化为主的少数民族文化和汉文化交汇的区域，特殊的地缘结构，包括藏族、汉族、土族、回族、撒拉族等世居民族在内的多元民族结构，塑造了这里绚丽多姿的热贡文化，加上历史上先后有羌人、蒙古族、汉族、藏族以及穆斯林民族等进入，形成了独具特色的热贡艺术。热贡艺术作为藏传佛教艺术的重要流派，包含了唐卡、堆绣、壁画、雕塑等艺术形式。这里的唐卡尤其以其独特的矿物质颜料和奇特的加工方法被世人所称道。改革开放以来，随着宗教信仰自由政策的进一步落实和旅游业的发展，尤其是市场经济和新的商业理念的引入，热贡艺术实现了从单一的宗教用品向具有商业属性的工艺产品的过渡。伴随着产业化的开发，古代唐卡艺术得到进一步的发掘整理，许多优秀的热贡艺人也脱颖而出。现在，同仁地区

---

① 参见龙仁青：《热贡被艺术选择的土地》，《中国国家地理》2006年第3期。

几乎每家都有人在绘制唐卡，据统计，目前青海同仁地区注册的唐卡画师已达到 2 000 多人，从事热贡艺术的艺人达 4 000 多人。①产业化的开发既促进了当地经济的发展，又改变了过去只依赖寺院和民间来传承唐卡的单一模式，更使以唐卡为代表的民族传统文化通过挖掘、整理焕发出了新的生机。如今以唐卡、维绣为代表的热贡艺术享誉海内外，并于 2006 年被列入国家首批非物质文化遗产保护名录。文化产业不仅对民族传统文化的创新起着重要的作用，而且对当代科学文化的发展和创新也有着不可替代的作用。科学文化方面，内容创新是文化创新的核心，内容不足已成为当前制约文化发展和繁荣的主要问题。针对民族地区文化资源丰富，文化资源开发、内容建设滞后和内容创新不足的现状，顺应信息化时代内容产业数字化、融合化的发展趋势和人民群众对文化内容产品和服务的多元化需求，站在时代发展的前沿，借鉴发达地区和国家的先进经验，充分利用现代传播技术，在新闻传媒、读书出版和音像制品方面加大创新力度，以更好地为广大群众提供丰富的精神食粮。我国的民族文化产业刚刚开始，还处在发展的初级阶段，民族地区一定要看到文化产业是当代文化发展与传承的主体，也是新的文化业态生成和文化创新的主要依托，必须围绕文化内容创新这一核心，增加开发的广度和深度，提升文化产品附加值，拓宽营销渠道，强化民族特色和品牌意识，使民族文化产业向专业化、纵深化、产业化、高级化发展。②

---

① 参见余宁：《在原生态的保护中发展唐卡艺术》，《中国艺术报》2008 年 6 月 24 日第 4 版。
② 参见胡静、顾江：《中国民族文化产业发展战略与路径选择》，《经济管理》2007 年第 21 期。

（三）通过文化事业提升民族文化创新的综合能力

民族文化创新是一项社会系统工程，既需要政府组织和相关机构提供的政策工具推动，也需要文化产业的提升，更离不开文化事业的推动。因为文化产业有其自身的局限性，也不是所有的文化都可以产业化的。事实上大量的文化事项是由文化事业承担的。不同于文化产业，文化事业在属性和功能上都有其自身的特点，如果说文化产业强调的是文化的产业属性、经济属性的话，文化事业强调的主要是其意识形态属性。从功能上来看，文化产业将经济功能放在比较重要的位置，而文化事业主要看重的是其社会功能，即教化育人的功能。就民族文化创新而言，文化事业，从学校教育、社会科学研究机构到体现民族特色的博物馆、图书馆，再到重要文化遗产和优秀民间艺术都扮演着重要的角色。一方面，各文化事业单位通过对科学文化的生产和传播，可以全面提升民族成员的科学素养，民族科学素养的提高既有助于增加人们的科学知识、摆脱愚昧，也有助于培养人们的科学思想、方法和精神，这不论是对于民族成员认识改造自然和社会，还是破除迷信、移风易俗都有很大的帮助。尤其近代科学文化的兴起开辟了人类文化的新纪元，当代文化在很大程度上是由科学文化主导的，科学文化在经济、政治和社会各领域都起着举足轻重的作用，以科学文化为基础的技术进步更是文化创新的重要组成部分。另一方面，文化事业通过对人文知识的生产和传播，能提升公民的人文素养和审美情趣，这对于民族关系、社会和谐、文明都具有十分重要的意义。西北民族地区的文化事业发展，一要关注经济落后带来的各项设施的匮乏，二要注意民族地区的特殊性，在公共文化组织体系建设上要尽可能适应民族需要，尤其要关注西北民族地区公共文化服务基础薄弱给予这一现实，发挥政府在公共文化建设中的核心作用，对民族地区的公共文化服务体系建设给予政策上的照顾和资金投入上的倾斜，并积极发动社会力量和公民个体积极参与，通过各种力量的合作，提高公共文化服务的数量和质量，以改变农牧区公共文化基础设施薄弱的现状，同时要加大对民族文化遗产和文物的保护，而不能仅仅将其看作是获得旅游收入的资源，忽视其社会文化意义。

三、通过民族成员的实践实现民族文化创新

文化在本质上是一个"人化"和"化人"、不断循环、提升的综合过程。所谓"人化"是指按人的方式改变、改造自然和社会世界，使其拥有人文的色彩和性质；"化人"则相反，是人利用"人化"过程产生的成果反过来培养人、提高人的过程。虽然我们提及文化，必谈社会，并常常谈论民族文化、组织文化等，但实际上文化是属人的，排除人将无从谈文化。只有人才是文化的真正承载者，是人在创造文化，也是人在践行和彰显文化。"人化"和"化人"的过程离不开以人为主体的各种实践，而实践作为人"类"的存在方式并不限于某个人或某些群体。从实践的角度看，人人都是文化的拥有者，在这个意义上没有无文化的人，只是每个人的文化不同而已。理解这一点是极为重要的，它既有助于我们清除长期以来存在于文化中的精英主义倾向，也有助于我们更加接近文化的本质，更可以使民族文化及其创新找到一个坚实的落脚点。

（一）文化的"人化"和"化人"

文化总是相对于人而言的，离开了人，文化就会面临主体和对象的双重缺失。文化首先是人化的过程，是人通过自己的活动将自身之外的世界对象化的过程，亦即外部世界的"人化"。它有别于

"自然"和"天然"，是人在满足生存和生活需要过程中将自身属性和能力的外化，它反映的是人与其外部世界的关系，是人通过活动使与之相关的外部世界获得人的属性的过程，是人的本质力量的对象化。正是在人满足自身物质和精神等需求的过程中，按照自己的尺度认识和改造外部世界，将自己的意志和行为加之于外部世界的结果，使其获得了人文的性质，由此外部世界成了一个人化的世界，由于人的文化而"人化"了。正是在这个意义上，马克思指出："人的本质不是单个人所固有的抽象物，在其现实性上，它是一切社会关系的总和。"① "人不是抽象的栖息在世界之外的东西，人就是人的世界，就是国家，社会。"② 人为了生存和生活及发展的需要，在使外部的自然和社会世界满足人的需求过程中，也促成了自身的改变和提升。这是因为，人化的过程不是单向过程，而是相互的，在人通过自身的活动使与之相关的外部世界获得人的属性的过程中，也建构了一个"化人"的人文世界，并使自身处于其影响之中。换言之，人认识和改造自然的成果反过来会作用于人，使人获得进一步的提升、改造和发展。

文化的"人化"和"化人"过程不是凭空实现的，而是依赖于实践的。之所以如此，是因为"社会生活在本质上是实践的"。③ 正是人们的各种实践使人的本质力量得以外化和对象化，使世界人化，也正是实践创造了化人的世界，从而使人得以提升发展。这既可以从学者们对文化的定义中得到指证，也可以通过文化的历史过程得到证明。从对文化的定义来看。不管是古代中国的"人文教化"，还是早期西方"耕耘练习"，不管是泰勒的复杂整体，还是

---

① 《马克思恩格斯文集》第 1 卷，人民出版社 2009 年版，第 505 页。
② 《马克思恩格斯文集》第 1 卷，人民出版社 2009 年版，第 1 页。
③ 《马克思恩格斯文集》第 1 卷，人民出版社 2009 年版，第 18 页。

格尔茨的意义体系，不管是从描述的角度，还是从功能的分析角度，文化都没有偏离主体及其实践，它总是依附于人并通过人的实践活动产生的。用费孝通先生的话来说："文化是人为的，也是为人的。"一些学者更是围绕人类实践的不同层面去定义文化，把"文化"看作是人"在改造客观世界、在协调群体关系、在调节自身情感的过程中所表现出来的时代特征、地域风格和民族样式"。①从文化的形成和发展来看，各民族文化都是在人处理与自然、社会及自身关系的实践中产生、形成并发展的。它反映了人与自然、人与社会以及人与自身的关系过程及其成果，是围绕生产实践、社会交往实践和精神实践展开的人的属性。正是主体及其实践创造了人化的世界，实现了化人的过程；也正是对主体和实践的强调，确立了马克思的实践唯物主义。在《关于费尔巴哈的提纲》一开始他就指出："从前的一切唯物主义——包括费尔巴哈的唯物主义——的主要缺点是：对对象、现实、感性，只是从客体的或者直观的形式去理解，而不是把它们当做人的感性活动，当做实践去理解，不是从主体方面理解。"②以主体的实践为基础，在实践和关系的世界里探讨文化的生成和发展，文化即是人化和化人的统一，它既是通过实践活动展开的人的属性，也是通过实践过程对人的改造和提升过程。二者统一于实践，是同一过程的两个方面，当目标指向外部世界时即为人化，指向人自身时即为化人。人化和化人只是指向上的不同，并无时间上的差异。事实上，二者常常是同时展开的，人在通过实践将自己的本质、心智外化到外部世界，改造环境使其人化的同时，也在提升人的素质和能力。

----

① 陈炎：《"文明"与"文化"》，《学术月刊》2002 年第 2 期。
② 《马克思恩格斯文集》第 1 卷，人民出版社 2009 年版，第 503 页。

以上分析表明，文化是人通过自身的实践活动将外部世界人化的过程，正是这一过程创造了丰富多彩的文化。人在对外部世界人化的同时，自身也经历着被化的过程。文化的产生和发展是在实践基础上的双向互动过程。"人化"与"化人"的互动过程是人类文化的原初生成和当代生成的共同规律。① 正是通过这一双向过程生成了民族文化，也正是这一过程各民族发展和创新着自身的文化。

（二）通过"人化"和"化人"的实践实现民族文化创新

由于文化的生成及其创新是主体通过实践展开的双向过程，这决定了任何文化的创新都必须关注主体的日常实践，通过实践的过程"人化"和"化人"。所谓"人化"是指按人的方式改造世界，使其拥有人文色彩，"化人"则是指改造世界的成果反过来培养人、提高人的过程。民族文化创新也不例外。具体到西北少数民族地区的文化创新，一要重视普通人的日常实践，二要站在时代的制高点上把握文化的核心——价值观，三要从民族地区文化发展滞后的现状出发，通过公共文化体系的建设提升民族成员的人文素质和科学素养。

1. 重视民族成员的日常实践

实践总是历史的、具体的。以实践出发探讨文化的生成及其创新，必然回到具体的人及其普通生活，这意味着我们不能囿于精英主义狭隘的文化观念，而是要将人人都看成文化的拥有者和实践者，回归到普通大众的日常生活，追寻民族成员日常的社会实践过程对文化形成与创新的意义。

---

① 参见刘尚明：《"人化"与"化人"：当代文化生成的内在机制——读〈当代文化的生成机制〉》，《广东省社会主义学院学报》2009 年第 1 期。

由于文化在本质上可以看作是人为满足自身需求，以其独特的心智模式处理三类基本关系的产物；所以，民族文化创新的实践就应该围绕着这三个层面展开：一是处理人与自然关系的生产实践，二是处理人与人之间关系的社会实践，三是处理人与自己关系的改造主观世界的实践。就民族文化创新而言，第一类的生产实践具有基础地位，它在本质上可以看作是人类利用知识和技术满足生存需要和丰富物质生活的过程。通过这一实践，人类不仅依据一定的谋生方式满足了其基本的物质需求，同时获得了关于物理世界的知识，增加了认识、改造自然的知识和技能。通过这一过程所创造的经济文化、生计类型、工艺和技术，一方面丰富了包括知识、技术、发明和发现在内的科学文化；另一方面，由于经济生产方式在社会中的基础地位，会进一步影响包括规范和观念在内的人文文化。历史地看，各民族的发明发现和科学技术大多产生于与经济相关的生产实践，而各民族的行为规范、风俗习惯和价值观念也不同程度地受到其经济谋生方式的影响。以生产实践为基础，人类同时面临着各种社会实践，因为人是社会性的动物，不是以个体而是以群体的方式面对自然的。所以，与一定的经济生活方式相适应，必然产生与之相应的组织体系和社会关系。一定的组织体系、社会关系又需要通过制度、规范维持其秩序，由此各种规范文化得以形成。人在认识、改造自然和社会的同时，也在改造自身及其主观世界，由此产生与之相应的思想、观念、价值和态度等。正是经由这三大实践过程，人类创造了物质器物、制度规范和观念习俗三大文化。

从主体实践的层面来看，文化归根到底是人的存在和生活样式，它就扎根于普通大众的社会活动和日常生活之中，是通过人民大众的日常实践创造和体现的。因此，必须把文化界定为社会的，注重普通大众的日常实践、社会过程和行为所隐含或显现出来的文化意义与价值，善于发现普通人在日常生活实践和互动中获得的经验对文化创新的意义，而不是仅仅将其看作少数精英创造的文本中所体现的高尚道德和先进观念，更不能工具化地将其局限于少数精英的科学发现或发明创造。确实少数社会精英的文本式创造和科学发现对文化创新有着重要的作用，但文化创新不仅限于此，更何况精英的创造很大程度上只是"人化"，如果不能转化为普通人的实践，用来"化人"，其对文化创新的意义便会大打折扣。所以，必须遵循文化生成和发展的社会化规律，适应文化大众化的现代潮流，超越文化精英主义对文化认识和定位上的局限，回归伯明翰中心的主流传统——"文化主义"，将文化视为"普通人的文化"，①在重视少数精英创造的精品的同时，关注普通大众日常生活实践对文化创新的意义，推进文化民主，以更好地实现民族文化创新。

2. 把握文化的核心——价值观

文化具有复杂的结构和内容，在最宽泛的意义上，它是与自然对立的概念，涵盖了人所创造的一切。一切具有人文意义的事项，不管是物质的还是精神的，也不管是有形的还是无形的、内隐的还是外显的，均为文化。不管文化的内容有多复杂，不论人们对其作何界定，但在对其核心的认识上大体是一致的，东西方学者普遍认同文化的核心是价值观。正因为此，A.L.克罗伯和K.克拉克洪在1952年发表的《文化：一个概念定义的考评》中，对他之前的所有文化定义进行梳理总结的基础上，给文化下了一个综合定义，他认为："文化存在于各种内隐的和外显的模式之中，借助符号的运

① 参见陆扬：《文化研究的必然性——走出本质论》，《文艺争鸣（理论综合版）》2009年第11期。

用得以学习与传播，并构成人类群体的特殊成就，这些成就包括他们制造物品的各种具体式样，文化的基本要素是传统（通过历史衍生和由选择得到的）思想观念和价值，其中尤以价值观最为重要。"① 在这里，他特别强调的一点就是价值观。无独有偶，伯明翰学派代表人物之一威廉斯在《漫长的革命》中也指出：分析一个时期的文化，就必须考察时人思想世界中的情感结构。所谓情感结构，就是特定群体、阶级或社会所共有的价值观和社会心理。②

　　如此强调价值观，是因为价值观作为个体对周围事物的总体认识和评价，渗透于个体的每一个社会过程，支配、调节从个体到群体的一切社会行为，是决定人们行为的心理基础和重要的内在驱动力，更是行为的导向因素。价值观一经确立，就可以内化为一种精神动力，成为个体、社会、国家和民族的习惯和集体无意识。对个人和社会行为产生深刻的影响。就民族文化而言，它作为内核影响和决定着包括生产实践、行为规范、风俗习惯等在内的其他文化，民族文化的差异在很大程度上表现为价值观的差异，也正是价值观念的差异决定了民族文化——从经济到社会、政治行为上的不同。具体到民族文化创新，价值观更是文化选择的判断依据，因为文化创新取决于文化选择，而文化选择最终又可归结于价值观和价值体系的差异和构建。③ 由于价值观在文化中的核心地位和导向作用，所以必须保证其先进性，价值观的先进性不仅在于其作为思想、道德和意识的合民族性，即要符合民族社会生存和发展的需要，更在

---

　　① ［美］克莱德·克拉克洪等：《文化与个人》，高佳等译，浙江人民出版社1986年版，第41页。

　　② 参见范玉刚：《"大众"概念的流动性与大众文化语义的悖论性》，《人文杂志》2011年第1期。

　　③ 参见杨昌儒：《也谈民族文化的创新》，《贵州民族学院学报》（哲学社会科学版）2011年第2期。

于合时代性，亦即作为精神的旗帜和行为的先导必须符合历史的发展趋势。正因为是这样，它才能为民族经济发展和社会文化进步提供强大的智力支持和精神动力。之所以强调价值观的先进性，是因为任何社会的意识和观念形态都呈现多元共存的状态。这些多元的观念，从历时性来看，包括了历史的、现实的甚至未来的；从共时性的角度看，既有本土的，也有外来的；从在社会分布程度来看，也存在主流和非主流的区别。具体到历史悠久、文化多元的西北民族社会，随着经济全球化进程的加快和国内改革开放的深入，价值观更是呈现多元的状态。在这里，各少数民族自身的、国内其他民族的、国外的、传统的、现代的各种观念呈现交叠的状态，多元的观念既表明民族文化的丰富性和多样性，也是文化充满活力的表现，但就民族社会的发展而言，各种价值观念的作用是不同的，这就需要在准确认识把握多种观念的基础上，站在民族社会发展的角度予以判断和选择。判断的标准主要集中于两个方面，一是其科学性，二是其实践性。[1] 科学性是指其合事实性与真理性，即是否抓住了事物的根本，反映了事物的本质。实践性是指满足社会及其发展需要的程度，一种价值观念之所以是先进的，或者较之于其他观念更先进，一个重要的依据就是能更好地满足社会发展的需要。

就当代中国而言，价值观念的先进性集中体现于社会主义核心价值体系上。社会主义核心价值体系由包括马克思主义指导思想、中国特色社会主义共同理想、以爱国主义为核心的民族精神和以改革创新为核心的时代精神、社会主义荣辱观四大方面构成。这四个方面共同构成了一个内涵明确、相互联系的有机体系。其中马克思

---

① 参见王秀阁：《用社会主义核心价值体系引领社会思潮的机制研究》，《红旗文稿》2010 年第 1 期。

主义是指导思想，是指引中国各民族群众实践的理论体系，是认识、改造自然和社会的科学的世界观和方法论；中国特色社会主义是全国人民共同奋斗的目标，是实现中华民族整体利益的正确道路；以爱国主义为核心的民族精神和以改革创新为核心的时代精神，是中华民族长期社会实践经验的历史总结和现实诉求，是激励中华民族积极向上、走向繁荣富强、实现民族复兴的精神动力；社会主义荣辱观，是公民日常生活需要践行的基本行为准则和思想道德规范。作为一个社会的价值体系，它既是社会主义政治和经济在思想观念中的集中体现，也是维系社会团结、凝聚人心的精神纽带，更是推动各民族社会全面发展的精神动力。

纵观人类历史，几乎所有的社会变革都离不开观念的变化。换句话说，价值观一旦确立，就可以内化为一种动力、一种精神、一种品格，成为一个人、一个群体、一个国家、一个民族的自觉、自发、自愿，甚至具有"习惯性"和"无意识"的特质。就个人而言，价值观决定着生活态度和行为准则，决定着人生方向。对一个国家和民族而言，核心价值观决定着国家和民族的未来。没有文化作支撑，一个国家、一个民族就立不起来、强不起来。没有核心价值体系，一种文化就立不起来、强不起来。① 这是因为，从广泛的社会意义上来说，任何经济活动和政治活动都是特定领域的人类文化活动，都有人的信仰、信念、意志、情感和价值标准在其中。② 值得注意的是，观念的东西从来就不是一蹴而就的，它是一个逐渐的扩散过程。作为先进文化集中体现的社会主义核心价值体系，就

---

① 参见吕凤茹：《核心价值体系建设：文化改革发展的根本任务》，《中国民族报》2011 年 11 月 25 日。

② 参见刘明：《新疆社会转型中塔吉克女性社会化程度研究》，《新疆社会科学》2009 年第 5 期。

像历史上所有的先进思想和观念一样，通常都是在少数人中产生形成的，需要通过一定的过程使其变成普通大众的共识，成为促使社会进步和文化变革的力量。

正如观念不是凭空产生的一样，观念的"落地"也不是单凭思想说教就可以实现的。虽然观念的形成离不开思想教育，但在本质上它是实践过程达成的，正是实践为文化的人化和化人提供了基础。不仅人化的过程需要以实践为依据，人化的成果和化人也需要实践过程去体现。文化的创造和观念的更新就是通过实践的过程彰显的。而实践在本质上是具体的、历史的，它需要通过人们的经济、政治、社会和文化生产、生活过程去体现和实现，是由细微处见精神的。换言之，价值观念只有融会于民众的日常生活方式，成为普通民众的自觉行为和价值选择，并通过社会过程表达时，才可以说"落地"了，也才能成为民族社会发展的凝聚力量。在这个意义上，每一个个体日常生产、生活的每一方面都蕴涵着、体现着特定的观念，正是普通人的经济、政治、社会和文化生活过程使那些看起来抽象的观念变得具体。在本质上，文化"落地"，或者说以文化人，是将人人都看成文化的拥有者和实践者，回到普通大众的日常生活，追寻每个普通人的社会生活所蕴涵的文化价值和体现的文化意义。以此为视角，很容易就会发现，个体从日常的经济生活到社会生活，都践行并创造着文化，文化正是在每个人每天的生活方式——从劳动生产到物质消费、社会交往和精神娱乐等实践过程创造的。不仅如此，文化创新的成果也必然体现在这些经济、政治和社会过程里，并通过这些社会过程落实到个体的观念和行为体系中。唯其如此，文化创新才落到了实处，也才有其社会意义。在这个意义上，任何文化创新及其成果如果不落实到人身上，体现于人的观念和行为层面，则终属纸上谈兵，是没有什么意义的。

就各民族的历史经验来看，"文化结构"的转型较之于经济结构和政治结构的转型，乃是更为根本、更为艰难的部分。从社会转型过程来看，往往当社会转型进行到一定程度，社会诸多问题就会或直接或间接地表现为深层的文化问题。① 对于经济社会相对滞后，文化多元、宗教色彩浓厚的西北民族地区，观念转化的任务尤其艰巨。具体到社会主义核心价值体系的落地，一要做好文化的调适，寻找一个恰当的契合点，以社会主义核心价值体系为指导，使民族的优秀传统文化得以传承和发展。二要结合民族地区的经济、政治和社会文化建设实践，将社会主义核心价值体系的基本内容实践化，使其成为人们日常工作和生活遵循的准则。文化的落地要通俗化和大众化，要以当地民族喜闻乐见的形式进行，这样既可以减少文化适应过程的障碍，也有利于文化的入脑入心，使其扎根于人民大众的历史活动和日常生活之中，从而实现"化人"的过程。

3. 通过公共文化体系提升民族人文素质和科学素养

民族文化的发展与创新离不开其主体——民族社会及其成员。文化创新最终要通过民族成员的社会实践去实现，在这个意义上，改善和提高民族地区的公共文化体系建设，增加民族地区的文化供给，必然有利于提升民族成员的文化素养，从而更好地促进民族文化创新。

公共文化体系作为为公民提供文化产品和服务的系统，包含多方面的内容，是一个涵盖文化政策、文化机构、基础设施和服务的综合系统，主要包括文化基础设施体系、文化网络体系、文化服务

---

① 参见刘明：《新疆社会转型中塔吉克女性社会化程度研究》，《新疆社会科学》2009 年第 5 期。

体系和文化管理体系等。① 当代社会，公共文化体系是普及文化知识、传播先进文化、培养社会道德、引导社会风尚的主要手段，在满足大众文化需求、保障公民文化权利等方面扮演着重要的角色。公共文化体系通过其提供的文化产品和服务，一方面普及了与经济、社会、政治等社会生活领域相关的知识和技术，有利于提升公民的科学文化素质；另一方面，文化产品和服务在满足人民群众精神文化需求的同时，也可以陶冶情操、启迪心智，提高民族的文明素质和思想道德修养。简而言之，公共文化体系可以提高民族的科学文化素质和人文素质，对促进人的全面发展和社会的进步有着重要的意义。

要将当代的公共文化体系建设作为公民的一项基本权利予以高度重视。从公共文化政策的制定，到各文化主体的服务都必须围绕着保障公民"文化权利"这一核心理念展开。公民的文化权利和政治、经济、社会权利一样必须得到重视并实现，享受基本的文化服务是一项基本人权，提供均等的文化服务是政府和相关机构的职责。关于这一点，早在1966年，联合国大会就已通过有关文化权利的法律文书《经济、社会和文化权利国际公约》，我国政府也于1997年10月27日签署了该公约，并于2001年2月28日获得第九届全国人大常委会正式批准生效。党的十六大更是将"人民的政治、经济和文化权益得到切实的尊重和保障"作为现阶段全面建设小康社会的奋斗目标。

当前西北民族地区的公共文化体系建设，必须在研究民族地区特殊性的基础上围绕民族社会的发展和进步统筹规划。具体而言，

---

① 参见茅利荣：《推进农村公共文化服务体系建设的实践与思考》，《江南论坛》2008年第12期。

重点要做好以下几个方面的工作。一是要针对西北民族地区社会和文化的特殊性，因地制宜。西北民族地区由于自然地理环境复杂，经济社会发展相对滞后，社会和文化多元，决定了公共文化服务建设体系的建设有其自身的特殊性和复杂性，在公共文化体系建设上，要坚持两大原则，一是文化服务标准化和多样化相结合的原则，二是继承传统与鼓励创新的原则。①　就前者而言，在保障民族文化权利，坚持文化服务均等化、标准化的同时，针对民族社会和文化的特殊性，满足民族地区对公共文化服务多样化的需求，以保证文化服务的针对性。就后者而言，要充分认识到民族传统文化的影响和作用，在民族地区公共文化服务体系的构建上，一方面，必须尊重其文化传统，善于从传统中汲取营养；另一方面要看到传统不是固定不变的，片面地强调传统就意味着拒绝变化和发展，只有在继承传统的同时，结合时代精神进行积极的创新才能使文化焕发出勃勃生机。二是要认识到西北民族地区多为农牧区，针对经济社会和文化滞后的现状，加大农牧区文化基础设施建设。西北民族地区由于特殊的自然地理、历史和社会经济因素，交通不便，科教落后。西北地区的农牧区文化服务体系尤其落后。在民族地区的一些农牧区，文化设施短缺，信息资源严重匮乏，农牧民基本接触不到图书、报刊等文化刊物，没有电视看，一些贫困的地区甚至连文化站、图书室等基本的设施都没有；一些地方虽然兴建了文化站、图书室，但由于经费和人员等问题，文化站闲置、"空壳化"，很多文化站不能正常开展工作，名存实亡。就以甘肃为例，按照全国两馆建设标准，甘肃民族地区的 19 个县文化馆图书馆面积都不达标，

①　参见索晓霞、蒋萌：《试论民族地区公共文化服务体系建设的特殊性》，《贵州民族研究》2012 年第 4 期。

部分地区仍然是文化馆、图书馆、博物馆三馆合一，面积也只有几百平方米，19 个县文化馆中有业务经费的很少，图书馆购书经费列入财政预算的也是少数；19 个县乡镇文化站都没有活动经费。[①]再以青海民和县为例，这里公共设施设备陈旧老化，文化馆办公面积不足 300 平方米，图书馆面积不足 400 平方米，民和县 22 个乡镇文化站 14 个社区文化活动室 67 个农家书屋均没有专职管理人员，这些场所多由村里的会计主任或卫生员代管，代管员没事就开放书屋，有事或农忙时就不开放书屋。[②] 如甘肃省临夏州各级财政未将公共文化服务机构运转经费列入预算，全州图书馆没有专项经费，文化馆业务经费不足，博物馆没有展览经费。所有这些问题导致农牧民业余生活单调、枯燥，由于缺乏基本的文化设施和文化活动场所，没有有益的文化生活，使得农牧民的文化需求得不到满足，进而使一些村民封建迷信思想浓厚。为此，需要加强民族地区公共文化设施建设，深入实施广电村村通，加强乡镇社区文化站、农牧区电影放映、农家书屋等公共文化服务工程，着力解决农牧民群众看书难、看电影电视难等问题，完善公共文化服务，不断丰富农牧民的文化娱乐生活，从而推动农牧区的思想道德建设。[③] 三是要适应现代社会发展和中国社会改革的趋势，实现公共文化服务的多元化。实现公共文化服务的多元化主要是改变计划体制下由政府包揽公共文化服务的单一模式，实现公共文化服务从一元化组织体系向多元化组织体系变迁，即建立由政府、企业和第三部门三方相

---

① 转引自崔榕：《民族地区公共文化服务体系建设的主要问题及对策研究》，《西北民族大学学报》2012 年第 5 期。

② 参见崔榕：《民族地区公共文化服务体系建设的主要问题及对策研究》，《西北民族大学学报》2012 年第 5 期。

③ 参见郭娅：《民族宗教对西部民族地区农牧民思想道德的影响及对策研究》，《西南民族大学学报》2009 年第 1 期。

辅相成，相互支持和补充，共同提供文化服务物的新型公共文化服务组织体系。① 其目的是为了更好地完善文化设施，增加公共文化服务供给，以满足民族地区的文化需求。最后，民族地区的公共文化体系建设要准确把握公共文化的含义，明了所谓公共文化，是与个体化的私人文化相对应的，它为文化注入了新的价值追求——公民权，即将公民平等的享有文化成果视为一项基本的权利，并引入了政府保障公民平等享有文化的权利责任。同时要意识到，贫困不仅是经济、政治和社会的，也是文化的。文化贫困不仅表现为某一群体或个人知识水平、科学素养与他人的差异，也表现为思想道德素质、价值观念、思维方式、行为取向上的落后于时代，并由此进一步限制自身生存与发展以及社会经济的发展与进步。

综上所述，民族文化创新的实施是一个在广泛汲取人类一切文明成果的基础上，通过主体行动达成的过程。当代的民族文化创新，要立足于全球化这一基本趋势带来的文化语境变化，在民族性与世界性、传统和现代融合的基础上，以正确的文化自觉为向导，通过文化个体和组织的实践去实现。

---

① 参见刘俊生：《公共文化服务组织体系及其变迁研究——从旧思维到新思维的转变》，《中国行政管理》2010 年第 1 期。

参 考 文 献

一、著作类

[1] 陈力丹：《舆论学》，中国广播电视出版社 1999 年版。

[2] 陈庆德：《发展人类学引论》，云南大学出版社 2001 年版。

[3] 戴康生、彭耀：《宗教社会学》，社会科学文献出版社 2000 年版。

[4] 费孝通：《乡土中国》，三联书店 1985 年版。

[5] 费孝通：《论人类学与文化自觉》，华夏出版社 2004 年版。

[6] 冯骥才：《紧急呼救》，文汇出版社 2003 年版。

[7] 冯天瑜：《中华文化史》，上海人民出版社 1990 年版。

[8] 冯增俊：《教育人类学》，江苏教育出版社 1998 年版。

[9] 房全忠：《中国回族概览》，宁夏人民出版社 2008 年版。

[10] 顾明远：《改革开放 30 年中国教育纪实》，人民出版社 2008 年版。

[11] 贾应生、王宗礼：《中国西北地区社会现代化的困惑与出路》，甘肃人民出版社 1998 年版。

[12] 金炳镐：《民族理论通论》，中央民族大学出版社 1994 年版。

[13] 哈经雄、滕星：《民族教育学通论》，教育科学出版社 2001 年版。

[14] 李兴华、冯金源：《中国伊斯兰教史参考资料选编》，宁夏人民出版社 1985 年版。

[15] 李兴华：《经堂教育与伊斯兰教在中国的学说化》，宁夏人民出版社 1998 年版。

[16] 李亦园：《人类的视野》，上海文艺出版社 1996 年版。

［17］李泽厚：《中国现代思想史》，安徽文艺出版社 1994 年版。

［18］李志农、丁柏峰：《土族——青海互助县大庄村调查》，云南大学出版社 2004 年版。

［19］林耀华：《民族学通论》，中央民族大学出版社 1997 年版。

［20］刘进田：《文化哲学导论》，法律出版社 1998 年版。

［21］刘敏：《山村社会》，甘肃人民出版社 2000 年版。

［22］陆学艺：《社会学》，知识出版社 1996 年版。

［23］路宪民：《社会文化变迁中的西部民族关系》，民族出版社 2012 年版。

［24］罗荣渠：《现代化新论——世界与中国的现代化进程》，北京大学出版社 1993 年版。

［25］马明良：《伊斯兰文化新论》，宁夏人民出版社 2006 年版。

［26］马戎、周星：《中华民族凝聚力形成与发展》，北京大学出版社 1999 年版。

［27］马戎：《民族与社会发展》，民族出版社 2001 年版。

［28］马松亭：《中国回教与成达师范学校》，《中国伊斯兰教史参考资料选编》（下册），宁夏人民出版社 1985 年版。

［29］纳日碧力戈：《现代背景下的族群建构》，云南大学出版社 2000 年版，第 132 页。

［30］瞿明安：《现代民族学》，云南人民出版社 2009 年版。

［31］任一飞、雅森·吾守尔：《维吾尔族》，民族出版社 1997 年版。

［32］束锡红：《宁夏回族文化图史》，宁夏人民出版社 2008 年版。

［33］宋蜀华、陈克进：《中国民族概论》，中央民族大学出版社 2001 年版。

［34］孙振玉：《回族社会经济文化研究》，兰州大学出版社 2004 年版。

［35］王坤庆：《教育哲学——一种哲学价值论视角的研究》，华中师范大学出版社 2006 年版。

［36］王铭铭：《想象的异邦——社会与文化人类学散论》，上海人民出版社 1997 年版。

［37］王铭铭：《人类学是什么》，北京大学出版社 2002 年版。

［38］王义祥：《发展社会学》，华东师范大学出版社 2004 年版。

［39］王宗礼：《中国西北农牧民政治行为研究》，甘肃人民出版社 1995 年版。

［40］翁独健：《中国民族关系史纲要》，中央社会科学出版社 2001 年版。

［41］吴冠军：《多元的现代性》，上海三联书店 2002 年版。

［42］谢立中：《西方社会学名著提要》，江西人民出版社 1998 年版。

［43］徐黎丽：《甘宁青地区民族关系发展趋势》，兰州大学出版社 2001 年版。

［44］许宝强、汪晖：《发展的幻象》，中央编译出版社 2001 年版。

［45］杨宏峰：《回族历史文化知识》，宁夏人民出版社 2012 年版。

［46］杨建新、崔明德：《中国民族关系研究》，民族出版社 2006 年版。

［47］杨建新：《中国少数民族通论》，民族出版社 2005 年版。

［48］杨善民、韩铎：《文化哲学》，山东大学出版社 2002 年版。

［49］尹绍亭、夏代忠：《现代民族学》，云南人民出版社 2009 年版。

［50］于显洋：《组织社会学》，中国人民大学出版社 2001 年版。

［51］岳天明等：《中国西北民族地区经济与社会协调发展研究》，中国社会科学出版社 2009 年版。

［52］张国良：《新闻媒介与社会》，上海人民出版社 2001 年版。

［53］张咏华：《媒介分析：传播技术神话的解读》，复旦大学出版社 2002 年版。

［54］赵德兴等：《社会转型期西北少数民族居民价值观的嬗变》，人民出版社 2007 年版。

［55］赵嘉文、马戎：《民族发展与社会变迁》，民族出版社 2001 年版。

［56］中国社会科学院社会学研究所：《中国社会学年鉴》，中国大百科全书出版社 1989 年版。

［57］中国社会科学杂志社：《人类学的趋势》，社会科学文献出版社 2000 年版。

［58］中国社会科学杂志社：《社会科学与公共政策》，社会科学文献出版社 2000 年版。

［59］中国社会科学杂志社：《社会转型：多文化多民族社会》，社会科学

文献出版社 2000 年版。

[60] 朱俊杰、杨昌江：《民族教育与民族文化发展研究》，湖南教育出版社 2006 年版。

[61] 曾国庆：《藏族历史·文化》，民族出版社 2004 年版。

[62] ［加］艾伦·伍德：《新社会主义》，尚庆飞译，江苏人民出版社 2002 年版。

[63] ［法］阿芒·马特拉：《世界传播与文化霸权》，陈卫星译，中央编译出版社 2001 年版。

[64] ［英］安德鲁·韦伯斯特：《发展社会学》，陈一筠译，华夏出版社 1987 年版。

[65] ［美］本尼迪克特·安德森：《想象的共同体》，吴叡人译，上海人民出版社 2003 年版。

[66] ［美］C.恩伯、M.恩伯：《文化的变异：——现代文化人类学通论》，杜杉杉译，辽宁人民出版社 1988 年版。

[67] ［美］C.赖特·米尔斯：《社会学的想象力》，陈强、张永强译，三联书店 1988 年版。

[68] ［美］戴维·波普诺：《社会学》，李强等译，中国人民大学出版社 1999 年版。

[69] ［美］丹尼尔·贝尔：《后工业社的来临》，高铦等译，商务印书馆 1984 年版。

[70] ［美］丹尼尔·杰·切特罗姆：《传播媒介与美国人的思想》，曹静生译，中国广播电视出版社 1991 年版。

[71] ［美］丹尼斯·姆贝：《组织中的传播和权力：话语，意识形态和统治》，陈德民等译，中国社会科学出版社 2000 年版。

[72] ［美］道格拉斯·C.诺斯：《经济史中的结构与变迁》，陈郁等译，三联书店 1994 年版。

[73] ［美］E.拉兹洛：《决定命运的选择》，李吟波等译，三联书店 1997 年版。

[74] ［德］恩斯特·卡西尔：《人论》，甘阳译，上海译文出版社 1985 年版。

［75］［英］冯客：《近代中国之种族观念》，杨立华译，江苏人民出版社1999年版。

［76］［法］弗朗索瓦·佩鲁：《新发展观》，张宁、丰子义译，华夏出版社1987年版。

［77］［加］哈罗德·英尼斯：《帝国与传播》，何道宽译，中国人民大学出版社2003年版。

［78］［美］哈维兰：《当代人类学》，王铭铭译，上海人民出版社1987年版。

［79］［澳］海因茨·沃尔夫岗·阿恩特：《经济发展思想史》，商务印书馆1997年版。

［80］［英］卡尔·波普尔：《开放社会及其敌人》，陆衡译，社会科学出版社1999年版。

［81］［美］康芒斯：《制度经济学》，于树生译，商务印书馆1962年版。

［82］［美］克莱德·克拉克洪：《文化与个人》，高佳等译，浙江人民出版社1986年版。

［83］［美］克利福德·吉尔茨：《地方性知识——阐释人类学论文集》，王海龙、张家煊译，中央编译出版社2000年版。

［84］［捷］夸美纽斯：《大教学论》，傅任敢译，人民教育出版社1998年版

［85］［美］莱斯利·怀特：《文化的科学》，沈原等译，山东人民出版社1988年版。

［86］［英］雷蒙德·威廉斯：《文化与社会》，吴松江译，北京大学出版社1991年版。

［87］［美］李普曼：《公众舆论》，阎克文、江红译，上海人民出版社2002年版。

［88］［法］路易·多洛：《个体文化与大众文化》，黄建华译，上海人民出版社1987年版。

［89］［美］罗伯特·D.帕特南：《使民主运转起来》，王列、赖海榕译，江西人民出版社2001年版。

［90］［美］罗伯特·福特纳：《国际传播》，刘利群译，华夏出版社2000

年版。

　　［91］［英］罗伯特·莱顿：《他者的眼光》，蒙养山人译，华夏出版社
2005 年版。

　　［92］［美］M.L.德福勒：《大众传播学诸论》，杜力平译，新华出版社
1989 年版。

　　［93］［英］马凌诺斯基：《文化论》，费孝通译，北京华夏出版社 2002
年版。

　　［94］［美］马歇尔·麦克卢汉：《理解媒介——论人的延伸》，商务印书
馆 2000 年版。

　　［95］［美］梅尔文·德福勒、埃弗雷斯·丹尼斯：《大众传播通论》，颜
建军等译，华夏出版社 1989 年版。

　　［96］［美］摩尔根：《古代社会》，杨东莼等译，商务印书馆 1983 年版。

　　［97］［法］莫里斯·迪韦尔热：《政治社会学》，杨祖功、王大东译，华
夏出版社 1987 年版。

　　［98］［英］奈杰尔·拉波特、乔安娜·奥弗林：《社会文化人类学的关键
概念》，鲍雯妍、张亚辉译，华夏出版社 2005 年版。

　　［99］［英］帕特里克·贝尔特：《二十世纪的社会理论》，瞿铁鹏译，上
海译文出版社 2002 年版。

　　［100］［美］乔尔·查农：《社会学与十个大问题》，汪丽华译，北京大学
出版社 2009 年版。

　　［101］［美］乔治·E.马尔库斯、米开尔·M.J.费彻尔：《作为文化批评的
人类学》，三联书店 1998 年版。

　　［102］［以］S.N.艾森斯塔德：《现代化：抗拒与变迁》，张旅平、沈原、
陈育国、迟刚毅译，中国人民大学出版社 1988 年版。

　　［103］［美］塞缪尔·亨廷顿：《文明的冲突与世界秩序的重建》，周琪等
译，新华出版社 1998 年版。

　　［104］［日］石川荣吉：《现代文化人类学》，周星译，中国国际广播出版
社 1989 年版。

　　［105］［美］斯蒂文·小约翰：《传播理论》，陈德民、叶晓辉译，中国社
会科学出版社 1999 年版。

［106］［美］斯塔夫里阿诺斯：《全球通史——1500 年以前的世界》，吴象婴、梁赤民译，上海社会科学院出版社 1999 年版。

［107］［英］泰勒：《原始文化》，连树声译，上海文艺出版社 1992 年版。

［108］［英］汤因比：《历史研究》，曹未风译，上海人民出版社 1959 年版。

［109］［美］托达罗：《经济发展与第三世界》，印金强等译，中国经济出版社 1992 年版。

［110］［美］威尔伯·施拉姆、威廉·波特：《传播学概论》，陈亮等译，新华出版社 1984 年版。

［111］［美］威廉·奥格本：《社会变迁：关于文化和先天的本质》，浙江人民出版社 1989 年版。

［112］［法］维克多·埃尔：《文化概念》，康新文、晓文译，上海人民出版社 1988 年版。

［113］［美］沃勒斯坦：《现代世界体系》，尤来寅译，高等教育出版社 1998 年版。

［114］［美］沃纳·赛弗林等：《传播理论：起源，方法与应用》，郭镇之等译，华夏出版社 2000 年版。

［115］［美］西奥多·舒尔茨：《论人力资本投资》，北京经济学院出版社 1990 年版。

［116］［德］雅斯贝尔斯：《历史的起源与目标》，魏楚雄、俞新天译，华夏出版社 1989 年版。

［117］［美］西尔瓦诺·阿瑞提：《创造的秘密》，钱南岗译，辽宁人民出版社 1987 年版。

［118］［美］伊曼纽尔·沃勒斯坦：《现代世界体系》，庞卓恒等译，高等教育出版社 1998 年版。

［119］［美］英格尔斯：《人的现代化》，殷陆君译，四川人民出版社 1985 年版。

［120］［德］尤尔根·哈贝马斯：《后民族结构》，曹卫东译，上海人民出版社 2002 年版。

［121］［英］约翰·汤姆林森：《全球化与文化》，郭英剑译，南京大学出

版社 2002 年版。

［122］［美］约瑟夫·拉彼德：《文化和认同：国际关系回归理论》，金烨译，浙江人民出版社 2003 年版。

［123］［日］竹内郁郎：《大众传播社会学》，张国良译，复旦大学出版社 1989 年版。

［124］杨文炯：《互动调适与重构——西北城市回族社区及其文化变迁研究》，民族出版社 2007 年。

二、论文类

［1］巴占龙：《地方知识的本质与构造——基于乡村社区民族志研究》，《西北民族研究》2009 年第 1 期。

［2］班班多杰：《和而不同：青海多民族文化和睦相处经验考察》，《中国社会科学》2001 年第 6 期。

［3］鲍明：《中国民族区域自治的城市制度安排与制度创新》，《民族研究》2003 年第 2 期。

［4］曹嘉伟：《浅析文化与经济的辩证关系》，《商场现代化》2007 年第 7 期。

［5］昂巴、伦珠旺姆：《甘南州民族教育的回顾与思考》，《西北民族学院学报》（社会科学版）2000 年第 2 期。

［6］陈刚：《关于当前我国文化多元、多变、多样特点及规律的调查报告》，《学海》（哲学专号）2008 年。

［7］陈佳贵等：《中国地区工业化进程的综合评价和特征分析》，《经济研究》2006 年第 6 期。

［8］陈其斌、杨文炯：《西宁市城东区回族教育发展现状的人类学调查与研究》，《民族研究》2005 年第 6 期。

［9］陈庆德：《试析民族理念的建构》，《民族研究》2006 年第 2 期。

［10］陈新海：《河湟文化的历史地理特征》，《青海民族学院学报》2002 年第 2 期。

［11］陈炎：《"文明"与"文化"》，《学术月刊》2002 年第 2 期。

［12］崔榕：《民族地区公共文化服务体系建设的主要问题及对策研究》，

《西北民族大学学报》2012 年第 5 期。

[13] 邓艾、李辉：《民族经济学研究思路的转变》，《民族问题研究》2005 年第 5 期。

[14] 都永浩：《关于民族发展研究的几个问题》，《民族理论研究》1991 年第 3 期。

[15] 都永浩：《论民族关系与民族发展》，《民族理论研究》1990 年第 4 期。

[16] 鄂晓平：《试论经济与文化的互动关系》，《道德与文明》1997 年第 2 期。

[17] 范柏乃等：《中国经济增长与科技投入关系的实证研》，《科研管理》2004 年第 5 期。

[18] 范玉刚：《"大众"概念的流动性与大众文化语义的悖论性》，《人文杂志》2011 年第 1 期。

[19] 冯增俊：《论教育对创新生成的作用》，《教育研究与实验》2002 年第 2 期。

[20] 高永久、刘庸：《西北民族地区城市地域空间结构研究》，《中南民族大学学报》2004 年第 6 期。

[21] 格勒、旺希卓玛、卢梅：《关于加快藏区现代化建设步伐的调查与思考》，《中国藏学》2006 年第 4 期。

[22] 辜胜阻：《农村教育的结构性矛盾与化解对策》，《教育研究》2004 年第 10 期。

[23] 郭家骥：《地理环境与民族关系》，《贵州民族研究》2008 年第 2 期。

[24] 胡建：《"生产决定论"与"文化决定论"》，《东南学术》1999 年第 5 期。

[25] 胡静、顾江：《经济管理》2007 年第 12 期。

[26] 黄欢：《人才流失：西部不可承受之"痛"》，《中国人才》2005 年第 8 期。

[27] 金炳镐、张银花：《论民族和谐发展》，《黑龙江民族丛刊》2007 年第 6 期。

[28] 金炳镐：《论民族发展的诸条件、环境》，《黑龙江民族丛刊》1989

年第 4 期。

［29］金振蓉：《遏制农村封建迷信活动须出重拳》，《光明日报》1999 年第 2 期。

［30］乐黛云：《文化自觉与文明共存》，《社会科学》2003 年第 7 期。

［31］雷兴长、吴青青：《推进西部现代文化产业发展的对策》，《管理学刊》2010 年第 6 期。

［32］李壁成、安韶山、郝仕龙：《宁夏南部山区社会经济问题分析与农业结构调整对策》，《水土保持研究》2005 年第 12 期。

［33］李彬：《鲍德里亚的"符号革命"及其传播学蕴含》，《中国传媒报告》2003 年第 1 期。

［34］李德顺：《简论文化发展观与我国文化体制改革》，《文化学刊》2006 年第 1 期。

［35］李德顺：《全球化与多元化》，《求是学刊》2002 年第 2 期。

［36］李官：《民族教育价值论》，《当代教育与文化》2011 年第 6 期。

［37］李锦芳：《西南地区双语类型及其历史转换》，《广西民族学院学报》2006 年第 1 期。

［38］李善同、林家彬、马骏：《发展观的演进与发展的测度》，《管理世界》1997 年第 4 期。

［39］李晓霞：《新疆塔城市族际婚姻调查》，《民族问题研究》2006 年第 10 期。

［40］廖志鹏、周晓兰：《发展观及其历史演变探析》，《宏观经济》2011 年第 1 期。

［41］刘爱兰：《从基督教的产生看古代文明的相互影响与交融》，《中央民族大学学报》2003 年第 2 期。

［42］刘奔：《文化研究中的哲学历史观问题》，《思想战线》2007 年第 2 期。

［43］刘景东：《发展中国家经济"有增长无发展"现象探析》，《重庆科技学院学报》（社会科学版期）2009 年第 9 期。

［44］刘俊生：《公共文化服务组织体系及其变迁研究——从旧思维到新思维的转变》，《中国行政管理》2010 年第 1 期。

［45］刘明：《新疆社会转型中塔吉克女性社会化程度研究》，《新疆社会科学》2009 年第 5 期。

［46］刘尚明：《"人化"与"化人"：当代文化生成的内在机制——读〈当代文化的生成机制〉》，《广东省社会主义学院学报》2009 年第 1 期。

［47］刘有安：《城市化进程中的回汉民族社会文化交往》，《云南社会科学》2009 年第 5 期。

［48］刘卓雯：《农村学校教育中乡土教材建设的必要性和可能性——基于"地方性知识"的解读》，《当代教育与文化》2011 年第 11 期。

［49］龙仁青：《热贡被艺术选择的土地》，《中国国家地理》2006 年第 3 期。

［50］龙先琼：《关于民族发展问题的几点理论思考》，《吉首大学学报》2006 年第 4 期。

［51］陆扬：《文化研究的必然性——走出本质论》，《文艺争鸣（理论综合版）》2009 年第 11 期。

［52］路宪民：《民族文化创新论》，《当代教育与文化》2011 年第 6 期。

［53］吕凤茹：《核心价值体系建设：文化改革发展的根本任务》，《中国民族报》2011 年第 11 期。

［54］吕晓娟：《失落的声音——东乡族女童成长历程的教育人类学考察》，《西北民族研究》2009 年第 1 期。

［55］罗惠翾：《改革开放以来民族发展问题述评》，《西北民族研究》2009 年第 1 期。

［56］罗荣渠：《论一元多线历史发展观》，《历史研究》1989 年第 1 期。

［57］罗艳、肖燕怜：《大众传媒对新疆现代文化创新与扩散的作用》，《新疆财经大学学报》2008 年第 1 期。

［58］马海云、周传斌：《伊斯兰教在西北苏菲社区复兴说质疑——对宁夏纳家户村的再认识》，《民族研究》2001 年第 5 期。

［59］马进、武晓红：《论西北少数民族日常交往的社会心态》，《中南民族大学学报》2009 年第 5 期。

［60］马文慧、罗士周：《藏传佛教世俗化倾向刍议》，《青海社会科学》2003 年第 2 期。

［61］马晓燕：《西部传统文化的开发及其现代转型》，《甘肃理论学刊》2003 年第 1 期。

［62］马燕：《从民居建筑看西北回族的审美文化特征》，《西北第二民族学院学报》2005 年第 2 期。

［63］茅利荣：《推进农村公共文化服务体系建设的实践与思考》，《江南论坛》2008 年第 12 期。

［64］孟建伟：《科教兴国：科学与人文不可偏废》，《光明日报》2005 年 2 月 1 日。

［65］孟晓驷：《文化产业发展机理解析》，《光明日报》2004 年 6 月 2 日。

［66］闵家桥：《到底什么适合西部的教育》，《乡镇论坛》2004 年第 3 期。

［67］慕全才、马文选：《论增设回族史补充教材》，《回族研究》2011 年第 6 期。

［68］马蓉：《经济决定论的哲学思考》，上海财经大学博士学位论文，2007 年。

［69］南帆：《双重视野与文化研究》，《读书》2001 年第 5 期。

［70］牛宏宝：《"跨文化历史语境"与当今中国文化言说者的基本立场》，《人文杂志》2005 年第 4 期。

［71］欧阳军喜：《"文明"与"文化"的冲突》，《读书》1998 年第 6 期。

［72］裴娣娜：《我国基础教育现代化发展的根本转化》，《北京大学教育评论》2004 年第 2 期。

［73］彭学云：《构建和谐社会中的民族发展问题》，《中国民族》2007 年第 4 期。

［74］蒲文成：《藏区信仰文化的历史变迁与藏区社会进步》，《青海民族学院学报》2003 年第 1 期。

［75］祁述裕：《影响文化产业发展的诸要素》，《中国文化报》2008 年第 10 期。

［76］齐世荣：《创新是国家兴旺发达的不竭动力》，《历史教学问题》2004 年第 2 期。

［77］任春荣：《"一费制"政策实施状况与对策》，《教育研究》2004 年第 8 期。

［78］任玉贵：《影响中国西部少数民族女童教育的主要因素及相应对策研究》，《青海民族大学学报》（社会科学版）1996 年第 1 期。

［79］桑杰：《关于和谐民族观的思考》，《民族问题研究》2006 年第 2 期。

［80］闪兰靖、韦玉成：《民族文化边界对民族交往心理的影响——基于青海省民和县南庄子村的人类学考察》，《内蒙古大学学报》2012 年第 1 期。

［81］沈洁：《从"GDP"崇拜到幸福指数关怀——发展理论视野中发展观的几次深刻转折》，《江苏行政学院学报》2006 年第 3 期。

［82］石亚周：《论民族发展环境》，《中央民族学院学报》1991 年第 6 期。

［83］宋彦蓉：《各地区科技经济发展现状的综合分析及政策建议》，《中国集体经济》2012 年第 12 期。

［84］孙宏开：《中国少数民族语言活力排序研究》，《广西民族大学学报》2006 年第 5 期。

［85］孙青：《加速民族发展的基本因素》，《内蒙古社会科学》1989 年第 1 期。

［86］孙尚青：《发展观的演进与经济社会的协调发展》，《管理世界》1996 年第 3 期。

［87］孙喜亭：《论大学教育的文化价值》，《高等教育研究》1994 年第 3 期。

［88］索晓霞、蒋萌：《试论民族地区公共文化服务体系建设的特殊性》，《贵州民族研究》2012 年第 5 期。

［89］谭明华：《试论民族的发展及其度量》，《民族研究》1992 年第 5 期。

［90］汤一介：《"文明的冲突"与"文明的共存"》，《北京大学学报》2004 年第 6 期。

［91］汤一介：《关于文化问题的几点思考》，《云南大学学报》2002 年第 1 期。

［92］唐晓峰：《文化转向与地理学》，《读书》2005 年第 6 期。

［93］田丰：《论文化创新的基本内涵与实现途径》，《学术研究》2004 年第 2 期。

［94］滕堂伟：《双重视角下的西北民族地区经济发展问题研究》，兰州大学博士学位论文，2005 年。

［95］王棣华、程九刚：《传统文化影响下的财务管理》，《内蒙古煤炭经济》2003 年第 4 期。

［96］王建军：《对新疆经济发展中若干问题的再认识》，《新疆财经大学学报》2004 年第 2 期。

［97］王君玲、刘益梅：《社会转型中的文化身份认同——以阿克塞、肃北、肃南少数民族调查为个案》，《民族》2009 年第 1 期。

［98］王平：《试论民族发展含义》，《民族理论研究》1992 年第 1 期。

［99］王天玺：《文化主导经济》（下），《创造》2011 年第 5 期。

［100］王伟：《哈罗德·英尼斯传播理论与美加的文化战》，《现代传播》1999 年第 2 期。

［101］王希恩：《科学发展是解决中国民族发展问题的必由之路》，《民族研究》2007 年第 6 期。

［102］王秀阁：《用社会主义核心价值体系引领社会思潮的机制研究》，《红旗文稿》2010 年第 1 期。

［103］魏贤玲：《从甘肃卓尼县经济发展现状看少数民族地区经济发展滞后的原因》，《兰州商学院学报》2004 年第 4 期。

［104］翁乃群：《被"原生态"文化的人类学思考》，《原生态民族文化学刊》2010 年第 3 期。

［105］吴理财：《农村教育背后的社会与政治逻辑》，《华中师范大学学报》2006 年第 1 期。

［106］吴琼：《二十年来我国民族发展理论研究综述》，《贵州民族研究》2009 年第 3 期。

［107］西闪：《在镀金时代呼唤大觉醒》，《学习博览》2011 年第 4 期。

［108］夏铸：《认清形势，加强宣传，促进民族教育改革发展——在全国民族教育宣传工作会议上的讲话》，《中国民族教育》1997 年第 5 期。

［109］谢地坤：《文化保守主义抑或文化批判主义——对当前"国学热"的哲学思考》，《哲学动态》2010 年第 10 期。

［110］谢健：《民营经济发展模式比较》，《中国工业经济》2002 年第 10 期。

［111］熊锡元：《试论制约民族发展的几个重要因素》，《民族研究》1993

年第 3 期。

　　[112] 徐永宁、武征等:《西北地区矿产资源开发的环境地质问题及其类型》,《西北地质》2001 年第 2 期。

　　[113] 向阳:《西北少数民族地区妇女 NGO 发展问题研究——以宁夏回族自治区银川市为例》,西北师范大学硕士学位论文,2012 年。

　　[114] 岳天明:《论我国民族地区社会变迁的制约因素》,《中央民族大学学报》2002 年第 6 期。

　　[115] 岳天明:《社会发展观的演变及其民族意义追问》,《中央民族大学学报》2006 年第 3 期。

　　[116] 岳天明:《科技理性、价值理性和人文关怀》,《当代教育与文化》2009 年第 3 期。

　　[117] 严庆:《对我国民族教育功能的认识》,《新疆师范大学学报》2006 年第 1 期。

　　[118] 杨昌儒:《也谈民族文化的创新》,《贵州民族学院学报》2011 年第 2 期。

　　[119] 杨多观、周志田、陈劭锋:《发展观的演进——从经济增长到能力建设》,《上海经济研究》2002 年第 3 期。

　　[120] 杨建新:《甘肃古代的少数民族》,《甘肃少数民族》1988 年第 16 期。

　　[121] 杨荆楚:《论构建社会主义和谐社会的民族关系》,《黑龙江民族丛刊》2006 年第 2 期。

　　[122] 杨文笔、李华:《回族"清真文化"浅论》,《青海民族研究》2007 年第 1 期。

　　[123] 杨义:《从文化原我到文化通观》,《文学评论》2003 年第 4 期。

　　[124] 杨忠宝:《论科学发展观的可持续发展思想》,《中国科技信息》2009 年第 16 期。

　　[125] 姚霖:《全球化背景下民族教育的现实境遇与价值选择》,《当代教育与文化》2011 年第 6 期。

　　[126] 余宁:《在原生态的保护中发展唐卡艺术》,《中国艺术报》2008 年 6 月 24 日。

［127］余泳：《中国少数民族村寨人口流动特征及其影响因素分析》，《民族问题研究》2006 年第 8 期。

［128］袁桂林：《农村义务教育"以县为主"的管理体制现状及多元化发展模式初探》，《东北师范大学学报》2004 年第 1 期。

［129］张承志：《人文地理概念》，《回族研究》1998 年第 3 期。

［130］张德江：《深化文化体制改革，加快文化发展，进一步推进文化大省建设》，《深圳特区报》2002 年第 5 期。

［131］张桥贵：《少数民族文化的特征与变迁》，《云南民族大学学报》2005 年第 5 期。

［132］张维迎：《理念决定未来》，《读书》2012 年第 7 期。

［133］张向前：《人力资源与区域经济发展研究简评》，《科技与管理》2003 年第 3 期。

［134］张晓东：《课程文化自觉 实现课程改革的文化转向》，《当代教育科学》2004 年第 18 期。

［135］张咏：《牧民定居与文化转型——新疆木垒县乌孜别克民族乡定居工程的考察报告》，《青海民族研究》2007 年第 1 期。

［136］张志勇等：《中国需要什么样的"上海"》，《新华文摘》2004 年第 1 期。

［137］赵利生：《民族社会现代化的内容、特征与必然性分析》，《西北民族研究》2003 年第 2 期。

［138］中国科学技术协会：《聚焦 2003 年中国公众科学素养调查》，《科技日报》2004 年第 5 期。

［139］周庆智：《文化差异：对现存民族关系的一种评估》，《社会科学战线》1995 年第 6 期。

［140］周志辉：《教育：文化批判何以可能》，《南通大学学报》（教育科学版）2007 年第 4 期。

［141］邹诗鹏：《"西马"当代资本主义研究的文化及历史哲学检视》，《南京大学学报》2007 年第 2 期。

后　记

作者对于著作，犹如父母对于孩子，倾注了许多的心血和希望。书写完了，有许多话要说，可真要动笔时，千头万绪竟不知从何说起。斟酌再三，还是从我的研究工作谈起为好。

作为一名从事社会学教学的高校教师，我的旨趣是以群己关系为核心的社会秩序；具体到学术兴趣，我的关注点聚焦于人、社会和文化之间的关系。可一直以来并未找到一个恰当的切入点，直到2004年考入兰州大学西北少数民族研究中心，师从杨建新老师攻读民族学博士学位，我的这一兴趣才有了一个现实的落脚点。此后，在跟随杨老师从事教育部重大攻关项目——"西部民族关系与宗教问题研究"的过程中，我对西北少数民族地区社会和文化变迁产生了浓厚的兴趣，希望有一天能够进行深入的研究。带着这一想法，毕业之后，在我的同事马克林、岳天明两位教授的热心帮助下，有幸获得了2010年度教育部人文社会科学研究规划基金项目《西北民族地区发展中的文化创新保障体系研究》，得以有条件和机会较为系统地研究西北少数民族地区的社会和文化。

之所以关注西北民族地区发展中的文化创新保障体系建设，主要是有感于全球化对不同民族和地区迥然不同的价值和意义，以及由此导致的少数民族文化的变化。本来，随着全球化带来的经济和社会的快速变化，各民族的发展和文化交流面临着前所未有的机遇；但由于经济、政治和社会等方面的平衡，全球化并未给少数民族及其社会和文化带来预期的结果。在日益全球化的同时，少数民族却只能局限于自身地域，一些民族甚至成为被观看和展览的对象。矛盾还在于，这是一个经济、政治和文化高度融合的时代，任何民族要屹立于世界民族之林，既需要坚实的经济基础，更需要具备文化上的优势。但对于那些经济和社会发展相对滞后的民族而言，在经济和文化之间常常面临着非此即彼的痛苦抉择，为了经济利益常常不得不牺牲文化。在这个意义上，文化保障体系的建设便对民族文化的自主和创新，以及在此基础上的民族发展有了非同寻常的意义。

本书作为 2010 年度教育部人文社会科学研究规划基金项目"西北民族地区发展中的文化创新保障体系研究"（项目批准号：10YJA840027）的成果，是项目团队共同努力的结果。全书整体框架由路宪民设计，各部分内容由课题组成员分别撰写，具体分工如下：第一章：徐琛琛、路宪民；第二、三、四、七章：路宪民；第五章：许芮嘉、路宪民、潘玉娟；第六章：李佳、路宪民。在此对各位撰写者的辛勤劳动表示衷心的感谢。同时还要感谢参与前期调研的贺更粹老师、赵茜老师和我的研究生王静、文亚敏同学。需要感谢的还有为之提供宝贵资料的 2009 级、2012 级社会学专业硕士研究生向阳、韩晶晶和 2009 级社会工作专业的李亚瑶同学。需要特别说明的是，本书部分内容曾发表于《中南民族大学学报》（2012 年第 2 期）、《当代教育与文化》（2011 年第 6 期）及《柴达木开发研究》（2011 年第 4 期）。

感谢我不同阶段的老师，我的成长和进步离不开他们的关心和教诲。

感谢我的爱人和孩子的包容，写作期间难免冷落了他们。加之写作期间正值我至爱的母亲辞世不久，我有时情绪很坏，难免会在言辞上伤害他们。

本书的出版得到了西北师范大学社会发展和公共管理学院各位领导以及诸位同仁的支持，并得到了甘肃省社会学省级重点学科的经费资助，在此一并表示感谢。

在著作即将付梓之际，尤其要感谢人民出版社段海宝、武丛伟编辑为本书的出版付出的辛劳，在此表示我最诚挚的谢意！

路宪民

2013 年 3 月

责任编辑:武丛伟
封面设计:肖　辉
责任校对:吕　飞

图书在版编目(CIP)数据

西北民族地区发展中的文化创新保障体系研究/路宪民 著.
 -北京:人民出版社,2013.5
ISBN 978－7－01－012083－6

Ⅰ.①西… Ⅱ.①路… Ⅲ.①民族地区-文化事业-保障体系-研究-
 西北地区　Ⅳ.①G127.4

中国版本图书馆 CIP 数据核字(2013)第 091446 号

西北民族地区发展中的文化创新保障体系研究
XIBEI MINZU DIQU FAZHANZHONG DE WENHUA CHUANGXIN BAOZHANG TIXI YANJIU

路宪民　著

人民出版社 出版发行
(100706　北京市东城区隆福寺街 99 号)

北京瑞古冠中印刷厂印刷　新华书店经销

2013 年 5 月第 1 版　2013 年 5 月北京第 1 次印刷
开本:710 毫米×1000 毫米 1/16　印张:17.5
字数:200 千字

ISBN 978－7－01－012083－6　定价:46.00 元

邮购地址 100706　北京市东城区隆福寺街 99 号
人民东方图书销售中心　电话 (010)65250042　65289539